Der weibliche Faden

Geschichte weitergereicht

Birgitta M. Schulte

Der weibliche Faden

Geschichte weitergereicht

M. Gimbutas – J. Marler
F. Goodman – G. Fischer
G. Johannsmann
M. König – G. Meixner

Göttert Verlag

Gestaltung: ANAKONDA ateliers, Offenbach
Lektorat: Barbara Wolff

Erstauflage im Oktober 1995

Keplerring 13
65428 Rüsselsheim
ISBN 3-922499-23-6

Vorwort

Der Ursprung war weiblich. So läßt sich das einheitliche Ergebnis höchst unterschiedlicher Forschungswege zusammenfassen. Die frühesten Zeugnisse in der Kunstgeschichte der Menschheit sind mehrheitlich weibliche Skulpturen, das erste Gottesbild war weiblich, die erste Darstellung eines Paares zeigte zwei Frauen.

Was die Geschichtsschreibung verhüllt, die Geschichte dennoch für Frauen bereithält, hat etwas Anstößiges, im doppelten Sinne des Wortes. Seit vier Jahren nun schon, seitdem ich auf einer Frauenreise zum ersten Mal steinzeitliche Figuren im Zusammenhang mit der Landschaft und den Orten sah, die sie solange für uns aufbewahrt haben, gibt mir der Impuls noch immer Anschub.

»Das Bild der Göttin«, schrieb ich damals, »bietet Frauen in doppelter Hinsicht einen Anknüpfungspunkt: sie entdecken darin sich selbst und das Eigene als etwas Wichtiges, als etwas Verehrungswürdiges«[1].

[1] Schulte 1993, S. 81

Die kleinen Skulpturen, darin folgte ich Marija Gimbutas, sind ein Bild der Göttin, der zentralen Gestalt früher Religion. Sie sind nicht die ersten Frauendarstellungen in der Menschheitsgeschichte, weiß ich nun durch Marie König. Das religiöse Erlebnis ist nicht nur geistige Bezugnahme auf ein Jenseitiges, es kann auch ein körperliches Erleben sein, vermittelte mir Felicitas Goodman.

Das Werk dieser Wissenschaftlerinnen habe ich zum besseren Verständnis der Interviews zusammengefaßt, die den eigentlichen Korpus des vorliegenden Buches ausmachen. Ich habe ihre Schülerinnen befragt, um die Person der Forscherinnen deutlich zu machen. Sie sind zu jeweils unterschiedlichen Ergebnissen gekommen. Ähnlich hoch aber ist der Einfluß, den ihre Biographie auf ihre Schlußfolgerungen hatte.

Alle drei machten eine wissenschaftliche Fragestellung zu ihrem Lebensthema, weil etwas in ihnen selbst auf die Frage antwortete. Sie nahmen ihre innere Wirklichkeit ernst. Das kennzeichnet sie als Frauen.

Alle drei gingen nicht unter feministisch-suchendem Blick an ihre Themen heran. Marija Gimbutas zum Beispiel hatte wie auch Margret Mead, Senta Trömel-Plötz oder Heide Göttner-Abendroth eine klassische Ausbildung und eine wissenschaftlich anerkannte Fragestellung. Diese Frage ließ sie schließlich auf Ungereimtheiten stoßen, die erst die für Frauen wichtigen Schlußfolgerungen erzwangen.

Die drei vorgestellten Forscherinnen stehen stellvertretend für andere, die von anderem Material ausgehend, von Textilien, Stickereien, Tanz-Kostümen oder den Figuren alter Tänze zu ähnlichem Ergebnis gekommen sind. Die befragten Schülerinnen, Joan Marler, Gabriele Fischer und Gabriele Meixner stehen wie Gabriele Johannsmann stellvertretend für viele, die den Impuls der Forschungsergebnisse aufgenommen und auf ihre Weise verarbeitet haben. Mein Anliegen war es, die Fruchtbarkeit der Anstöße sichtbar zu machen.

Alle Darstellungen sind daher knapp und eher zum Nachschlagen gedacht. Sie wollen anregen, in den Originalveröffentlichungen nachzulesen und die Vermittlerinnen selbst kennenzulernen.

Unter Steinzeit verstehen wir 99% der Zeit, in der bisher die gesamte Menschheitsgeschichte spielt. Als Beginn gilt der Gebrauch von Steinwerkzeugen in Form zerschlagener Gerölle vor 3 Millionen Jahren. Als Ende wird die breite Nutzung von Kupfer und Bronze angesehen. Als Altsteinzeit bezeichnen Archäologen die Zeit bis 10 000 v.u.Z., als die jüngste Kaltzeit endete. Mittelsteinzeit nennen sie den Abschnitt bis 7000 v.u.Z, als Ackerbau und Viehzucht sich auszubreiten begannen. Als Jungsteinzeit gilt die Zeit bis 2000 v.u.Z. bis zum Gebrauch der Metalle.

Die Altsteinzeit gliedert sich wiederum in ein Alt-, Mittel- und Jungstadium. Um Wortkombinationen wie „Altaltsteinzeit" oder „Jungaltsteinzeit" zu vermeiden, wird die griechische Bezeichnung »Paläolithikum« eingesetzt. Das Altpaläolithikum gilt demnach bis zum Auftreten der Neandertalerinnen und Neandertaler vor 100 000 Jahren. Das Mittelpaläolithikum ist ihre Zeit. Das Jungpaläolithikum beginnt mit dem Erscheinen des modernen Menschen vor 35 000 Jahren.

In der Altsteinzeit werden außerdem noch Techno-Komplexe unterschieden. Sie heißen etwa Gravettien nach La Gravette, einem Felsüberhang, oder Aurignacien nach Aurignac, einer Höhle, oder Azilien nach dem Fundplatz Mas d'Azil.

Archäologie und Anthropologie teilen die Historie in unterschiedliche Zeitepochen auf. Im Anhang finden sich Zeittafeln, die das Verständnis erleichtern können. Die unterschiedlichen Zeitschemata bedingen aber auch unterschiedliche Ableitungen. So können die Einzeldarstellungen zu gegenseitigen Infragestellungen werden. Zum Beispiel beantworten die porträtierten Autorinnen unterschiedlich, ob die altsteinzeitlichen weiblichen Darstellungen Göttinnen repräsentieren oder nicht. Zusammen erst ergeben die unterschiedlichen Betrachtungen ein angenähertes Bild.

Die Gestalt der jungsteinzeitlichen Göttin ist eine aus vielen Aspekten zusammengesetzte Komposition. Löwenskulpturen aus Hatussa[2] zum Beispiel tragen ein aus Dreiecken zusammengesetztes Fell, einen Schwanz in der Form einer Schlange, einen Lebensbaum auf der Schnauze und die Tatzen eines kleinen Löwen im Maul. Sie sind ein »Hypersymbol« (Udo Hirsch). Entsprechend vielfältig sind auch die Interpretationsmöglichkeiten.

[2] Vgl. Schulte 1992 b, S. 55

Wenn aber die Forscherinnen, weibliche Autoritäten, so unterschiedlich mit ein und derselben Figur verfahren, wie es aus diesem Buch ablesbar wird, dann kann darin nur eine Anregung bestehen, als Leserin einen eigenen Blick zu wagen. Das abschließende Kapitel will dazu Mut machen.

Die Interviews sind Momentaufnahmen. Sie spiegeln das Beziehungsverhältnis zwischen Lehrerin und Schülerin zu einem bestimmten Zeitpunkt der Wahrnehmung (1994). Die Aussagen tragen nicht den Charakter der Endgültigkeit.

Mein Interesse galt der Synthese. Ich wollte Verbindungen aufzeigen und machte dabei eine beglückende Erfahrung: die Erfordernisse des Schreibens schufen wiederum Verbindung. Ein neues Netz knüpfte sich und mich mit ein.

Mit aller Herzlichkeit danke ich Marga Monheim-Geffert für die Anregung und die Begleitung bei den ersten Schritten zu diesem Buch. Auf sie geht die Einladung Marija Gimbutas zu einer Tagung[3] zurück, auf der sich fruchtbare Kontakte knüpften. Sie verband auch mit dem »weiblichen Faden« die Vorstellung vom Miteinander verschiedener Frauen unterschiedlicher Position. Sie half mir mit klärendem Gespräch auch in Phasen der Verwirrung.

[3] »Göttinnen, Ahninnen und wir«, Evangelische Akademie Mülheim/Ruhr 1992

Ich danke Christel Göttert für die Chance, ein Buch aus dem Gespräch mit anderen Frauen entstehen lassen zu können. Ohne ihr Interesse und ohne ihre Beharrlichkeit wäre nie etwas Gebundenes entstanden. Unsere Beziehung war von gegenseitigem Vertrauen geprägt. Gemeinsam haben wir Neues geschöpft.

Dank auch an die Lektorin Barbara Wolff, deren Klarheit mir oft zur gebotenen Nüchternheit zurückverhalf.

Joan Marler kommt das Verdienst zu, nicht nur Marija Gimbutas' Forschungsergebnis für archäologische Laïnnen aufbereitet zu haben, sondern auch die Einzelheiten ihrer Biographie zusammengetragen zu haben. Sie arbeitete sieben Jahre lang, bis sie das Ergebnis ihrer Recherche kurz zusammenfassen konnte[4]. Ich danke ihr, daß sie es mir zugänglich machte und bereitwillig alle meine Fragen beantwortete.

[4] Marler 1995

Ich danke allen interviewten Frauen für die Zeit, die sie mir so großzügig zur Verfügung stellten, auch für die Fotos, die sie bereitwillig zur Veröffentlichung freigaben. In der Arbeit am Text wuchs gemeinsame Erkenntnis. Sie hat auch Beziehung wachsen lassen. Das Buch stiftete Verbundenheit, dafür bin ich sehr dankbar.

Ulrike Krampitz, meine jeweils erste und kritischste Leserin, hat ausgeharrt, während ich Buchstabe an Buchstabe reihte. Ihre Anwesenheit hat mir geholfen, die Ängste vor dem zu überwindenden Berg auszuhalten. Ihr Da-Sein hat mir ermöglicht, mit dieser Geistesfrucht »niederzukommen«. Sie wartete, sie hielt die Tücher bereit.

Nun ist Geschichte weiterzureichen, von Frau zu Frau zu Frau.

Einleitung

Die Idee zu diesem Buch entstand 1992. In einer Diskussion feministischer Theologinnen, die die Frage nach »Göttinnen und Ahninnen« in die evangelische Kirche tragen wollten, kam es zum spontanen Entschluß, Marija Gimbutas in die Bundesrepublik einzuladen[1].

Die Archäologin hatte wie sonst niemand sichtbar gemacht, daß uns aus der Steinzeit eine Vielzahl an kleinen Figuren überliefert ist, die fast alle weiblich sind. Sie hatte nachgewiesen, daß der Vatergott eine recht späte Erfindung in der Menschheitsgeschichte darstellt, und vermutet, daß die Stellung der Frau in der Gesellschaft vorher eine andere war.

Marija Gimbutas, an Krebs erkrankt, schickte in Vertretung ihr »alter ego«, wie sie es formulierte: Joan Marler als ihr 'besseres Ich'. Die Journalistin, die eines der letzten Bücher Marija Gimbutas'[2] ediert hat, stellte in langen Dia-Vorträgen die Statuetten vor und erläuterte, wieso Marija Gimbutas ihre Formensprache als »Die Sprache der Göttin« bezeichnete.[3]

Nun liegt ein Band vor Ihnen, der dieser – englisch geführten – Rede von der Göttin im doppelten Sinne eine Übersetzungshilfe anbietet. Er gibt eine Einführung in das Werk der Archäologin und damit auch kurze Einblicke in die akademische Diskussion. Er nimmt dabei als Impuls auf, was die ungewöhnliche Arbeit Marija Gimbutas' prägte: die Mehrdimensionalität ihres Blicks.

Ihre Sicht auf die steinzeitlichen Figurinen hat viele Frauen inspiriert, die selbst von archäologischen Funden in Schwingung versetzt wurden. Wie Joan Marler erfuhren manche erst durch sie, warum ihre künstlerischen Ergebnisse bestimmte Formen annehmen, warum alte Volkstänze, nicht modern dance, sie begeistert, warum uralte Darstellungen ihrer Spiritualität Nahrung geben. In den USA hat Marija Gimbutas viele Schülerinnen. Ihr Werk beeinflußt seit kurzem besonders stark auch die deutsche Diskussion.

Marija Gimbutas war nicht die einzige ihrer Generation, die anderen, Jüngeren, Anstöße vermittelte. Die Münz- und Höhlenforscherin Marie König hat mit ihrer Interpretation altsteinzeitlicher Höhlenmalerei vielen Frauen die Augen geöffnet. Sie kamen zu der Überzeugung, daß »am Anfang der Kultur« das Weibliche eine große Bedeutung gehabt haben muß. Die in der Menschheitsgeschichte erste Darstellung

[1] Es ist das Verdienst Brigitte Engel-Hiddemanns, damals Studienleiterin der Evangelischen Akademie in Mülheim/Ruhr, und Christina Wohlfahrts, Studienleiterin der Melanchthon-Akademie in Köln, Marija Gimbutas als erste in die Bundesrepublik eingeladen zu haben.

[2] Gimbutas 1991

[3] Vgl.: Schulte 1992 a

eines Paares, fand zum Beispiel die Urgeschichtsforscherin Gabriele Meixner, ist die Abbildung von zwei Frauen. Gabriele Johannsmann ließ sich auf die Figuren selbst verweisen. Die Künstlerin formte sie in Speckstein, um sie wahrhaft zu begreifen.

Die Anthropologin Felicitas Goodman entdeckte, daß die an den Figuren dargestellten Körperhaltungen Trance herbeiführen können. Sie beschrieb damit einen »direkten« Weg zurück in die Vergangenheit. Der Tänzerin Gabriele Fischer eröffnete sie so eine zusätzliche spirituelle Dimension ihres Tanzes.

Die genannten Frauen haben sich vielfach und wechselseitig aufeinander bezogen. Die wissenschaftliche Arbeit der Älteren wurde zum Ausgangspunkt für neue Herangehensweisen in anderen Disziplinen. Vielfalt, will dieses Buch zeigen, ist nicht Macht, aber Stärke.

Der Lebensweg der vorgestellten Forscherinnen ähnelt sich. Wie Marija Gimbutas erlebte auch Felicitas Goodman ihre Kindheit in Osteuropa. Beide prägte die Erfahrung einer Welt, in der Märchen, heidnische Bräuche und uralte Volksweisen noch lebendig waren. Sie blieb beiden ein Quell ihrer Inspiration, obwohl sie im Zweiten Weltkrieg ihre Heimat verlassen mußten.

Marija Gimbutas hätte wie Felicitas Goodman formulieren können: »Meine Kinder und mein Beruf boten die einzige Sicherheit, in die ich mich flüchten konnte.«[4] Ihr Forschungsweg, ein Beschreiten von Umwegen, führte sie von Ost nach West. Beide wanderten nach Amerika aus, wo sie eine Professur erhielten und doch ihrer Methoden wegen immer wieder angegriffen wurden.

»Unwissenschaftlichkeit« wurde auch Marie König vorgeworfen, die ihrerseits die Berufung zur Professorin ablehnte. Sie bewahrte sich die Unabhängigkeit des außeruniversitären Wegs, auf dem ihr Gabriele Meixner nachfolgte.

Der Vorwurf der Unwissenschaftlichkeit diente Männern dazu, die Frauen auszugrenzen, die forschend der eigenen Intuition vertrauten. In solcher Umgebung benutzten die Frauen denselben Anwurf gegeneinander, um sich jeweils selbst zu schützen. So konnte Marija Gimbutas nicht gutheißen, was sie von Marie König kennenlernte, Felicitas Goodman nicht, was Marija Gimbutas veröffentlichte. Es läßt sich vorstellen, wie Frauen sich gegenseitig stützen würden, wenn die männlich geprägte Institution ihnen nicht die Konkurrenz aufdrängte.

[4] Goodman 1989, S. 17. Vgl. auch die wörtlich zitierten Aussagen von Marija Gimbutas im vorliegenden Band

Die Frauen, die ihren Weg neben männlichen Kollegen voranschritten, wurden zu Leitbildern von Frauen, die in ihnen nicht nur die Kompetenz, sondern auch die Frau wahrnahmen. Diesem Phänomen folgt die Anlage dieses Buchs. Es stellt Schülerinnen und Lehrerinnen in ihrer Beziehung zueinander dar.

Es zeigt auf, welche Elemente aus den Biographien der Älteren sich im Leben der Jüngeren wiederholen:

– Frauen beginnen eine eigenständige Forschung, überleben ohne den Diskussionszusammenhang einer Universität,

– ohne die Möglichkeit eine Schule zu begründen, Jüngerinnen um sich zu scharen und sich zuarbeiten zu lassen.

– Sie verfolgen ihr Thema hartnäckig, auch unter widrigen Umständen, denn ihr Interesse ist tief verankert. Es ist persönlich motiviert. Es speist sich aus dem Bedürfnis, die eigene Identität zu erkennen, zu fühlen und zu leben. Die Herangehensweise ist typisch für Frauen: ihr Einsatz ist groß, Forschung wird zum Lebensinhalt.

Joan Marler nennt Marija Gimbutas ihre »spiritual mother«, was sich kaum ins heutige Deutsch übertragen läßt. Wenn wir in direkter Übersetzung »spirituelle Mutter« sagen, fehlt der allgemeinere Bezug, der in »geistige Mutter« enthalten wäre. Aber gegen diese Formulierung sperrt sich die deutsche Sprache. Geistige Väter dagegen gibt es auch im Deutschen, zum Beispiel als »Väter des Grundgesetzes«. Von den »Müttern des Grundgesetzes« ist inzwischen auch die Rede, allerdings nur in Analogie und nie ohne Anstrengung. Geistige Urheberschaft ist männlich codiert.

Mit dem Begriff »Mütter« verbindet sich eine Assoziation an Körperlichkeit, die Unwohlsein verursacht. Die »Kinder« der Väter dagegen sind klinisch rein. Geistige Produkte kommen ohne Blut und Tränen auf die Welt. Ihnen wird höherer Wert zugesprochen.

Das verweist auf die Bedeutung des Vaters in unserer Gesellschaft. Er vererbt an den Sohn, die Tochter trägt seinen Namen. Es ist die männliche Linie, die Bestand garantiert. Sie wird abgesichert in Recht und Gesetz, auch in der Verfassung.

Weil sie ein weibliches Interesse einbringen, sind die »Mütter des Grundgesetzes« anstößig, schon als Begriff. Geschriebene und ungeschriebene Norm dienen einem zuerst männlichen Interesse. Die Sprache, das gesamte Symbolsystem formt das Denken und die Beziehungen der Menschen untereinander.

Deshalb haben unsere stehenden Redewendungen Hinweischarakter. Abfällig nennen wir manche Frucht des Geistes »Kopf-Geburten«. In der griechischen Antike hatte diese Vorstellung eher etwas Erhebendes. Der Mythos von der Geburt der Athene aus dem Kopf des Zeus oder der Geburt des Dionysos aus seinem Schenkel (griech.: Phallos) waren faßliche Bilder der Potenz des Männlichen. So schrieb es sich in das Symbolsystem ein - nur ein Hinweis darauf, wie lohnend der Blick in die Geschichte sein kann, den dieses Buch versucht.

In Auseinandersetzung mit dem Philosophen Jacques Lacan, der den »Phallogozentrismus« dieser Gesellschaft in Begriffe faßte, hat Luce Irigaray[5] darauf aufmerksam gemacht, wie mächtig, wie zerstörerisch für Frauen die männliche Textur des Symbolischen ist. Von ihr beeinflußt versuchen Teile der italienischen Frauenbewegung weiblich zentriert zu denken. Trotz der Fesseln, die ihnen die »Symbolische Ordnung des Vaters« anlegte, versuchen sie eine Freiheit[6] des Denkens und Handelns zu erwerben. Sie stellen sich bewußt in die Generationenfolge der Frauen.

Ihr politischer Weg der Veränderung baut auf die Beziehung unter Frauen. Indem eine (Jüngere) sich einer anderen (Älteren) anvertraut, ihr anträgt, von ihr lernen zu wollen, »geben Frauen sich Wert«, formulieren die Italienerinnen: »die Bedeutung von Frauen in der Gesellschaft wird damit steigen.«

Im Ideal sind diese »affidamento«-Beziehungen[7] Verhältnisse von Subjekt zu Subjekt. Sie vermeiden die Aspekte von Unterdrückung und Ausbeutung, die einem Lehrer-Schüler-Verhältnis anhaften können. Sie sind nichtsdestotrotz vertikale (Mutter-Tochter-) Beziehungen, in denen eine Frau bewußt die Kompetenz der anderen anerkennt.

Die Entdeckung, daß das Erbe dreier Forscherinnen von Jüngeren fortgeführt wird, bot die Möglichkeit, Lehrerin-Schülerin-Verhältnisse genauer anzuschauen.

Haben die Pionierinnen nach Frauen gesucht, denen sie ihr Werk in die Hände legen konnten? Inszenierten sie ihre Nachfolge wie Unternehmensgründer das tun? Wie so oft, haben die leiblichen Töchter Marija Gimbutas' das Erbe ihrer Mutter

[5] Irigaray 1978

[6] Vgl. »Wie weibliche Freiheit entsteht«. Manifest des Mailänder Frauenbuchladens (Libreria delle donne di Milano 1988) und Luisa Muraro: »Die symbolische Ordnung der Mutter«. Frankfurt 1993

[7] affidamento (ital.): »trägt in sich die Wurzel von Wörtern wie fede (Glaube), fedelta (Treue), fidarsi (Vertrauen), confidare (anvertrauen)«

Mutter und Tochter, Lehrerin und Schülerin - im Fall der bulgarischen Forscherinnen Anna Ilieva und Anna Starbanova aus Sofia fällt beides zusammen. Als Musikwissenschaftlerin und Musikethnologin erarbeiten die Ältere und die Jüngere ihre Forschungsergebnisse gemeinsam. Sie wurden mir zum Muster für die Suche nach weiblicher Forschungsgenealogie.

Anna Ilieva und Anna Starbanova sichern in Bulgarien die Reste traditionellen Tanzes und alter Initiationsrituale, die noch in einigen Gegenden erhalten sind.

Auf Seminaren leiten Anna Ilieva und Anna Starbanova Tänze an und lassen deutsche Frauen an ihrem bulgarischen Erbe teilhaben. Für mich war es ein großes Erlebnis zu spüren, was die Forscherinnen zuvor nur berichtet hatten. Ein serbokroatischer Tanz wurde zur heiligen Handlung. Er war Gemeinschaftserleben, ein Akt der Wahrnehmung von Energien. Tanzen bedeutete gleichzeitig entgegenzunehmen und auszudrücken, Energie zu empfangen und weiterzugeben.

Die Tänzerinnen stehen im Kreis und führen die rechte Hand mit nach innen gewandtem Handteller wie eine Schale vor dem Körper bis in die Höhe des Sonnengeflechts. Dies ist eine Geste innerer Sammlung. Die linke Hand legt sich auf die geöffnete Hand der linken Nachbarin. So entsteht eine Verschränkung, in der viel an Schwingung gefühlt werden kann, weil die Berührung lose ist.

Die Leiterin, die den Tanz anführt, wartet, bis sie spürt, daß alle sich konzentrieren, Hand in Hand, jede auf sich ausgerichtet. Erst dann beginnt sie langsam zu schwingen. Vor und zurück - eine Welle bewegt sich durch den Kreis, vereint die einzelnen zu einem gemeinsamen Körper. Dann tut die Leiterin den ersten Schritt nach links. Links zurück, rechts vor - die Welle wird deutlicher. Der Kreis bewegt sich als Welle. Die Leiterin stößt einen Ruf aus: »Ho!« Alle springen im Trippelschritt vor und zurück: »Ho - Ha«. Der Sprung wird zum Ausdruck eigener Kraft, Ausdruck des Lebenwillens.

Alle wenden sich nach rechts, schauen zum Boden, wenden sich um, schauen zum Himmel, wenden sich um, schauen zum Himmel, wenden sich erneut, schauen zum Boden, zum Himmel. Der Blick auf

nicht antreten wollen. Sie sind der Dominanz der Mutter ausgewichen. Hebt die Freiwilligkeit der Schülerin-Lehrerin-Beziehung die familiären Spannungen auf? Versuchten Meisterinnen ihre Gesellinnen nach dem eigenen Muster zu formen?

Wurden die Mütter eher idealisiert? Gab es Rivalität? Rebellion? Selbstsichere Abgrenzung? Hat die Ausstrahlung der Weisen Alten nur eine emotionale Bedeutung, die die Jüngere leichter lernen läßt, oder gibt die Beziehung Kraft für eigenständige, neue Ideen der Jüngeren?

Affidamento – der italienischen Theorie zufolge – schafft Reichtum. Die in diesem Buch vorgestellten sind keine solch bewußt hergestellten Beziehungen, die gleichzeitig reflektiert worden wären. In ihnen gab es keine gegenseitige Anerkennung der Autorität, sondern durchaus die Gefahr von Mutterübertragungen.

So schreckte Gabriele Fischer davor zurück, sich als Tochter von Felicitas Goodman anzusehen. Sie – wie Gabriele Meixner – betonte, daß es noch eine andere Frau gäbe, von der sie gelernt habe, daß weitere folgen könnten. Das, was in unserem Begriff »Tochter« mitschwingt, schien Gabriele Fischer die Erwachsenheit zu nehmen, die sie endlich errungen hat – »ein Symptom der Ohnmacht gegenüber dem, was andere schon gedacht haben. In diesem Fall gegenüber den festgelegten Vorstellungen darüber, was sich für eine erwachsene Frau gehört oder nicht. ... Die Sprache ist eins mit den gesellschaftlichen Verhältnissen, und die sind nicht gerade günstig für die Verwirklichung dessen, was eine Frau in ihrer Differenz zum Mann lebt und für sich will.«[8]

Die Interviews mit den Schülerinnen von Marija Gimbutas, Felicitas Goodman und Marie König zeigen, daß es für Frauen dennoch die Möglichkeit gibt, weibliche Identität zu verwirklichen. Frauen haben die Möglichkeit, sich bewußt in eine Tradition zu stellen. Sie können Frauen zu Vorbildern nehmen, sie können sich Frauen zu Leitbildern machen - und seien es die Bilder der Urahninnen, die Gabriele Johannsmann für sich auswählte.

In diesen Bildern liegt ein Spiegel vor, notwendige Voraussetzung dafür, sich der eigenen Identität vergewissern zu können. »Wer sein, heißt eine vorzeigbare Geschichte zu haben«, weiß der Philosoph Hermann Lübbe darüberhinaus. Daher handelt dieses Buch von Geschichte.

Geschichtsschreibung ist Instrument, niemals objektive Dokumentation oder l'art pour l'art. Geschichtsschreibung ist (nur) wertvoll, wenn sie interessegelenkt ist[9]. Das Interesse von Frauen an einer Verortung und an der Fundierung ihrer politischen Arbeit begründet die Auseinandersetzung mit Geschichte, die dieses Buch betreibt.

»Man erinnert nur, was man kommuniziert und was man in den Bezugsrahmen des Kollektivgedächtnisses lokalisieren kann.«[10] Ändert sich der Bezugsrahmen, ist Vergessen die Folge. Das scheint mit dem Wissen um die Bedeutung der seit der Steinzeit überlieferten Symbole geschehen zu sein. Die Entstehung des Patriarchats hat den Bezugsrahmen gelöscht. Damit ist auch die gewichtigere Rolle, die Frauen einst zugekommen sein muß, dem Vergessen anheimgefallen. Den Erinnerungsrahmen zu verändern, ist das eigentliche Motiv des Vergangenheitsbezugs. Es geht darum, wie Adriana Cavarero[11] beschreibt, eine »symbolische Ordnung« zu schaffen, das Erbe der Frauen zu erinnern. Erst das ermöglicht ein verändertes Selbstbewußtsein und aktives Handeln im Jetzt. Politisches Handeln schließt die spirituelle Dimension nicht aus, sondern ein.

Die Lebensgeschichten der in diesem Buch vorgestellten Schülerinnen zeigen, was das bedeuten kann. Dabei geht es nicht um die Wahrheit, auch nicht um den Wert einer kollektiven Vision. Es geht um Anregung, Unterstützung, Bestätigung und Hilfe.

Es sind viele Wahrheiten möglich. Jede der hier porträtierten Frauen schrieb oder schreibt Geschichte durch eine jeweils eigene Geschichte. Ihre Erzählungen wie ihre Lebensgeschichten verweben sich zu herstory[12].

Auch wenn eine objektive Wahrheit nicht erreicht wird, ist doch das Trachten nach Wahrheit der einzig mögliche, unumkehrbare Weg. Es ist für jede einzelne schmerzlich, daß Theorien von anderen neben der eigenen Gültigkeit haben. Mit diesem Schmerz zu leben, ist Anerkennung der Differenz, der Verschiedenartigkeit von Frauen, die die Frauenbewegung in den 70er Jahren noch verleugnete.

Der Himmel ist außerhalb des hier beschriebenen Bildes. Antwort auf »letzte Fragen« (Hartmut von Hentig) wird ebenso wenig vermittelt wie Transzendenz empfohlen wird.

und ab ist eine Achtungsgeste und eine Geste der Vergewisserung. Der Göttin wird Aufmerksamkeit gezollt, verkörpert in der Erde, sichtbar als Gestirn.

Nun stampfen die Tänzerinnen mit beiden Füßen auf. Mit geschlossenen Füßen stampfen sie auf die Erde, gewinnen von ihr Energie und schnellen hoch in die Luft. Auch diese Figur wiederholt sich. Nach Schritten, die die Bewegung verlangsamen, bleibt der Kreis stehen.

Anna Ilieva und Anna Starbanova sangen allein, woran sich in Bulgarien alle Tänzerinnen beteiligen. Während der Kreis schon steht, wird noch eine weitere Strophe angefügt: konzentrierter Abschluß. Die Tänzerinnen lösen sich aus der Handhaltung.

Lele und Lale waren immer wiederkehrende Silben. »Lele« ist der slawische Name der Göttin. Er kommt in vielen Sprachen vor. Für mich hörte er sich an wie eine Beschwörungsformel, wie eine Gebetssilbe, ein Singsang, der in die Trance, zumindest in die Andacht führen kann.

Anna Ilieva, 1930 geboren,wurde 1994 habilitiert. Sie ist Mitglied in einer UNESCO-Forschungsgruppe.

[8] Libreria delle donne di Milano 1988, S. 21

[9] Vgl. Seyla Benhabib: Feminismus und Postmoderne. Ein prekäres Bündnis. In: Benhabib, Butler, Cornell, Fraser 1993, S. 17

[10] Maurice Halbwachs zitiert nach Assmann 1992, S. 37

[11] Cavarero 1992

[12] wörtlich: »ihre Geschichte«. Begriff der US-amerikanischen Frauenbewegung in Anlehnung zu und Abgrenzung gegen das englische Wort für »history«, das man als »his story«, »seine Geschichte« lesen kann.

»Weil die Göttin es so wollte«

MARIJA GIMBUTAS (1921-1994)

Marija Gimbutas, Professorin für Europäische Archäologie an der Universität Kaliforniens in Los Angeles, entwickelte eine Ikonographie der weiblichen Figuren aus der Jungsteinzeit. Sie analysierte detailreich die Darstellungsformen, ihre Ähnlichkeiten und bezeichnenden Unterschiede. Alle Skulpturen, Wand- und Keramikmalereien beziehen sich auf die eine einheitliche Gestalt des steinzeitlichen Glaubens, auf die Große Göttin, die Göttin von Leben, Tod und Wiedergeburt. Das ist das Fazit der Archäologin nach vierzigjähriger Forschung.

Die Göttin ist vielgestaltig, sie trägt unterschiedliche Züge je nachdem, aus welcher Gesellschaft sie stammt, und bleibt sich doch immer gleich. Deshalb ordnet Marija Gimbutas diese Gesellschaften einer einheitlichen Kultur zu. Sie nennt sie »Alt-Europa«, im Gegensatz zu den Indo-Europäern, die ihrer Meinung nach diese – friedliche, frauenzentrierte – Ursprungskultur überrannten und zerstörten. Geographisch erstreckt sich das untersuchte Gebiet vom Norden Griechenlands bis zu den Karpaten, vom Adriatischen Meer bis zum heutigen Bukarest. Marija Gimbutas legte ihren Forschungsschwerpunkt auf Zentral-Ost-Europa.

Die weiblichen Figuren aus der Jungsteinzeit sind stumme Zeuginnen einer lange vergangenen Zeit. Zu Marija Gimbutas haben sie gesprochen. Auf den ersten Blick wirken sie befremdlich. Sie sind nackt, sie provozieren durch große Brüste, breites Becken, betontes Gesäß. Marija Gimbutas fand sie nicht häßlich. Ein dicker Po und stämmige Oberschenkel erzählten ihr genauso wie eine sichtbare Schamspalte von der weiblichen Fähigkeit, neues Leben zu gebären, große Brüste von der Kraft, Kinder mit dem eigenen Körper zu nähren. Die Gesichter der Figuren wirken verschlossen, abweisend geradezu. Marija Gimbutas haben sie angelächelt. Sie sah, daß übergroße (Haken)Nasen Vogelschnäbel darstellen, daß eine flache, dreieckige Gesichtsform nichts anderes als eine Maske ist.

Abbildung I
Statuette aus Marmor, gefunden bei Syros, Kykladen, 2800 – 2500 v.u.Z.

Marija Gimbutas konnte die Symbolsprache der Jungsteinzeit lesen. Nicht sofort, ihre Erkenntnisse setzten sich im Laufe ihres Lebens wie ein Puzzle zusammen, bis sie eine Vorstellung von den Sozialstrukturen und ein genaues Bild der

Marija Gimbutas gegen Ende ihres Lebens während einer Reise nach Ost-Europa

Religion »Alt-Europas« vor Augen hatte. Viele archäologische Einzelergebnisse verdichteten sich zur Gewißheit, und doch speist sich ihre Sicherheit der Interpretation aus einer frühen Quelle. Sie entstammt ihrer Kindheit, einer besonderen Prägung.

Marija Birute Alseikaitė[1] wurde in Litauen geboren, einem Land, das unter wechselnden Fremdherrschaften leiden mußte. Im 19. Jahrhundert war es das zaristische Rußland, das eine systematische Ausrottung litauischer Nationalkultur betrieb. Im Widerstand dagegen hatte sich aus der Bauernschaft eine Intelligenz herausgebildet, zu der auch Marijas Eltern gehörten. Danielius Alseika und Veronika Janulaitis, Arzt und Ärztin, gründeten 1918 das erste Hospital der litauischen Hauptstadt Vilnius, im ersten Jahr der Unabhängigkeit von Rußland.

1921, als Marija Birute geboren wurde, hatte schon Polen das eben erst freie Land okkupiert. Ihr Zuhause wurde zu einem Zentrum des politischen Widerstands. Der Vater, im Nebenberuf Verleger eines Kulturmagazins und einer Zeitung, und ihre Mutter, eine Aktivistin, die für die Bewahrung der litauischen Volkskunst stritt, sahen Bildung für die Befreiung Litauens als grundlegend an. Sie gründeten für ihre Tochter und die Kinder anderer Intellektueller eine »Freie Schule«. Sie sollten nicht zur katholischen Schule gehen müssen und schon gar nicht der Indoktrination der polnischen Schule ausgesetzt sein.

»Ich habe meine Kindheit unter Menschen verbracht, die an der Vergangenheit sehr interessiert waren. Mein Vater war Arzt, aber er schrieb auch Bücher über Geschichtliches. Mein Onkel war Historiker, und meine Mutter war interessiert. Ein alter Mann, für den meine Eltern mitsorgten, war eine bedeutende Persönlichkeit für das Wiedererwachen Litauens. Er sammelte ebenfalls Volkskundliches. Was ich von ihm las, hatte großen Einfluß auf mich. Er war so etwas wie ein »geistiger Großvater«.[2]

Tante Julija, auch eine Medizinerin, eine zweite Mutter für Marija, Cousin Meile und der ältere Bruder Vytautas hielten alle Anregungen für das Kind bereit.

»Wir hatten die Freiheit, unsere Individualität zu entwickeln, obwohl die Arbeit für unsere Nation und die Hausaufgaben immer vorgingen. Wir gingen ins Theater und zu Konzerten, als wäre es das Natürlichste auf der Welt. Von Kindesbeinen an konnten wir ohne Kultur nicht leben.«[3]

[1] ihr Mädchenname, der sich auf den Namen des Vaters »Alseika« bezieht. Alle biographischen Angaben folgen der Darstellung Joan Marlers in Marler 1995.

[2] Alle nicht eigens gekennzeichneten Zitate entstammen einem Interview der Autorin mit Marija Gimbutas im Juni 1993

[3] zitiert nach: Marler 1995, S. 42. Die Aussagen stammen aus Interviews, die Joan Marler in der Zeit zwischen 1988 und 1993 mit Marija Gimbutas führte. Übersetzung aus dem Englischen: Birgitta M. Schulte

Litauen ist das europäische Land, das als letztes christianisiert wurde. Hier hielten sich heidnische Bräuche hartnäckig. Marijas Eltern pflegten eine aufgeklärte Atmosphäre. In ihrem Haus gingen Künstlerinnen und Künstler, Musikerinnen und Musiker, Schriftstellerinnen und Schriftsteller ein und aus. Viele fühlten sich dem litauischen Erbe verpflichtet, andere eher der Moderne. Die Bediensteten aber glaubten an Hexen und an die Nornen, die den Lebensfaden spinnen. Für sie und für das Kind waren die Feen real.

»Die Flüsse waren heilig, der Wald und die Bäume waren heilig, die Berge waren heilig. Die Erde wurde geküßt, und morgens wie abends wurden Gebete gesprochen.[4] «

[4] vgl. Marler 1995

Marijas Mutter besaß einen kleinen Bauerhof in der Nähe des Ortes Kaunas. Hier verbrachte Marija so manchen Sommer mitten in der Natur. Die Nachbarn bestellten ihre Felder in noch ganz traditioneller Weise.

»Die alten Frauen schnitten mit Sicheln, und sie sangen während der Arbeit. Die Lieder waren sehr authentisch, sehr, sehr alt. Damals verliebte ich mich in das, was sehr alt ist. Ich empfand eine tiefe Kommunikation mit der Erde, eine Form von Einssein. Ich war völlig gefangengenommen. Das war der Anfang meines Interesses für die Volkskunde.[5]«

[5] Marler 1995. S. 42

Entscheidend für ihren späteren Lebensweg wurde auch der Tod ihres Vaters. Er starb plötzlich, als Marija erst 15 Jahre alt war. Marija versprach, das Lebenswerk des Historikers zu vollenden. Hatte sie vorher ihre Zeit als enthusiastische Schwimmerin, Ski- und Radfahrerin verbracht, so begann sie nun zu lesen. Es interessierte sie alles, was mit dem Vergangenen zu tun hatte, besonders aber alte Glaubensvorstellungen vom Tod und prähistorische Beerdigungsriten.

Im Alter von 16/17 Jahren nahm Marija als jüngstes Mitglied und einziges Mädchen an ethnographischen Forschungsreisen nach Süd-Litauen teil. Während die Jungen Werkzeuge sammelten, dokumentierte sie Lieder und Volksmärchen.

»Wenn eine Frau kurz vor der Geburt steht, ist die Göttin da. Für sie wird ein Huhn geschlachtet. In früheren Zeiten war es vielleicht kein Huhn, sondern ein Schaf oder ein Hund, die geopfert wurden, aber solche Bräuche existieren immer noch. Die Großmutter bereitet alles vor. Zusammen mit den Nachbarinnen wird auf die Göttin gewartet. Die Frauen halten Handtücher als Gaben für sie bereit, und dann wird das Huhn geopfert. Alles ist ganz sauber, die Geburt findet statt, und die Göttin ist dabei. Natürlich passiert das nur in der Vorstellung, sie ist aber da.«

Das volkskundliche Archiv in Vilnius verwahrt heute fast 5000 von ihr gesammelte Volkslieder und Geschichten. Marija Gimbutas atmete das Flair des mythisch Geheimnisvollen. Das wurde wie die Geschichtsorientierung ihres Elternhauses zur Weichenstellung für ihre spätere Deutung des archäologischen Fundmaterials.

»Ich hörte Märchen, als ich den alten Frauen zu Füßen saß. Die Göttinnen lebten noch, sie waren um mich, die Nornen, die Raganas, die Hexen, Baba Yaga. Das war entscheidend. Als ich über die Göttinnen schreiben mußte, bin ich in Gedanken in meine Kindheit zurückgegangen. Ich erinnerte mich an das, was ich aus der Volkskunde über die Göttinnen wußte.[6]«

[6] Ragana: die Göttin in Gestalt einer Krähe. Zur Figur der Baba Yaga vgl. das Interview mit Joan Marler in diesem Band

Im Laufe der Zeit ergänzte Marija Gimbutas ihre Kenntnis litauischer Mythologie durch die, wie sie sagt, »aller Nationen«, durch irische, keltische, römische, griechische, zumindest europäische Mythologie.

Nachdem sie 1938 ihr Abitur mit Auszeichnung bestanden hatte, schrieb sich Marija Gimbutas an der Universität von Kaunas ein. 1939 marschierten die Deutschen in Polen ein. Der aggressive Imperialismus gegenüber den Polen bedeutete für Litauen paradoxerweise Befreiung von der (polnischen) Okkupation.

Marija Gimbutas wechselte sofort an die Universität in Vilnius, wo in spontaner Begeisterung kulturelle Veränderungen vorgenommen wurden und auch eine Bildungsreform stattfand. Archäologie wurde erst 1940 als Studienfach eingeführt.

»Damals wußte ich überhaupt noch nichts von Archäologie. Es wurde nicht einmal unterrichtet, als ich anfing zu studieren. Meine ersten Fächer waren Linguistik, baltische Sprachen, Ethnologie und Volkskunde.«

Die sowjetische Invasion 1940 machte alles zunichte, was das litauische Volk, vor allem die junge Generation, neu aufgebaut hatte: die Einsetzung einer gefügigen Regierung wurde erzwungen, die Universitäten geschlossen oder von Stalinisten weitergeführt, Bücher verbrannt und Menschen nach Sibirien deportiert. Marija Gimbutas versteckte sich zusammen mit ihrer Mutter in deren Sommerhaus bei Kaunas und entging so dem Schicksal, das viele Mitglieder ihrer Familie traf. Sie wurden gefoltert, verschleppt oder umgebracht.

Marija schloß sich unter Gefahren der Widerstandsbewegung an, die im Untergrund arbeitete. Inmitten des Chaos hatte sie ihren Verlobten Jurgis Gimbutas geheiratet. 1942 erwarb sie den Magistertitel in Archäologie an der Universität in Vilnius und setzte ihre Studien fort. Sie forschte allein. Teile ihrer späteren Dissertation wurden schon veröffentlicht.

Litauen stand unter der Okkupation Hitlerdeutschlands, während Marija einer Tochter das Leben schenkte. Die junge Mutter kränkelte und publizierte in dieser Zeit doch elf Artikel über die Balten und prähistorische Bestattungsrituale in Litauen.

»Das hielt mich unabweisbar gesund. Ich führte so etwas wie ein Doppelleben. Ich habe meine Arbeit getan, und zwar fröhlich, nur deshalb existierte ich überhaupt. Das Leben beutelte mich fürchterlich, aber meine Arbeit entwickelte sich kontinuierlich in einer Linie weiter.[7]«

[7] Marler, 1995, S. 43

Diese Arbeitshaltung sollte Marija Gimbutas auch weiterhin kennzeichnen. Ihr Forschungshunger hielt sie am Leben. Durch die Konzentration auf ihre Arbeit konnte sie von sich fernhalten, was Krieg und Nachkrieg ihr an Schwierigkeiten aufbürdeten und an Verletzungen zufügten. Ähnlich scheint sie auch mit dem Affront umgegangen zu sein, daß Fachkollegen von ihr Distanz nahmen, nachdem sie zum ersten Mal die Bedeutung einer weiblichen Gottheit hervorgehoben hatte.

»Ich war einsam, aber ich bin ständig mit meinen Objekten umgegangen. Man muß nehmen, was kommt. Meistens habe ich in meine Kindheit zurückgefühlt, wenn es mir schlecht ging, das hat mir Kraft gegeben. Meine Mutter und meine Tante waren so hilfreich in meinem Leben - sie sind tot, natürlich, aber ich wende mich an sie zurück, um sie um Kraft zu bitten.«

1944 erreichte die sowjetische Front Litauen ein zweites Mal. Am 8. Juli flüchteten Jurgis und Marija Gimbutas mit vielen anderen Menschen auf einem überfüllten Boot. Marija Gimbutas »hielt in einem Arm ihre Tochter und unter dem anderen ihre Dissertation«[8]. Sie war 23 Jahre alt.

[8] Marler, 1995, S. 43

Die restlichen Kriegsjahre verbrachte sie in Österreich und Deutschland. 1945 erreichte die Familie Gimbutas Süddeutschland per Rad[9]. Hier hatte sie wenigstens genug zu essen. Die Universität Tübingen war die erste, die nach dem 2. Weltkrieg wieder öffnete. Marija Gimbutas schrieb sich im August 1945 ein und erhielt 1946 den Doktortitel mit Schwerpunkt in den Fächern Vorgeschichte, Ethnologie und Religionsgeschichte. Ihre Doktorarbeit »Die Bestattung in Litauen in der vorgeschichtlichen Zeit«[10] wurde noch im selben Jahr veröffentlicht.

1947 wurde ihre zweite Tochter Živilė geboren. Kurz danach warf man die Familie Gimbutas aus dem universitätseigenen Haus in der Tübinger Gartenstraße 26, in dem sie untergekommen war, hinaus und verfrachtete sie in das im Pfullinger Schloß eingerichtete Flüchtlingsheim. Die erzwungene Nähe im Flüchtlingslager hatte auch ihr Gutes. Marija fand unter ihren Leidensgenossinnen Betreuerinnen für ihre Kinder[11]. Marija Gimbutas setzte ihre Forschungsarbeiten in Heidelberg und München fort, während Jurgis Gimbutas den Doktortitel in Ingenieurswissenschaften an der Universität Stuttgart erwarb. 1949 wanderte die Familie in die USA aus. Marija Gimbutas arbeitete in verschiedenen Jobs, u.a. als Dienstmädchen, bis sie 1953 ihr erstes Stipendium erhielt[12]. Sie hatte fest vor, an die renommierte Harvard Universität vorzudringen. 1950 stellte sie sich dort vor. Es wurde ihre Aufgabe, die gesamten Veröffentlichungen zur Vorgeschichte Zentral- und Osteuropas, die die Bibliothek neu erhielt, ins Englische zu übersetzen. Dazu mußte sie zumindest passiv den Wortschatz der meisten ost- und westeuropäischen Sprachen beherrschen.

Im Gegenzug erhielt sie die Möglichkeit, ihre Forschungsarbeit fortzusetzen. Dreizehn Jahre lang studierte sie jeden Grabungsbericht, der die »Peabody Library« in Harvard erreichte, der »für Archäologen besten Bibliothek der Welt«.[13]

1954 wurde die dritte Tochter, Rasa, geboren. Marija Gimbutas lehrte in Harvard im Fachbereich Anthropologie und erhielt 1955 die Ernennung zum wissenschaftlichen Mitglied der Forschungsgemeinschaft am Peabody Museum (Harvard), eine lebenslange Ehrung. 1963 wechselte sie an die Universität von Kalifornien in Los Angeles (UCLA) und blieb dort als Professorin der Archäologie bis zu ihrer Emeritierung im Jahr 1989. Sie lehrte in der archäologischen wie in der slawischen Abteilung und war Kustodin des Museums für die Archäologie der Alten Welt an der UCLA.

[9] Vgl.: Kästner u. a. 1995, S. 82

[10] Vgl.: Gimbutas 1946

[11] Vgl.: Das grenzüberschreitende Forschen der Archäologin Marija Gimbutas. Göttinnen der Frühgeschichte. Den Doktorhut erhielt die umstrittene litauische Wissenschaftlerin 1946 in Tübingen. Südwestpresse (awa) 4. 7. 1995

[12] Marija Gimbutas wurde in ihrer Forschungsarbeit immer von namhaften Stiftungen unterstützt, zuerst von den Bollingen and Wenner-Gren Foundations für »Prehistory of Eastern Europe« (1956), dem Buch, das ihre These von der Herkunft der Indo-Europäer präsentiert.

[13] zitiert nach Marler 1995, S. 43

[14] Das Litauische enthält archaische Formen, die es mit Sanskrit und dem Proto-Indo-Europäischen verbindet. (Sanskrit ist eine Sprache, die schon 3000 Jahre vor dem Litauischen nachgewiesen werden kann. Proto-Indo-Europäisch nennt man die Sprache der allerersten Indo-Europäer.) Z.B. wechselt im Litauischen die Silbenbetonung wie im Indo-Europäischen und liegt nicht fest wie im Deutschen oder Lateinischen. Weil das Litauische so viel Altes bewahrt hat, zogen einige Archäologen daraus den Schluß, daß das Ursprungsland der Indo-Europäer im Baltikum liegt.

[15] Proto = Vorstufe, vereinfachend wird häufig von den Indo-Europäern gesprochen.

[16] Vgl.: Mallory 1991

[17] Vgl.: Mallory 1991, S. 115f

Im Bemühen, die litauische Nationalkultur zu retten, war in ihrem Elternhaus immer wieder davon die Rede gewesen, daß Litauisch eine der ältesten indoeuropäischen[14] Sprachen ist.

»Deshalb wollte ich wissen, was der Ursprung des Indo-Europäischen ist. Mindestens 20, fast 30 Jahre lang habe ich Archäologie unter der Frage betrieben: Wo kamen die Indo-Europäer her? Das hat mich schließlich zur archäologischen Forschung über Ost-Europa geführt.«

Wir nennen das Volk, auf dessen Sprache unsere heutigen europäischen und einige asiatische Sprachen zurückgehen, Proto-Indo-Europäer[15]. Sie müssen vor etwa 6000 Jahren gelebt haben. Obwohl ihr Name so bekannt ist – sie sind die Sprachahnen gut der Hälfte der Weltbevölkerung –, weiß man sonst kaum etwas über sie. Es gibt keine Reste proto-indo-europäischer Texte, ihre kulturellen Hinterlassenschaften können nur mit ausladenden Argumentationen dingfest gemacht werden. Die Frage ihres Herkunftslandes ist Gegenstand heftiger wissenschaftlicher Diskussion schon seit anderthalb Jahrhunderten[16].

In den Debatten geht es immer wieder um die Zusammenführung sprachhistorischen und archäologischen Wissens. Die Frage nach der Verteilung indo-europäischer oder nicht-indo-europäischer Orts-, Fluß- oder Pflanzennamen gibt dafür ein Beispiel.

Wenn man herausgefunden hat, für welche Bäume in der Sprache der frühen Indo-Europäer Namen existierten, könnte man schließen, daß sie im Verbreitungsgebiet dieser bestimmten Arten gewohnt haben. Nun scheint ein Wort für Buche im Germanischen wohl »Buche« bedeutet zu haben, im Slawischen bedeutet es aber »Hollunder« und im dorischen Griechisch »Eiche«. Die linguistischen Schwierigkeiten sind also schon immens. Selbst wenn man aber dem Proto-Indo-Europäischen ein Wort für Buche zugesteht, dann zeigen Pollen-Diagramme, daß die eine Buchenart sich bis zum Don ausbreitete, eine andere jedoch den Kaukasus bedeckte[17]. Archäologisch-geographisch ergibt sich also auch keine eindeutige Zugehörigkeit.

Eine andere Methode verortet die Indo-Europäer anhand ihrer Grabhügel. Diese Grabhügel heißen im Russischen »Kurgan«. Nach ihnen benannte Marija

Gimbutas die viehzüchtenden Nomaden, die aus den Steppen an der Wolga kamen und für sie mit den Proto-Indo-Europäern identisch sind.

»Es wurde meine Überzeugung, daß die Indo-Europäer nicht aus Europa stammen. Sie sind von Süd-Rußland aus nach Europa eingewandert.«

Wegen dieser durchaus nicht unumstrittenen[18] These wurde Marija Gimbutas weltberühmt. Sie war hochgeachtet und wurde immer wieder zu internationalen Kongressen eingeladen. Da sie einen amerikanischen Paß hatte, konnte sie auch in Ost-Europa frei reisen. Ausgebildet in einem ost-europäischen Land, kannte sie die von den westlichen unterschiedenen Standards und Sichtweisen der akademischen Diskussion.

Die sprachhistorische Forschung stößt immer wieder auf ein indo-europäisches und nicht-indo-europäisches Substrat. So war ihr linguistisches Wissen eine wichtige Voraussetzung auch für die Deutung der Funde, auf die Marija Gimbutas in den 60er Jahren stieß.

»Das war die Zeit, in der ich sehr viel in Europa herumgereist bin. Ich habe selbst an vielen Stellen Ausgrabungen durchgeführt und geleitet, zwischen 1967 und 1980 fünf große in Osteuropa. Ich mußte mich fragen, was das denn war, was wir da fanden. Diese Kulturen waren so anders, in keiner Weise verwandt mit denen, die ich aus Süd-Rußland kannte, Viehzüchter, eine kriegerische Kultur, die Pferde hatte und Wagen. Was ich in Nord-Griechenland und Südost-Europa ausgrub, war eine Ackerbau-Kultur mit wunder-, wunderschöner Töpferware, Hunderten von – Tausenden von Skulpturen, Figurinen, Tempel-Modellen und anderen wunderschönen Dingen.«

Das Neolithikum und Chalcolithikum[19] ergibt für Marija Gimbutas im europäischen Raum ein geschlossenes Bild. Ihre Interpretation unterschiedlichster Fundzusammenhänge fließt ineinander, fügt sich zu der Vorstellung einer einheitlichen Kultur.

Im Gegensatz zu den meisten ihres Fachs, die das jeweils Besondere eines keramischen oder bildhauerischen Stils vor dem Hintergrund einer spezifischen Siedlungsstruktur dokumentieren und ohne Interpretation stehen lassen, betreibt sie eine Überschau und sieht etwas Einheitliches[20], eine hochzivilisierte Gemeinschaft mit einem feinen Gespür für Ästhetik und Harmonie, einem Sinn für Musik und Tanz,

[18] Gimbutas' Terminus »Kurgan« umfaßt z.B. mehrere soziale Einheiten, er faßt also Klein-Gesellschaften zu einer Kultur zusammen wie ihr Begriff »Alt-Europa« auch. Dieses Vorgehen wird im akademischen Feld nicht gern gesehen.

[19] Steinkupferzeit. Nur in ihrer Veröffentlichung von 1974 betont Marija Gimbutas diese Unterscheidung. Vgl. Zeittafel am Ende des vorliegenden Bands

[20] Vgl. auch die Kritik von Ruth Tringham, University of California, Berkeley in ihrer Rezension von Gimbutas 1991 in: American Anthropologist 95, 1993

kunstvoller Metallbearbeitung lange vor den Metallzeiten,[21] der Präzionsarbeit an Nadeln und Knöpfen ebenso wie feiner Web- und Flechttextilien, einer hohen Wertschätzung der Natur und hoch differenzierter religiöser Vorstellungen. Sie gibt dieser Kultur einen Namen: »Old Europe«, »Alt-Europa«[22] in Anlehnung und Abgrenzung gegen »Indo-Europa«.

Für Marija Gimbutas lebten zwischen 6500 und 3500 v.u.Z. verschiedene Gesellschaften zwischen den Karpaten und dem Norden Griechenlands, zwischen dem Adriatischen Meer und dem heutigen Bukarest unter derselben Norm, im selben Geist. Sie ist sich dessen so sicher, weil in diesem großen geographischen Gebiet überall ähnliche Statuetten gefunden wurden.

97 % der Funde sind weiblich, darunter auch Vasen und Tassen. Nicht wenige der Tongefäße haben Brüste und ein Gesicht. Auch die Dächer von Tempelmodellen sind wie ein Kamin überragt von einem langen Hals und einem weiblichen Gesicht. Ein Altar hat die Form eines Schoßdreiecks. Manche Skulpturen zeigen nichts als die Vulva oder allein ein Paar Brüste. Im Zentrum dieser Kultur muß eine weibliche Gottheit gestanden haben. Diese Göttin erscheint im Bild der Frau.

»Es ist phantastisch, wieviel Bedeutung der weibliche Körper für diese Menschen hatte. Die Vulva war ein Symbol – der Stimulation neuen Lebens – die Brüste waren Symbol, das Gesäß, der Bauch. Weder die Beine noch der Kopf hatten in diesem Sinne Bedeutung, wohl aber der Rumpf, der mittlere Teil des Körpers. Ich halte es für normal, daß die Teile des weiblichen Körpers als schöpferisch verehrt wurden, die sie vom männlichen unterscheiden.«

Das, was Frauen gegenüber Männern auszeichnet, ist ihre Fähigkeit, neues Leben zu schaffen und mit dem eigenen Körper zu nähren, es also zu erhalten. Sie verkörpern damit die zentrale Hoffnung, die als einzige den Schrecken des Todes mindern kann. Die Erfahrung, andere zu verlieren, mit denen man eben noch Seite an Seite stand, die Gewißheit, sterben zu müssen, muß die Menschen schon in frühester Zeit tief erschüttert haben. Daß auf jeden Winter auch wirklich ein Frühling folgt, daß der Mond nach jedem Verschwinden auch pünktlich wiederauftaucht, ist eine Regelmäßigkeit, der sie sich anscheinend versichern wollten. So wurde die weibliche Gestalt zur Repräsentantin der Kräfte, die die zyklische Erneuerung bewirken.

[21] angewandt für Kult-Gegenstände. Für Waffen und Alltagsgegenstände wurden Metalle erst ab der Bronze-Zeit eingesetzt.

[22] Dieser Terminus, der ein Konstrukt bezeichnet, ist schlecht zu übersetzen. Der Begriff »Alt Europa« wird von Archäologen und Historikern in verschiedenen Schreibweisen auf unterschiedliche Zeitepochen angewandt. Marie König spricht in Bezug auf Frankreich und Spanien vom »Höhlenkult Alt-Europas« (König 1980, Untertitel)

Die Göttin vereint alle Momente des Zyklus in sich. Sie, die Gebärerin, schenkt Leben. Sie, deren Brüste Milch und Wasser spenden, erhält das Leben. Als furchteinflößende Macht bringt sie den Tod. Doch der Tod ist nie das Ende, er enthält zugleich den Keim des neuen Lebens. Marija Gimbutas nennt die Göttin u.a. »Regeneratrix«, die Erneuerin.

»Der ganze Symbolismus war natürlich verbunden mit der Fruchtbarkeit der Felder. Das Bild der Göttin zum Beispiel, das wir »Mutter Erde« nennen, das ist ganz genau der Typus von Göttin, der die Sicherheit gibt, daß es eine neue Ernte, daß es ein Wiederaufwachen der Pflanzen geben wird. Die Göttin verursacht das, sie kommt im Frühling zurück, und sie beschützt die Felder, sie läßt die Pflanzen wachsen. Im Herbst müssen sie, ihre Tochter oder ihr Sohn sterben und in die Unterwelt gehen. Sie werden erst im nächsten Frühjahr wiedererscheinen. So war grundsätzlich die Ideologie der Ackerbauern. Sie mußten sich mühen, sie hatten zu kämpfen, damit das Leben wiederkehrt.«

Marija Gimbutas hat die vielen aufgefundenen Figuren lange angeschaut. Bestimmte Merkmale wiederholten sich und ließen sich zu einer Typologie ordnen:

1. Die Göttin, die die generativen Kräfte der Natur personifiziert. Sie ist dargestellt, wie sie gerade gebiert, ihre Brüste und ihre Vulva sind betont. Es gibt sie als »Madonna«, als Mutter mit dem Kind oder mit einem kleinen Leoparden auf dem Arm. Als Bärin ist sie die Amme, die auf dem Rücken einen Sack für das Baby trägt. Sie erscheint als offener Mund oder doppeltes Auge. Ihr Begleittier ist der Widder, sie ist die Schlange, die Schlangengöttin.

2. Die Göttin, die die destruktiven Kräfte der Natur personifiziert, die Todesgöttin. Ihre Farbe ist weiß. Die Figuren, die sie mit eng an den Leib gepreßten Armen, als »Steife Nackte«, wie Marija Gimbutas formuliert, darstellen, sind aus Knochen oder weißem Gestein wie Marmor und Alabaster. Sie kommt in Gestalt einer Giftschlange oder als Raubvogel einher: als Geier, Eule, Rabe oder Krähe.

3. Die Göttin der Erneuerung, die den Lebenszyklus kontrolliert. Ihre Manifestationen sind die verschiedenen, vielfältigen Symbole des Uterus, des Schamdreiecks oder des Fötus: Kröte, Frosch, Igel, Stierkopf, Dreieck und Doppeldreieck. Sie erscheint ebenso als Insekt, als Biene, Schmetterling, Motte.

Die »Venus mit dem Horn«, Laussel, Gravettien

Mezin, Magdalénien

4. Die männlichen Gottheiten, die nur drei bis fünf Prozent des Bestandes an neolithischen Figuren ausmachen. Ihre geringe Anzahl, so betont Marija Gimbutas, bedeutet nicht, daß männliche Bilder weniger heilig gewesen wären. Männliche sexuelle und physische Kraft wurde angesehen als eine Macht, die auf magische Weise die weibliche Schöpfungskraft vergrößert. Männliche Gottheiten repräsentieren entweder die Vegetation, die im Herbst abstirbt, um im Frühjahr »aufzuerstehen«, oder sie sind verknüpft mit der wilden Natur. Marija Gimbutas schließt das aus dem Bild des »Wilden Mannes«, das in unterschiedlichen Mythologien vorkommt. Für sie sind die neolithischen Götter Urahnen von Silvanus, Faunus oder Pan.

Marija Gimbutas hält diese Glaubensvorstellung nicht für eine Erfindung der ersten Ackerbauern. Die älteren Darstellungen des Jungpaläolithikums wie die »Venus von Laussel«, die Figuren aus Mezin usw. stellen ihrer Meinung nach ebenfalls Göttinnen dar. Die neolithischen Figuren erben ihre Merkmale. So taucht das Mäanderband der Mezin-Statuetten wieder auf oder die Betonung der Dreizahl. Altsteinzeitliche Stämme aus dem Norden, aus Skandinavien oder Rußland, hatten lange ein weibliches, Geweih tragendes Tier verehrt. Die Ren- oder Elchkuh oder allein das verästelte Geweih wird zu einer Inkarnation der generativen Göttin des Neolithikums. Und Bison und Stier, so wie sie in den paläolithischen Höhlenmalereien auftauchen, sind für Marija Gimbutas die ersten Ausdrucksformen für die Potenz des Männlichen.

Die Glaubensvorstellungen verschwinden nicht mit dem Untergang ihrer Trägergesellschaften. Sie bleiben in der minoischen-(mykenischen) Kultur bis ins 2. Jahrtausend v.u.Z. erhalten. Elemente finden sich, so Marija Gimbutas, deutlich noch in der antiken Kunst und Mythologie bis hin zum überdauernden Bild der Maria in den christlichen Kirchen. Die Menschen »Alt-Europas« machten sich aber gerade seßhaft und begannen damit, kontinuierlich Felder zu bestellen. Sie beobachteten, daß aus einem Korn ohne weiteres Zutun eine Pflanze sprießt - ganz ähnlich wie aus dem Körper der Mutter das Kind geboren wird. So erhält sich das Bild der Urschöpferin, der, die aus sich selbst das Neue schafft. Das Weibliche als der Anfang allen Seins.

Das Bild, das die Grabungen in Nordgriechenland sukzessive boten, muß auf Marija Gimbutas einen tiefen Eindruck gemacht haben. Ihre Schilderung macht

[23] Vgl. Gimbutas 1974, S. 41ff

Die Musikwissenschaftlerin Anna Ilieva und die Musikethnologin Anna Starbanova berichten aus Bulgarien: Im Frühjahrsritual ziehen die jungen Mädchen in Schlangenlinien über Täler und Hügel. Sie tanzen eine Woche lang außerhalb des Dorfes. Sie stampfen dabei mit dem rechten Fuß auf und ziehen den linken nach - eine kraftvoll-anstrengende Bewegung, die mit dem Stoß Energie an die Erde abgibt und im Reflex Energie von der Erde aufnimmt.
Am Beispiel der »Peperouda« (Schmetterling) läßt sich die Bedeutung des merkwürdigen Zitterns erahnen, das für die Tanzhaltung bulgarischer Frauen typisch ist. »Peperouda« ist ein Brauch, mit dem Regen erbeten wird. Das Mädchen, das den Schmetterling spielen darf, muß »rein« sein, es muß noch vor der ersten Regelblutung stehen. Seit Beginn dieses Jahrhunderts wird der »Schmetterling« in ein weißes Hemd gekleidet, das mit grünen Zweigen besteckt ist. Früher war er nackt, mit offenem Haar. Aus ihren vergleichenden Forschungen wissen Anna Ilieva und Anna Starbanova, daß offenes Haar für »Energie« steht, für »irrationale kosmische Kräfte und instinktives Leben«. Im Volksglauben hält sich die Auffassung, daß Nacktheit dabei behilflich ist, Kontakt zu übernatürlichen Kräften herzustellen.
Der »Schmetterling« trägt einen Kranz aus grünen Zweigen im Haar. Es können auch einige lebende Frösche im Kranz stecken: Symbol des Wassers. Frösche, so Anna Ilieva und Anna Starbanova, stellen auch ein Symbol für die Unterwelt

fühlbar, daß sich um 6000 v.u.Z. die Lebensbedingungen für die Menschen durch eine Klimaveränderung deutlich verschlechtert haben[23]. Es wurde trockener, die Menschen bangten um Regen. Sie erflehten den Regen. Das liest Marija Gimbutas an den »Ornamenten« ab, die nun die Tongefäße und auch die Figurinen zieren. Die floralen und spiralförmigen Motive der frühen Jungsteinzeit werden durch strikt geometrische Designs ersetzt, durch gerade Linien – parallel, diagonal, vertikal – durch gestreifte und punktierte Bänder, durch ineinandergesetzte V's in Zickzack- oder Wellenlinien. Drei geschweifte Linien nebeneinander erbitten augenfällig immer wieder den Regenguß.

Es ist das große Verdienst Marija Gimbutas', diese abstrahierten Zeichen entziffert, ihren Inhalt lesbar gemacht zu haben. Unabhängig von *Marie König* sah auch sie im Dreieck das Schoßdreieck. Marija Gimbutas erkannte seine Bedeutung als »lebensanregend, Leben gebend« im V, in der Zickzacklinie, im Mäander und der Wellenlinie wieder. Die Zweizahl und die Raute ist dagegen das Zeichen der »schwangeren Erdmutter«. Marija Gimbutas erkennt es an dem Tupfen, dem Punkt in der Mitte einer Raute, der dem Korn ähnelt und sogar als echtes Korn in den geformten Ton eingedrückt wurde.

Zur Göttin von Tod und Wiedergeburt gehören das doppelte Dreieck, die Sanduhr und stilisierte Vogelklauen. Die Spirale, die aufgerollte Schlange, Wirbel, die aus Halbmonden und Hörnern entstehen, sind Embleme der Energie und Kraftentfaltung.

Marija Gimbutas nannte die Formensprache »Alt-Europas« »Die Sprache der Göttin«. Indem sie aber die verschiedenen Typen von Skulpturen und Wandmalereien den unterschiedlichen Aspekten dieser Gottheit zuordnete, entdeckte sie etwas, was nicht nur im übertragenen Sinn »Sprache« ist. Sie entdeckte eine Schrift.

Das wird häufig überhört. Ihre Behauptung ist so provozierend, daß sie kaum wiedergegeben wird. Die Entstehung der Schrift wird nämlich mit Sumer verbunden. Im Zweistromland machte die jährliche Überflutung der Flußauen eine zentrale Verwaltung der Äcker nötig. Außerdem spielte der Handel eine große Rolle, so daß nach Formen gesucht wurde, um Zahl und Umfang von Handelsgütern zu notieren. Die bürokratischen Notizen auf archaischen Tontäfelchen um 3000 v.u.Z. gelten zumeist als der Anfang der Schrift.

dar. Die Mädchen, die den Schmetterling eskortieren, singen: »Ein Schmetterling flog und flog, / Und flog über Wasser«. In östlichen Kulturen, wissen Anna Ilieva und Anna Starbanova, lassen die Tänzerinnen ihre langen Ärmel flattern, wenn sie Himmelstänze tanzen oder solche, die den Flug nachahmen. Die bulgarische Version nutzt eine ältere psychologische Technik, um Kontakt mit dem Kosmischen aufzunehmen und die Kräfte zu kontrollieren, die Veränderungen in der Atmosphäre verursachen. Der Schmetterling schüttelt sich, zittert, flattert und dreht sich schnell um die eigene Achse. Das Mädchen hält grüne Zweige in den Händen, mit denen es winkt, die es über dem Kopf kreuzt und flattern läßt, mit denen es über seine Hüften streicht und mit denen es Wasser versprengt. Obwohl das Ritual über die Jahrhunderte verändert worden ist, ist das Schütteln, Zittern, Flattern, das Schwenken grüner Zweige ein frühgeschichtliches Mittel, mit dem Frauen Einfluß auf die Natur genommen haben; für Anna Ilieva und Anna Starbanova zweifelsfrei eine weibliche Methode, die Natur aus ihrem Winterschlaf zu erwecken. Die Figur des Schmetterlings belegt ihrer Meinung nach die Entwicklung, die das Weibliche durch die Jahrtausende und die Kulturen hindurch genommen hat: Von der großen Göttin und Erd-Mutter zu einer jungfräulichen Priesterin und dann zum kindlichen Schmetterling, der in mancher Hinsicht wie eine Marionette wirkt. (Vgl. Ilieva 1991)

Marija Gimbutas behauptet nun, daß die Schrift schon viel früher entstand, und zwar in der ersten Hälfte des 6. Jahrtausends vor der Zeitenwende.

»Das ist die Schrift, die ich die »Alt-Europäische Schrift« nenne, manche nennen sie Vinča-Schrift, weil sie in der Vinča-Kultur - das war auf dem Balkan, im Zentrum - am meisten bekannt ist. Aber sie war weiter verbreitet, zu Beginn des 6. Jahrtausends vor unserer Zeitrechnung praktisch über ganz Europa hinweg, bis sie von indo-europäischen Eindringlingen ausgelöscht wurde, etwa um 4000 vor unserer Zeitrechnung.«

Diese Schrift, so meint Marija Gimbutas, diente der Kommunikation mit der Göttin. Sie ist noch sehr eng mit den Symbolen der Altsteinzeit verknüpft. Der Gimbutas-Schüler Shan M. Winn spricht daher auch von »pre-writing«.

»Schon in der frühen Altsteinzeit wurden bestimmte Zeichen eingesetzt. Die haben sich erhalten, und das Aufregende ist, daß dieselben Zeichen über 20 000 Jahre in Gebrauch waren.«

Abstrakte Zeichen wie das V, das M oder das Y wurden im Paläolithikum in Knochen, in Stein oder in Horn eingeritzt. V, M und Y tauchen auch auf Funden aus der mittleren Altsteinzeit und der frühen Jungsteinzeit auf. Sie erscheinen auf Tongefäßen: verdoppelt, multipliziert, umgedreht und einander entgegengesetzt, zusammen mit Mäandern und Parallellinien. Weil sie ineinandergeschachtelt und wiederholt werden, wertet Marija Gimbutas sie als eine Anrufung, wie in magischer Absicht betont.

»Zu einem bestimmten Zeitpunkt haben die Menschen die Hauptsymbole genommen und einige Linien hinzugefügt. Sie haben ungefähr 60 Zeichen erfunden, die sich von da an wiederholen, auf Siegeln auftauchen, in Inschriften auf Wänden oder Tempel-Modellen oder Figurinen oder Spinnwirteln und ähnlichen Dingen. Sie stehen definitiv in Zusammenhang mit sakralen Objekten, die während besonderer Kulthandlungen, aber nicht im Alltag, nicht für Handelszwecke benutzt wurden. Das ist sehr unterschiedlich zur Schrift aus Sumer. In der Bronzezeit gibt es auf Kreta und Zypern eine Schrift, die verwandt ist.«

Weder diese kretische Linear A noch die minoisch-zyprische Schrift sind entziffert. Marija Gimbutas findet das nicht verwunderlich. Da sie der Vinča-Schrift ähneln, sind wohl auch sie »alt-europäisch«. Wir, die wir eine indo-europäische

Sprache sprechen, können mit ihr keine Laute verbinden. Eine Entschlüsselung wird erst dann möglich, wenn ein Stein gefunden wird, auf dem derselbe Text auf »alteuropäisch« und in einer bekannten Schrift zugleich wiedergegeben ist.

»Wollen wir hoffen, daß sie überhaupt entziffert werden.«

In ihrem ersten Buch zu »Alt-Europa« scheint der Blick Marija Gimbutas' noch nicht so bedeutungsgesättigt zu sein wie später. Sehr anschaulich und nachvollziehbar stellt sie die Figuren vor wie Modellpuppen, die uns etwas von der Mode in »Alt-Europa« erzählen. Danach trugen die Frauen oder zumindest die Priesterinnen Ketten um den Hals und Gürtel um die Hüften, Boleros und Röcke, die den Bauchnabel freiließen und sich eng um die Beine schlossen. Es gäbe keinen Grund anzunehmen, daß die verblüffende Eleganz ein importiertes Element sei, eingeführt aus Anatolien oder den östlichen Mittelmeergebieten. Der Bekleidungsstil habe sich wie die Keramikmuster oder die Schrift innerhalb lokaler Traditionen entwickelt, auch wenn stilistische Ähnlichkeiten auf Kontakt und Austausch schließen ließen.[24]

Aus der Bekleidung der Figurinen, aus Tempelmodellen, aus Grundrissen und Hausrekonstruktionen schließt Marija Gimbutas weiter auf die Form liturgischer Handlungen, wie zum Beispiel der rituellen Bitte um Regen. Dazu gehören auch die Bestattungsriten, in denen sich das Verständnis vom Tod als 'Tor zu neuem Leben' spiegelt. Ein Topf mit rotem Ocker, ins Grab mitgegeben, öffnet dieses Tor, so wie die Göttin es tut[25]. Die rote Farbe symbolisiert das Leben. So sind viele der Skelette mit Rotocker bestreut, gereinigt bestattete Knochen mit roter Farbe bemalt oder die Toten in der Haltung des Embryos (in eiförmigen Tontöpfen) in den Schoß der Erde gebettet.

Am Ende ihres Lebens ist Marija Gimbutas sicher, das Gebäude der neolithischen Religion vollständig erfaßt zu haben. Im Gegensatz dazu ziehen viele Archäologen die Rekonstruktion des Überbaus einer Gesellschaft, die keine schriftlichen Quellen hinterließ, grundsätzlich in Zweifel.

»Es wird immer angenommen, daß das System stets dasselbe war, daß die Götter immer männlich waren, weil die indo-europäischen es sind, und der christliche Vatergott männlich ist. Deshalb soll nicht jemand daherkommen und sagen: 'Hey, das stimmt nicht. Es gab Göttinnen, sie waren sehr bedeutsam, und die Zeit, die sie existiert haben, ist sehr lang!' Unter den Archäologen gibt es keinen, nicht einen einzigen,

[24] Vgl. Gimbutas 1974, S. 16. Marija Gimbutas wendet sich gegen die Auffassung, daß der Ursprung aller Kultur im Orient zu suchen sei, eine wissenschaftliche Meinung, die in den 70er Jahren noch weit verbreitet war. Diese Grundtendenz, die ihren späteren Werken ebenfalls unterliegt, wird in der wissenschaftlichen Diskussion angegriffen. Vor allem wird ausgeschlossen, daß sich Elemente der neolithischen Kultur originär zuerst in Europa ausbildeten. Sicherheit in dieser Frage wird es erst geben, wenn die Daten aller Ausgrabungen mit der gleichen Zeitmessung geeicht werden.

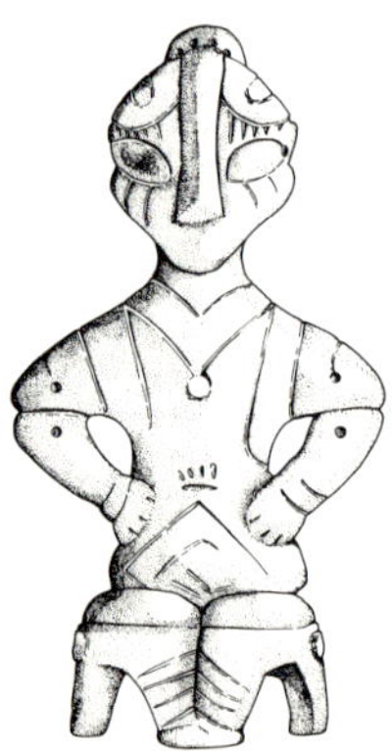

Abbildung 2a:
Figur aus gebranntem Ton, gefunden bei Predionica bei Priština, Kosovo, Vinča-Kultur, Höhe: 18,5 cm, 4500 v.u.Z

[25] Gimbutas 1974

[26] Inselgruppe der Ägäis, heute zu Griechenland gehörig

der ein Buch über die Skulpturen von Göttinnen gemacht hätte. Ganz früh gab es einige Publikationen ohne jede Interpretation. Nehmen Sie Ausstellungskataloge: Sie werden keine Erklärungen finden, wer diese Skulpturen, Figurinen sind, was sie bedeuten, nichts. Die Archäologen getrauen sich nicht, oder sie haben eine andere Sichtweise, eine männliche. Die wundervollen Marmor-Figuren der Kykladen[26], die ich »stiff nudes« nenne - sie sind so steif, weil sie zu den Begräbnisriten gehören - sind für die meisten älteren Historiker die allerschönsten Frauen - ungefährlich, weil diszipliniert. Sie werden nur deshalb als weibliche Skulpturen wertgeschätzt, weil sie in das Schönheitsbild und in den Kunstgeschmack des 20. Jahrhunderts hineinpassen, andere, ost-europäische zum Beispiel, nicht.«

Marija Gimbutas ging noch weiter. Sie schloß im Zusammenhang mit der Religion auch auf die Sozialstruktur »Alt-Europas«. Die Schlangengöttin zum Beispiel trägt ein Krönchen. Viele andere Skulpturen tragen eine Haartracht oder einen Hut (Polos), die eine herausragende Position anzuzeigen scheinen. Ost-europäische Märchen, in denen zum Beispiel die baltische Ragana einer Gruppe von anderen Krähen niederer Bedeutung voranfliegt, deuten daraufhin, daß der neolithischen Gesellschaft eine Frau vorstand, eine Ur(Groß)mutter, die von einer Gruppe Beraterinnen umgeben war. Tempelmodelle zeigen, daß auch das Priesterinnenkolleg so organisiert war. Eine der zugehörigen Figurinen ist deutlich ausgearbeitet, während die anderen abgestuft gröber modelliert sind.

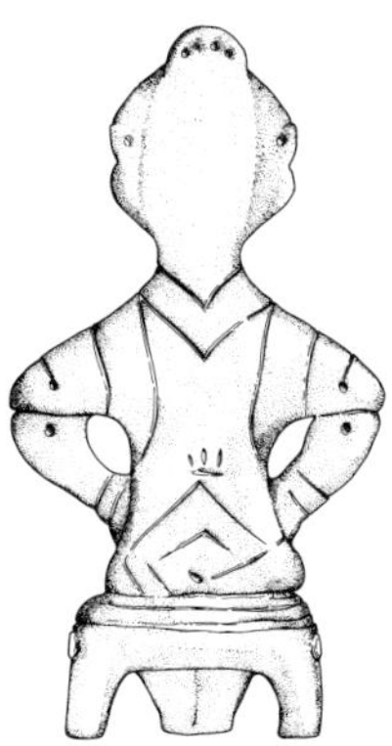

Abbildung 2b:
Figur aus gebranntem Ton, gefunden bei Predionica bei Priština Kosovo, Vinča-Kultur, Höhe: 18,5 cm, 4500 v.u.Z

Aus der Art und Weise, wie Frauen und Männer bestattet wurden, schließt Marija Gimbutas, daß das Erbe in der weiblichen Linie weitergegeben wurde. Aus dem Vergleich mit Berichten der antiken Geschichtsschreiber folgert sie, daß eine Frau dem Haushalt vorstand, deren Brüder die soziale Vaterschaft für die Kinder übernahmen. Das Baskische sei die einzige noch lebende »alt-europäische« Sprache, formuliert Marija Gimbutas und nimmt die baskische Gesetzgebung als einen Beleg für die ehemals andere Stellung der Frau auch im Recht. Im Baskischen haben Frauen das Amt einer Richterin oder Schiedsrichterin inne.

Zu Tonmodellen von Kultplätzen gehören Figurinen, von denen nur jeweils eine genau herausgearbeitet ist. Die sie umgeben, sind weniger stark verziert. So schließt Marija Gimbutas: Es gab in »Alt-Europa« eine Hierarchie. Die Gesellschaft gruppierte sich um eine Tempelgemeinschaft von Frauen, um die Priesterkönigin und/oder die geehrte alte Frau mit ihrem Bruder oder Onkel und einem Frauen-Rat als Regierung.

Marija Gimbutas malt uns ein soziales Miteinander, in dem das Gleichgewicht zwischen den Geschlechtern ausbalanciert ist, eine Lebensführung, in der religiöses und Alltagshandeln nicht voneinander geschieden sind.

»Die Arbeit wurde meistens kollektiv erledigt. Ich denke, daß es Kollektiveigentum gab, das nichts mit persönlichem Besitz zu tun hatte. Kriege gab es nicht. Wir wissen, daß diese Kulturen nicht gekämpft haben, weil sie keine Waffen hatten und keine Befestigungsanlagen - und wahrscheinlich auch keinen Anlaß. Es gab absolut keine Notwendigkeit, gegeneinander zu kämpfen.«

Die südrussischen Weidebauern kennzeichnet Marija Gimbutas im Gegensatz dazu als habgierig und kriegerisch. Bei den Viehzüchtern habe es Einzeleigentum an den Herden gegeben und entsprechend auch innere Feindschaften.[27]

[27] So in ihrem Interview mit der Autorin im Juni 1993

»Die Kurgan-Kultur hatte männliche Hauptgötter, keine Göttinnen wie das restliche Europa. Die weiblichen Göttinnen waren keine Schöpfergottheiten, sie waren nichts weiter als Ehefrauen und Schönheiten. Die Rolle der Frauen ist eine andere, und das reflektiert ein patriarchales soziales System.«

»Alt-Europa« und die Indo-Europäer bewiesen zwei höchst unterschiedliche Stile der Lebensführung, und zwar in derselben Zeitepoche.

»Der Ackerbau begann in Süd-Ost-Europa und auch im ganzen Mittelmeerraum im 7. Jahrtausend v.u.Z. Aus dieser Zeit wurden in Süd-Rußland nur ganz, ganz wenige Artefakte gefunden. Aber über das 6. Jahrtausend v.u.Z. wissen wir, daß die Kurgan-Völker in der Wolga-Gegend schon existent waren. Das war der Anfang, und zu der Zeit waren sie wahrscheinlich schon patriarchal. Von Anfang an unterschied sich diese Kultur in Süd-Rußland von dem, was wir westlich des Schwarzen Meeres vorfinden.«

Wie sich die Entwicklung vom Paläolithikum bis zur Ausbildung zweier unterschiedlicher Grundstrukturen vollzog, beschreibt Marija Gimbutas nicht. Was aber ist die Ursache? Wieso waren die »Kurgans« patriarchal?

»Ich würde sagen, daß die Sozialstruktur immer mit der Ökonomie verknüpft ist. Diese Völker waren meistens Viehzüchter. Sie hatten Tiere, domestizierte

Tiere, wahrscheinlich schon von 6000 v.u.Z. an, aber sie waren nicht dieselbe Art Bauern wie im Westen, in Europa. Vielleicht hat dies zur Entwicklung der sehr verschiedenen Ideologie geführt und auch zur Entwicklung einer neuen Religion.«

Die Art des Wirtschaftens kann nicht der ausschließliche Grund für eine patriarchale Organisation sein. Es gibt auch matristische[28] Nomadenstämme. Marija Gimbutas beschränkt ihren Nachweis auf Ost- und Zentral-Europa und zeigt, daß in diesem geographischen Raum Reiternomanden aus der russischen Steppe die friedliche Kultur der Vorzeit in drei Eroberungswellen 4400, 3500 und 3000 v.u.Z. überfremdeten und schließlich zerstörten. Die »Kurgans« »amalgamierten« mit den seßhaften, Ackerbau treibenden Völkern, während sie sich in der ersten Welle von den Steppen des unteren Wolga- und Don-Gebietes an der Westküste des Schwarzen Meeres und der Donau entlang bis nach Bulgarien, Makedonien und Ost-Ungarn bewegten. Marija Gimbutas spricht von einer »Hybrid-Kultur«.

Ihr kommt das Verdienst zu, den Schlüssel zur Unterscheidung der beiden Kulturen geliefert zu haben. Es ist das Ergebnis von 30 Jahren harter Forschungsarbeit, was ihr am Ende ihres Lebens als leicht und einfach erschien.

»Die unterschiedlichen symbolischen Strukturen beruhen auf verschiedenen Sozialsystemen. Wenn man die Regeln kennt, kann man die beiden nicht verwechseln. Das eine ist matristisch[29], das andere patristisch. Die Alt-Europäer kannten das Vater-Bild überhaupt nicht. Die Indo-Europäer hatten das Vater-Bild von Anfang an[30]. Wie soll man da etwas verwechseln? Erst, als die Kurgan-Völker Europa eroberten, vermischten sich die beiden Systeme, aber in manchen Gegenden vermischten sie sich beinahe überhaupt nicht. Sie entwickelten sich parallel. Deshalb existiert die Göttin Alt-Europas heute noch neben den indo-europäischen Göttern.«

Daß es Marija Gimbutas schließlich leicht fiel, die unterschiedlichen Hinterlassenschaften voneinander zu unterscheiden, liegt an ihrer fundierten Ausbildung. Ihr Blick war nicht eindimensional.

»Die meisten Archäologen – in Amerika genauso wie in West-Europa – studieren ausschließlich Archäologie oder sagen wir: griechische Kultur. Vielleicht studiert jemand noch Geologie oder Naturwissenschaften, um ein besserer Archäologe zu werden, aber nicht sehr viele haben, vielleicht hat sogar niemand so studiert

[28] mutterzentriert, umfaßt Matrilinearität (Vererbung in der Mutterlinie) und Matrilokalität (Männer ziehen nach der »Heirat« in den Haushalt der Familie der Frau)

[29] Marija Gimbutas spricht nicht von Matriarchat, sie möchte jeden Gleichklang mit Patriarchat, die Assoziation von Herrschaft durch Unterdrückung vermeiden.

[30] Der Name des proto-indoeuropäischen Gottes heißt übersetzt »Vater Himmel«. Obwohl die Übersetzung weitgehend abgesichert ist, gibt es noch keine Einigkeit darüber, welche Rolle dieser Gott innerhalb der Religion einnahm. Vgl. Mallory, 1991, S. 129

wie ich: Mythologie und Ethnologie und Linguistik und Vorgeschichte. Das ist der Hauptunterschied zwischen mir und vielen anderen Archäologen. Sie haben nicht die Voraussetzungen dafür, aus vier Disziplinen zu schöpfen wie ich. Sie sehen bestimmte Dinge, und ich sehe bestimmte andere Dinge.«

Damit das Mosaik der Zeit, die uns keine Schriftquellen hinterließ, richtig zusammengesetzt werden kann, ist die Zusammenarbeit vieler Disziplinen unabdingbar. Aber selbst wenn die Kenntnisse der Paläobiologie und -geologie, aus dem Kunsthandwerk und von Metallspezialistinnen und- spezialisten eingebracht werden, lassen sich Aussagen über Religion nur schwerlich treffen.

»Als mein erstes Buch 1974 erschien, schrieb ein Archäologe eine Rezension über 'Götter und Göttinnen Europas', ein Titel, der berichtigt wurde in 'Göttinnen und Götter Europas', – ohne seinen Namen darunterzusetzen – etwa in dem Sinne: 'Was Marija Gimbutas vorher publiziert hat, war hervorragend, aber dieses hier überschreitet die Grenzen'. Das war eine typische Reaktion. Natürlich, wie soll einer die Religion beurteilen, wenn er die Mythologien Europas nicht kennt? Wie kann man das wagen! Das Feld war dermaßen vernachlässigt, es war zu weit, um begreiflich zu sein, als ich es öffnete.«

Seit der Erstveröffentlichung ihrer These von der Kultur »Alt-Europas« feilte Marija Gimbutas an ihren Aussagen, bis sie vor allem ihr Bild der steinzeitlichen Religion vervollständigt hatte. Gegen Ende ihres Lebens tritt die spirituelle Dimension ihres Werks stärker hervor. Im Juni 1993 antwortete sie auf die Frage, warum sie Archäologin geworden sei:

»Diese Frage wird mir immer wieder gestellt. Manchmal sage ich: weil die Göttin es so wollte.«

Gegen Ende ihres Lebens scheint sich auch der Tonfall ihrer Worte feministisch einzufärben. Sehr eindringlich mahnte sie, daß der Rückblick auf die Vergangenheit uns zur Herstellung einer besseren Zukunft verpflichte[31]. Dennoch wies sie es von sich, Feministin zu sein.

»Ich hatte nie, nie den Gedanken, über die Göttin schreiben zu müssen, weil ich eine Frau bin. Niemals in meinem Leben. Ich bin in einer sehr liberalen Atmosphäre groß geworden, vor allem in meiner Kindheit. Nie hat mir jemand gesagt, ich könnte

[31] Vgl. Marija Gimbutas: »Sprache der Göttin« in: Frauenmuseum Wiesbaden 1994, S. 23ff

das oder das nicht machen, weil ich ein Mädchen bin. Ich hatte vermutlich mehr Freiheiten als mein Bruder. Ich mußte nicht für Frauenrechte kämpfen, ich mußte auch nicht die Göttin präsentieren, weil ich eine Frau war. Es ist eben so gekommen. Es passierte, weil ich mit den Fakten konfrontiert war, mit all den Hunderten und Tausenden kleiner Figuren. Da sind lauter Skulpturen, und keiner beantwortet die Frage danach, wer sie sind. Die Frage hat mich gedrängt, nicht, daß ich eine Frau war.«

Mit dieser Haltung ähnelt Marija Gimbutas vielen anderen Wissenschaftlerinnen ihrer Generation.[32] An der Universität war sie unter männlichen Kommilitonen und später unter männlichen Kollegen als Frau die Ausnahme. Marija Gimbutas war zudem eine feminine, eine attraktive Frau[33]. Sie war liebreizend, sie war kreativ, sie war eine starke Frau.

Im Vergleich zu heute genossen die Wissenschaftlerinnen dieser Generation eine Ausnahmestellung. Gerade weil Frauen gleiche Rechte (noch) nicht zustanden, wurden sie auch nicht mit gleichen Pflichten belastet. So wurde zum Teil eher toleriert, daß sie Jahre zur Erziehung ihrer Kinder benötigten[34]. Heute wird von einer Frau erwartet, daß sie ebenso schnell mindestens ebenso viel veröffentlicht wie ihr männlicher Kollege. Auch damals waren die Erwartungen an Wissenschaftlerinnen hoch[35], heute aber sind Frauen generell einem höheren Leistungsdruck ausgesetzt als die Männer.

Diese Erfahrungen von Diskriminierung sind es, die viele der jüngeren Generation zu Feministinnen machen. Marija Gimbutas verspürte keinen ähnlichen Leidensdruck. Als ihre männlichen Kollegen sich von ihr distanzierten, erschien ihr der Affront gegen ihre Theorie gerichtet. Deren Inhalt war anstößig. Daß sie isoliert wurde, auch und gerade, weil sie eine Frau war, wurde Marija Gimbutas nicht bewußt.

Zu den Mechanismen der Diskriminierung gehört, daß weibliche Forschungsarbeit von Kollegen gleichzeitig gelobt und abgewertet wird. Gilt ein Werk als exzentrisch, so lassen sich impulsgebende Ideen leicht übergehen[36].

Wenn das von Seiten der Archäologen und Archäologinnen auch geschehen mag, außerhalb der Universitäten sind die Anstöße Marija Gimbutas' längst aufgenommen worden.

[32] Vgl. auch die Befragung der ehemaligen Doktorandinnen, deren Bilder im Institut für Ur- und Frühgeschichte in Tübingen aufgehängt sind. Kästner u.a. 1995

[33] Mündl. Mitteilung Joan Marlers im Juli 1995

[34] Vgl. Mary Douglas in Pfrunder 1993, S. 27

[35] Mindestens 75% der von Kästner u.a. befragten Wissenschaftlerinnen waren/sind nicht verheiratet und hatten/haben keine Kinder.

[36] Vgl.: Pfrunder 1993, S. 27

Unlösbare Aufgaben

MARIJA GIMBUTAS UND JOAN MARLER

Marija Gimbutas bezeichnete Joan Marler 1993 als ihr »alter ego«, ihre andere Hälfte. Joan Marler hatte jahrelang sehr eng mit ihr zusammengearbeitet, sie edierte »Civilizations of the Goddess«, eines der letzten Bücher der Archäologin. So war sie verantwortlich dafür, daß das, was die gebürtige Litauerin formulierte, auf Englisch für ein Laienpublikum verständlich wurde. Joan Marler mußte das Werk der Marija Gimbutas »inhalieren«, es in sich aufnehmen, um es formuliert wiedergeben zu können. Ihre Arbeit ist eine Hommage an die von ihr hoch geschätzte Mentorin.

Bei welcher Gelegenheit bist du Marija Gimbutas zum ersten Mal begegnet?[1]

Joan Marler und Marija Gimbutas auf ihrer gemeinsamen Reise nach Ost-Europa

Ich bin immer wieder durch den Mythenforscher Joseph Campbell auf sie gestoßen, der in seinen Vorlesungen häufig von ihr sprach. Er sagte oft, wenn ihr Werk über die Göttin eher vorgelegen hätte, sähen seine Bücher[2] ganz anders aus. Er hatte begriffen, daß Marija das entscheidende Bindeglied in der Kette nachlieferte, das ein neues Verständnis der prähistorischen europäischen Kulturen ermöglichte. Als ich das nun hörte, wollte ich unbedingt kennenlernen, was sie geschrieben hatte.

Ich hatte mich unbewußt darauf schon viele Jahre vorbereitet. Ich las die richtigen Bücher, besichtigte archäologisch interessante Stätten, ohne zu wissen, warum. Aus irgendeinem Grund hatte ich das Bedürfnis, mich in Vorgeschichte, Mythologie, Archäologie und andere Gebiete einzulesen.

Ich hatte dann Gelegenheit, Marija zu interviewen, 1987 – ich arbeitete für's Radio – das tue ich heute noch. Das erste Interview wurde in einem feministischen Frauenmagazin abgedruckt, in »Women of Power«. Seitdem habe ich sie so oft aufgenommen, wie es nur möglich war.

Da ich selbst schrieb und auch Lektoratserfahrung hatte, machte sie mir irgendwann das Angebot, mit ihr an »The Civilizations of the Goddess« zu arbeiten. Dieses Buch kam dann 1991 auf den Markt.

[1] Das Interview wurde auf Englisch geführt. Die Übersetzung besorgte Birgitta M. Schulte.

[2] Joseph Campbell: »The Masks of God: Primitive Mythology« New York: Viking Press 1959. Deutsch: Die Masken Gottes. Bde 1 - 4, Basel: Sphinx 1992 oder: Die Mythen der Menschheit. München: Kösel 1993

Hatte Marija Gimbutas Anziehungskraft für dich, als du sie zum ersten Mal trafest?

Ich habe Marija zum ersten Mal 1984 in San Francisco gesehen, als sie ihre Arbeit auf einer Einladung anläßlich des 80. Geburtstag von Joseph Campbell vorstellte. Ich kannte schon ein paar ihrer Schriften und - natürlich fühlte ich mich von ihr angezogen.

Welche Züge ihrer Person beeindruckten dich?

Marija umgab Charisma, aber sie war echt und unverfälscht, selbst wenn sie mit großer Emphase redete. Sie hatte absolut keine Maske. Sie war von einer Leidenschaft für ihr Thema ergriffen; diese Passion teilte sich in ihrer Ausstrahlung mit. Ihre unglaubliche Intelligenz, ihre Offenherzigkeit und ihre Heftigkeit waren außerordentlich anregend für mich.

Du fühltest dich von ihrer Grimmigkeit ebenso angezogen wie von ihrer Warmherzigkeit?

Ja. Sie war eine Frau mit sehr breiten, hoch entwickelten Fähigkeiten. Sie war zu einer unglaublichen Generosität fähig, sie war spontan und konnte sehr liebevoll sein. Sie hatte gleichzeitig eine große innere Strenge – die sie auch brauchte. Sie hätte ihre Arbeit unter den sehr schwierigen Umständen, die sie erlebt hat, sonst nie fortsetzen können.

Hat ihre Strenge und Genauigkeit dich nicht eingeschüchtert? Sie konnte ja auch sehr strikt sein, hart unterbrechen.

Als ich begann, eng mit ihr zusammenzuarbeiten und mit ihren professionellen Anforderungen Bekanntschaft machte, bemerkte ich, daß dies genau das Training war, das ich brauchte, um klarer zu werden. Sie hatte kein Verständnis für Leute, die nicht vorbereitet waren, die unklar waren in ihrem Denken oder die nicht bereit waren, einen unglaublichen Berg an Arbeit zu bewältigen. Das waren die Anforderungen, die sie auch an sich selbst richtete. Auf der einen Seite war sie warm und fürsorglich, und auf der anderen Seite verlangte sie Außerordentliches. Obwohl ich mich manchmal sehr herausgefordert fühlte, schätzte ich diese Qualitäten an ihr. Ich fand es wichtig, diese Erfahrung zu machen. Sie zentrierte mich, das war die Auswirkung, die sie auf mich hatte. Ich hatte nie zuvor einen Lehrer oder eine Lehrerin, die so stark, so brilliant gewesen wären wie sie, die mich so zur Genauigkeit gebracht hätten. Es war genau das Richtige für mich, obwohl ich nicht erwartet hatte, in ihr so eine Mentorin zu finden. Ich hatte immer geglaubt, meinen Weg selbst finden zu müssen.

Ich möchte noch mal auf die Geburtstagsfeier für Joseph Campbell zurückkommen. Hatte Marija Gimbutas keine Angst, mit Joseph Campbell in einem Atemzug genannt zu werden, also mit jemandem, der von der Wissenschaft nicht anerkannt wird?

Marija beschäftigten solche Überlegungen nicht. Sie hatte ihre eigenen Kriterien und kümmerte sich nicht darum, was andere Leute dachten. Sie sah in Campbell jemanden, der mythologische Themen und Muster verstand wie sie es tat, während die meisten ihrer Wissenschaftlerkollegen im Umgang mit solchem Material nicht geschult waren. In den Jahren, in denen sie ihre Interpretationen »Alt-Europas« entwickelte, gab es nur wenige Spezialisten, mit denen sie ihre Ideen überhaupt diskutieren konnte.

Deshalb war ihre kurze Freundschaft mit Campbell sehr bedeutsam für sie. Ich fragte sie nach Eliade[3] und Levi-Strauss[4] und anderen Leuten. Sie antwortete, ihnen fehlte der archäologische Hintergrund, das Neolithikum diskutieren zu können, deshalb war Marija sehr allein. Als ihre letzten Bücher endlich publiziert waren, als sie sie also hätten lesen und diskutieren können, waren diese großen Wissenschaftler schon verstorben.

[3] Mircea Eliade (1907-1986), bekannter Religionswissenschaftler und Literat, z.B.: Mythos und Wirklichkeit. Frankfurt/Main: Insel 1988

[4] Claude Levi-Strauss (geb. 1907), französischer Anthropologe, Strukturalist. z.B.: Strukturale Anthropologie. Frankfurt/Main: Suhrkamp 1977
Der Bildteil seines Forschungsberichts über die Stämme Zentralbrasiliens »Tristes Tropiques« (»Traurige Tropen«) erschien als Fotoband unter dem Titel von Darius Milhauds brasilianischen Tänzen von 1921 »Saudades do Brasil«, Paris: Plon 1994

Aber Joseph Campbell hatte doch auch keinen archäologischen Hintergrund!

Formal nicht, aber er nutzte archäologische Quellen für seine eigene Arbeit, er verstand Marija aus einer interdisziplinären Sichtweise heraus.

Zurück zu dir. Wieso hast du denn gemeint, alles allein herausfinden zu müssen? Wie alt warst du, als du noch so dachtest?

Als ich 18, ungefähr bis ich 22 war, besuchte ich das College und lernte Tanz und Bildende Kunst. Obwohl ich an den Seminaren einer exzellenten Frau teilnahm, war ich enttäuscht von meinen Dozenten.

Meine beste Freundin war auch auf diesem College und lernte bei dem französischen Komponisten Dariaus Milhaud. Ich erlebte, wie ihr ein tiefes Erkennen zuteil wurde, dadurch daß sie bei diesem großen Künstler lernte, der zudem auch ein guter Lehrer war. Da ich eine solche Persönlichkeit als Lehrer für mich nicht fand, mußte ich meinen Weg selber suchen und mich selbst motivieren. Es war spannend für mich zu entdecken, daß Marija auch keinen Mentor gehabt hatte. Sie interessierte sich schon immer für die verschiedensten Disziplinen und bezog ihre Inspiration aus vielen Quellen und schuf so ihren eigenen unabhängigen Ansatz. Ich kam zu ihr mit einer ähnlichen Antenne für Unabhängigkeit.

In ihrer Ungezähmtheit erinnert Marija mich an Baba Yaga, diese Figur aus dem Märchen. Eine der ersten Fragen, die Baba Yaga fragt, ist: »Bist du aus eigenem Antrieb gekommen oder hat dich jemand geschickt?« Ich mußte aus eigenem Antrieb kommen, damit sich unsere Energien begegnen konnten.

Wer ist denn die Baba Yaga, woher kommt dieses Bild?

Baba Yaga ist die russische Vorstellung der Göttin von Tod und neuem Leben. Ihr kleines Haus rotiert auf Hühnerbeinen mit der Tür immer zum dunkelsten Teil des Waldes. Das Haus ist von einem Zaun aus Menschenknochen und aufgespießten Totenschädeln umgeben. Nachts glimmen die Augen in den Schädelhöhlen und werden ihre Sterne.

Die Baba Yaga ist wild, aber sie ist auch eine Führerin für die jungen Frauen, die mit einer Schicksalsfrage zu ihr kommen[5]. Wenn sie aus eigener Motivation heraus kommen, dann gibt sie ihnen unlösbare Aufgaben. Wenn sie sich haben schicken lassen, kann es sein, daß sie auf den Knochen ihres Zaunes enden. Sie reitet auf einem

[5] Vgl. das Märchen und die psychologische Deutung bei Clarissa P. Estés: Die Wolfsfrau. Die Kraft der weiblichen Urinstinkte. München: Heyne 1993, S. 79ff

Geschütz und nimmt die Mörserkeule als Ruder, ein deutlich sexuelles Bild, das die Erneuerung des Lebens anspricht.

Als ich in die Sphäre von Marija Gimbutas geriet, betrat ich ein extrem anregendes – und manchmal ängstigendes – Erfahrungsfeld. Das Ergebnis für mich war der Tod der Joan, die vor ihren eigenen Energien Angst hatte, und die Geburt der Joan, die die Herausforderung unlösbarer Aufgaben voll annehmen konnte.

Kannst du Marija jetzt als Baba Yaga ansprechen, weil du ihr Werk kennengelernt hast oder wußtest du schon vorher um solche Legenden und Mythen?

Ich habe Jahre zugebracht mit dem Studium von Mythologie, vergleichender Religionswissenschaft, Tanz, Kunst, Anthropologie und anderen Fächern. Das war die Vorbereitung.

Das ist ungewöhnlich für eine Tänzerin, all diese Fächer zu studieren, wenn sie nicht Tanz-Ethnologin werden will. Du wolltest doch Tänzerin werden zuerst, nicht wahr?

Ich habe mich immer für viele Disziplinen interessiert und hab immer das gemacht, was mich am meisten gereizt hat. Als erstes wollte ich unbedingt Musikerin werden, also habe ich Flöte studiert, klassische Gitarre, Fagott und Cello. Aber als ich den Tanz entdeckte – und zwar Volkstanz, als Teenager – hat mich das in eine völlig andere Richtung geschleudert. Bei meinem ersten Tanzlehrer habe ich gelernt, daß ich einen Impuls von der Erde in meinen Körper aufnehmen kann und daß mich das mit einem Geheimnis verbindet, das größer ist als ich selbst. Zu tanzen war heilige Ekstase. Es war so erstaunlich, daß in einem Kreis Harmonie entstand, wenn wir uns an den Händen hielten und gleichgerichtete Bewegungen machten. Deshalb entschied ich mich für Tanz, obwohl mein Kopf auch nach Anregung hungerte.

Als ich das College 1969 mit einem Diplom in Tanz verließ, entschied ich mich, nicht nach New York zu gehen und professionelle Tänzerin zu werden. Stattdessen stieß ich auf das Werk Joseph Campbells und kehrte nach Mendocino zurück, an die Küste Nordkaliforniens, wo ich herkam. Ich wollte dort meine Vorstellung von

Tanz ausprobieren und dafür die Texte Joseph Campbells als Inspirationsquelle nehmen.

Eine liebe Freundin lud mich ein, in ihrem neuen Tanz-Studio zu unterrichten und zu leben. Eines nachts las ich, daß das biblische Bild von der Frau im Garten Eden mit dem Apfelbaum und der Schlange die Nach-Erzählung eines viel älteren Motivs sei, das ursprünglich tiefste spirituelle Suche ausdrückte: die Göttin als Frau im Zentrum, als Baum, als Schlange, als die Fruchtbringende des Anfangs. Das war ein richtiger Schock für mich. Ich sah plötzlich ganz klar, daß mein Weg – ob als Tänzerin oder wie auch immer – darin bestehen mußte, unter mir die Fundamente von Heiligkeit wiederzufinden, die das Christentum zerstört hat. Ich begriff, daß ich die heilige Realität in mir selbst wiederfinden mußte, die beinah ausgelöscht war, weil ich in einem fundamentalistischen Christentum erzogen worden bin. Sie wiederzufinden, das wurde mein Weg.

Was für eine Berufsvorstellung kristallisierte sich da heraus?

Zu der Zeit verstand ich mich als Tänzerin und als Lehrerin, ich hab sogar einige Choreographien für's Theater und die Oper geschrieben. Aber in der Zeit fiel mir auf, daß ich Angst hatte, meine eigenen Gedanken auszusprechen - sogar, sie zu denken. Um Courage zu gewinnen und um mein Hirn zu trainieren, fing ich an, als Aufnahmeleiterin für's Radio[6] zu arbeiten. Das übte wirklich, die eigenen Ideen auszusprechen und dem zu vertrauen, was in mir ist.

[6] Public Radio, wird in den USA wie pay-TV von den Hörern bezahlt, macht im Gegensatz zum Private Radio ein anspruchsvolles Programm

Du erwähntest, daß du zum ersten Mal als Teenager Volkstänze sahest. Das war in Mendocino, wo du aufgewachsen bist. Wie war denn deine Kindheit in Nordkalifornien? Was bedeutete es für dich, auf diese traditionelle Art des Tanzens gestoßen zu sein?

Also, erst einmal gehöre ich zur fünften Generation einer Familie, deren Mitglieder als Pioniere nach Nordkalifornien kamen. Die Westküste Nordamerikas war eine Gegend, die für sie so weit von Europa entfernt lag, wie nur möglich. Das war wichtig für sie, nicht nur als geographische Entfernung, sondern auch als geistige Distanz. Für mich bedeutete das, daß mir die Wurzeln abgeschnitten waren. Ich war sehr weit weg von den Einflüssen der gewachsenen alten Kultur in Europa. Meine Vorfahren waren weiße Siedler, die als erste den jungfräulichen Wald an der Pazifikküste rodeten. Sie machten sich 'die Erde untertan'. Sie hatten ihren Gott hoch oben, im Himmel.

Ich wuchs in einer armseligen kleinen Hütte auf, mitten im Wald, doch der Wald war wunderschön, eine Kathedrale aus Bäumen. Wir waren sehr arm. Mein Vater war Fischer, meine beiden Eltern hatten relativ wenig Schulbildung. Ich hatte einen kleinen Bruder, aber nachdem er ertrunken war, war ich ein einsames Kind. Ich habe meine Kindheit verbracht, indem ich allein unter den Bäumen gespielt habe und zum Meer hinuntergelaufen bin. Ich würde so weit gehen zu sagen, die Natur war meine erste Lehrerin. Ich spürte den Waldboden weich unter meinen Füßen, und ich spürte Energie unter meinen Füßen. Wenn ich stand wie ein Baum, fühlte ich mich, als würde ich hochgezogen, so wie die Bäume sich dem Himmel entgegenreckten. Es wurde mir etwas vermittelt, indem ich Jahr für Jahr im Heiligen Hain verbrachte und keine Spielkameraden hatte, etwas, was in meiner fundamentalistisch-christlichen Familie verleugnet wurde. Die Gegenwart der uralten Redwood-Bäume, die rauhe Schönheit des Pazifischen Ozeans haben mir als Kind unheimlich viel gegeben, aber ich hungerte geradezu nach Kultur. Als die ersten Künstler, Musiker und Schriftsteller in unsere Gegend zogen, das war in den frühen 60ern, entdeckte ich auf einmal Leute, die eine Sprache sprachen, die ausdrücken konnte, was ich fühlte. In dem Kontext – ich war vierzehn – habe ich zum ersten Mal Menschen beim Volkstanz gesehen. Das war, als hätte mich der Blitz getroffen. Ich bin beinah umgekippt, ich war dermaßen aufgeregt.

Stand das Haus deiner Eltern mitten im Wald? War das weit weg von Mendocino? Wie groß ist denn dieser Ort?

Wir wohnten mitten im Wald, nicht weit entfernt von Mendocino, diesem kleinen Küstendorf, das in der Zeit der Hippie-Bewegung zu einem Künstlernest wurde. Es liegt da, wo der Redwood-Wald zur Küste hinabkommt, nördlich von San Francisco, ungefähr dreieinhalb Auto-Stunden entfernt. Noch heute gibt es eine sehr aktive Theater-Szene, ein sehr angeregtes Kulturleben.

Haben die Leute die Kreistänze aus Freude und für sich selbst getanzt oder war das eine Aufführung auf der Bühne?

Es war eine informelle Vorführung im Rahmen einer Pessach-Feier. Es war aufregend neu für mich, ich war ja keine Jüdin, sondern in einer Pfingstgemeinde christlich erzogen. Als ich sah, wie die jungen Leute sich an den Händen hielten, konnte ich nicht aufhören zu weinen. Ich bin dann zu dem Mann hingegangen, der ihnen den Tanz beigebracht hatte, und ließ so lange nicht locker, bis er versprach, mich zu unterrichten.

Nach langem Bitten hat er zugesagt. Das war die erste Wende in meinem Leben. All die Erfahrungen, die ich als Kind in der Natur gemacht hatte, auf die Redwoods zu klettern oder unter ihnen zu liegen und die Schwingungen dieser riesigen hohen Bäume zu fühlen oder als ich draußen im Meer schwamm, wo der Horizont ein Kreis war, über mir die Unendlichkeit des Himmels und unter mir die Unendlichkeit des Wassers, all das wurde bestätigt durch Erfahrungen, die ich jetzt im Tanz machte. Das paßte zusammen.

Als ich begann, mit Marija zusammenzuarbeiten, erlebte ich ganz ähnlich, wie sehr sie die Kunst Alt-Europas berührte, wie sie geradezu leidenschaftlich verwickelt war. Und da verstand ich, daß die Resonanz, die sie mit den Funden verband, aus einer ähnlichen Quelle stammte, einer Quelle tiefer physisch-spiritueller Erfahrung.

Als du Marija trafst, arbeitetest du für's Radio. Hast du auch als Tänzerin gearbeitet? Hast du zu der Zeit unterrichtet?

Seit 25 Jahren gebe ich private Stunden und unterrichte am College, nicht nur Folklore Formen, sondern auch Modern Dance. Nachdem wir »The Civilization of the Goddess« fertiggestellt hatten, fragte mich Marija, ob ich an ihrer Stelle die Vorträge halten würde, wann immer sie sich zu krank dazu fühlte. Und so begann ich, nach einem Weg zu suchen, wie unsere beiden Gebiete miteinander verknüpft werden könnten, so daß ich nicht nur ihre Arbeit präsentiere, sondern daß auch mein Ansatz enthalten ist.

Warum? War es dir nicht genug Herausforderung, die Ergebnisse einer anderen weiterzugeben oder hattest du das Gefühl, länger durchhalten zu können, wenn dein eigenes Interesse berührt ist?

Nein, das ist nicht der Grund. Mich interessiert das Werk Marijas inhaltlich sehr, aber ich finde es naheliegend, die Disziplinen miteinander zu verweben. Die Idee kam mir während eines Kolo-Festivals in San Francisco. Es war wie eine Offenbarung.

Kolo ist ein bulgarischer Tanz?

Nein, es ist ein Oberbegriff für Balkan-Tänze. Auf diesem Festival tanzten Hunderte von Menschen den Pravo Horo in ekstatischer Weise zu Live-Musik in einer großen Halle. Ich geriet in eine Reihe von älteren Frauen. Sie tanzten mit einer leichtfüßigen, rhythmischen Präsenz. Es fühlte sich an, als tanzten wir im Zentrum der Erde. Die jüngeren Männer vor uns hüpften herum mit witzigen Schritten, während diese Frauen ganz ruhig das Muster wiederholten.

Plötzlich durchfuhr es mich, daß wir uns zusammengenommen wie eine Schnecke in einem Zick-Zack-Muster auf die Mitte hin zusammenrollten. Die vielen Muster, die ich auf »alt-europäischer« Keramik und den Skulpturen gesehen hatte, wurden plötzlich lebendig. Wir führten etwas sehr, sehr Altes auf, das habe ich physisch begriffen. Ich konnte nicht abwarten, das Marija zu erzählen. Sie antwortete nur: »Naja, jetzt verstehst du.« Später, als ich ihr davon erzählte, Elemente aus ihrer Arbeit über Alt-Europa mit meinem Tanzen zu verbinden, fand sie die Idee gut. Daraus wurde dann das Seminar »Der Tanz Alt-Europas«.

Waren die Frauen, die da in der Halle tanzten, Amerikanerinnen?

Ja, Kalifornierinnen. Man muß sehr lange zusammen tanzen, bis dieser tiefe Impuls spürbar wird. Es ist eine Ironie der Geschichte, daß der traditionelle Tanz auf dem Balkan so bühnenorientiert geworden ist, daß kaum noch Menschen ihn aus reinem Vergnügen oder in spirituellem Zusammenhang tanzen. Das ist in Amerika die Haupt-Motivation.

Konnte Marija Gimbutas dir helfen, die beiden Arbeitsweisen miteinander zu verknüpfen?

Ich mußte sie nicht fragen, wie man etwas in Tanz umsetzt. Das hätte sie auch zurückgewiesen. Das war ja Teil ihrer Strenge. Sie erwartete, daß ich meine Arbeit tun würde, wie ich es wollte. Nichtsdestotrotz: Marija vertraute mir vollkommen, außerdem konnte sie sehen, was ich machte. Ich habe sie immer viel nach Einzelheiten gefragt, und sie hat sehr offen mit mir darüber gesprochen.

Ich wollte eigentlich danach fragen, ob sich in der gemeinsamen Arbeit etwas Neues entwickelt hat.

Was Marija herausarbeitete, half mir zu sehen, daß einige der traditionellen Tänze Südosteuropas Schrittmuster und Körperbewegungen enthalten, die den Mustern auf »alt-europäischer« Keramik, den Skulpturen und den Bildern ähneln, die mit der megalithischen Kultur verbunden sind - auch da gibt es Spiralen, konzentrische Kreise, Schlangenlinien und Zick-Zack-Muster. Einige der frühen Darstellungen von Tänzerinnen zeigen Handhaltungen, die bis heute in Gebrauch sind. Diese Tänze können als Bewegungsmantras beschrieben werden, die die Kraft haben, eine gemeinschaftliche Trance auszulösen.

Gehen wir noch einmal einen Schritt zurück. Das erste Interview, das du mit Marija Gimbutas geführt hast, wurde in der Zeitschrift »Women of Power« publiziert, und danach hast du nicht aufgehört, sie zu interviewen. Hattest du dabei unterschiedliche Verwendungen im Auge?

Mein Hauptinteresse, diese Aufnahmen zu machen, war, sie für archivarische und biographische Zwecke einzusetzen. Ich habe mein Aufnahmegerät immer mit mir herumgetragen, wenn wir zusammen waren. Ich habe sie in allen möglichen Situationen interviewt, bei ihr zuhause; bei mir, wenn sie mich besuchte; im Café; wenn wir gemeinsam reisten, immer, eben nicht nur in Kalifornien, sondern auch in Deutschland, Wien, in verschiedensten österreichischen Dörfern, in Prag und durch die ehemalige Tschechoslowakei, in Griechenland, auf Kreta und in Irland. Diese Interviews habe ich im Radio eingesetzt, für Artikel in Print-Medien und eben als wichtige Quelle für ihre Biographie, die ich schreibe.

Ich dachte, der Dialog im Interview sei eure Form gewesen, einander zu begegnen. Entwickelte sich eure Beziehung auf diese Weise?

Ja, unsere Beziehung begann mit dem Interview 1987, obwohl ich sie 1984 schon das erste Mal getroffen hatte. Danach hat sie mich ja irgendwann gefragt, ob ich ihre Herausgeberin werden wollte.

Wie lange hat das gedauert?

Das kam innerhalb eines Jahres.

Das ist eine kurze Zeit, um in einen solch tiefen Kontakt zu treten.

Wir waren einander bestimmt. Da war unmittelbar eine Resonanz zwischen uns beiden, eine Dichte der Verständigung und des Verstehens.

Hast du dich Marija anvertraut? Konntest du dich auf sie verlassen?

Ich würde nicht sagen, daß ich mich ihr anvertraute. Ich habe mit ihr in dem Bewußtsein gearbeitet, daß ich für mich selbst voll verantwortlich bin. Es lag nicht in ihrer Verantwortung, auf mich aufzupassen oder für mich zu sorgen oder irgendetwas zu tun, außer sie selbst zu sein.

Was war die erste Aufgabe, die Marija dir stellte?

Die erste Aufgabe war, das Vorwort für »The Civilization of the Goddess« zu redigieren. Ihr gefiel, wie ich arbeitete, und so gab sie mir Artikel für die verschiedensten Publikationen und Enzyklopädien, damit ich sie sprachlich überarbeitete, aber irgendwie steckten wir sehr bald in der Arbeit an dem Buch. Drei Jahre lang haben wir Kapitel mit der Post hin- und hergeschickt. Mit der Zeit schickte sie Manuskripte in unterschiedlichen Stadien von Ordnung oder Unordnung, Seiten mit Randkritzeleien, zerissene und wieder geklebte Seiten.

Als erstes wollte sie von mir, daß ich am Text arbeite, so daß er verständlich wird für Leser und Leserinnen, die keine Spezialisten sind. Ich habe das Material in mich aufgenommen, habe es in die richtige Reihenfolge gebracht und dann versucht, es so klar wie möglich mit einem Minimum an Fachsprache auszudrücken. Mir wurde bald deutlich, daß dieses Buch viel zu konzentriert geschrieben war, als daß es ein populärer Text werden konnte, aber es wird eine wichtige Quelle für viele andere Arbeiten werden.

Welche Qualifikation hattest du für diese Arbeit?

Ich hatte schon Jahre geschrieben, zahllose Artikel veröffentlicht, Rezensionen und Interviews. Ich hatte auch Erfahrung darin, Texte druckfertig zu machen und gerade ein Buch beendet, als wir einander begegneten.

Du sagtest vorhin, daß du zum Radio gegangen bist, um deinen Intellekt zu trainieren und dich besser artikulieren zu können.

Fürs Radio zu produzieren ist immer noch ein immenses Training, das mir erlaubte, mich »in der Öffentlichkeit auszubilden«, indem ich Hunderte von Interviews mit außergewöhnlichen Menschen machte. Der Prozeß, mit gerade gängigen Vorstellungen in den verschiedensten Bereichen bekannt zu werden und sie dann im Dialog am Radio genauer zu erkunden, ist eine Herausforderung und eine Freude. Ich wäre nicht fähig gewesen, mit Marija zu arbeiten, wenn ich mich nicht in dieser Weise trainiert hätte.

Mußtest du denn verschiedene Themen vertreten, als du an Marijas Statt Vorträge hieltest?

Ich habe vornehmlich über Themen aus »The Civilization of the Goddess« geredet, über Kunst, Religion, Sozialstrukturen und Siedlungsmuster Alt-Europas und über den Zusammenstoß alt-europäischer und indo-europäischer Kultursysteme.

Vor welchem Publikum hast du gesprochen?

Vor ganz unterschiedlichem, in den Staaten und in Europa – in Universitäten, Colleges, professionellen und privaten Zusammenhängen. Meine erste Vortragsreise 1992 nach Europa war noch richtig furchteinflößend. Ich hatte das Gefühl, daß Marija mich ins unbekannte Dunkel gejagt hatte. Die Tour begann in Mallorca mit einer internationalen archäologischen Konferenz, wo ich unerwartet gebeten wurde, eine Präsentation vor Marijas Kollegen zu machen. Sie hatte mir Dias mitgegeben, aber kein Manuskript.

So mußte ich ganz schnell meinen eigenen Vortrag basteln. Zum Glück ist er gut aufgenommen worden. Luisa Francia hat das später als »eine typische Initiationserfahrung« kommentiert.

Hat Marija dich auf Loyalität verpflichtet? Hat sie erzwungen, daß du ihre Ergebnisse genauso transportierst, wie sie es getan hätte? Hatte sie das Vertrauen, daß du in ihrem Sinne weiterarbeitest nach ihrem Tod? Gibt es eigentlich Spielraum für Interpretationen?

Marija hat mir oft gesagt, daß sie meiner Fähigkeit vertraute, ihre Ergebnisse in einer verständlichen Form auszudrücken. Für sie war es extrem wichtig, daß ich ihre Interpretationen genau verstehe, sodaß ihr Ideengebäude nicht zerstört würde.

Wir haben es beide so gesehen, daß ich nicht vorgebe, Archäologin zu sein, sondern daß es eine meiner Aufgaben ist, eine Brücke zwischen der archäologischen Welt und dem Laienpublikum zu sein.

Hast du ihre Arbeit beeinflußt, so wie sie deine Arbeit beeinflußte?

Ich hatte natürlich Einfluß darauf, wie sie »The civilization of the Goddess« schrieb. Für mich war es sehr wichtig, den Text von solchen Worten wie »Kult«, »Idol« oder anderen zu reinigen, die eine Mißachtung transportieren oder irreführende Implikationen enthalten. Zum Beispiel ist es verwirrend, über eine Kultur zu schreiben, die vermutlich egalitär war, und vom Herrschen[7] der Frauen zu sprechen – wenn eigentlich die Vorstellung einer Versammlung, eines Ratschlages von Frauen gemeint ist, der die Entscheidungen für die Gemeinschaft fällte. Nachdem ich herausfand, was sie wirklich ausdrücken wollte, habe ich darauf bestanden, daß wir solche Unterscheidungen machen. Englisch war nicht Marijas Muttersprache, sie hat die essentiellen Unterschiede zwischen dieser oder jener Beschreibung oft gar nicht bemerkt. Das war eben meine Arbeit. Das Manuskript ist oft zwischen uns hin- und hergewandert. Wenn sie mit irgendetwas nicht einverstanden war, das ich geschrieben hatte, hat sie es durchgestrichen.

[7] Engl: rule

Hast du jemals gegen sie rebelliert oder hattest du den Wunsch, dich von ihr zu befreien? Hast du dich von ihr abhängig gefühlt?

Ich habe niemals rebellieren müssen, obwohl ich nicht immer mit ihr einverstanden war. Ich mußte mich auch nicht von ihr befreien, ich war frei. Ich habe Marija verehrt und geliebt, aber ich war nicht abhängig von ihr. Wenn ich es gewesen wäre, hätten wir niemals miteinander arbeiten können.

Als wie wichtig empfindest du Tanz heute für dich? Legst du gleich viel Engagement in deine Arbeit als Tänzerin und deine Arbeit an Büchern? Könntest du das Tanzen aufgeben?

Nein, ich könnte das Tanzen nicht aufgeben. Ich war auf einer intellektuellen Reise die letzten zwölf Jahre, jetzt ist es Zeit, das Physische mit dem Intellektuellen und dem Spirituellen mehr zu verbinden. Diese Integration ist extrem wichtig, glaube ich, um etwas wirklich zu »wissen«. Damit eine Idee Bedeutung bekommt, darf sie nicht abstrakt im Kopf bleiben, sie muß im ganzen Körper Schwingungen erzeugen.

Es war der Tanz zusammen mit den anderen Frauen, der dir ein »physisches Verstehen« vermittelte, wie du es ausgedrückt hast. Zur Komplexität spirituellen Verstehens ist es ja noch ein weiterer Schritt. Hast du Marija in ihrer spirituellen Praxis erlebt? Hast du gesehen, welche Art von Spiritualität sie lebte?

Ganz zu Anfang in unserer Beziehung habe ich sie einmal gefragt, ob sie an Zeremonien zur Verehrung der Göttin teilnimmt.

Ganz heftig hat sie geantwortet: »Ich bin eine Wissenschaftlerin und forsche!« Obwohl sie auch an den spirituellen Zusammenkünften teilnahm, die speziell um sie herum veranstaltet wurden, drückte sich ihre Spiritualität in der Leidenschaft aus, mit der sie ihre Arbeit betrieb.

Sie hat all die alten Kunstwerke geliebt, aber Skulpturen besonders. Sie investierte 25 Jahre ihres Lebens, um deren Bedeutung herauszufinden. Diese Entschlüsselungsarbeit gründete in einem enzyklopädischen Wissen in ihrem Fach und einer rigorosen Disziplin.

Ihre Weise, die Keramik anzuschauen, war also ihre Form von Verehrung, ihre Form, verbunden zu sein mit der Göttin oder dem Göttlichen Ganzen?

Ich würde nicht sagen, daß Marija irgendeine Art von »Gottesdienst« betrieb, sie liebte ihre Arbeit und sie war überzeugt, daß jeder Aspekt »alt-europäischer« Kultur eine erdgebundende Spiritualität ausdrückte. Die Muster auf den Töpferwaren waren mehr als bloße Dekorationen für sie, aber sie ging mit ihren Interpretationen sehr systematisch und sehr wissenschaftlich um, obwohl ihre Wahrnehmung definitiv kinästhetisch[8] war.

[8] wörtlich 'durch das Bewegungsgefühl'. Gemeint ist: 'mit allen Sinnen'

Und wie ist dein eigener Zugang?

Ebenfalls kinästhetisch.

Und deine Form der Spiritualität?

Ist im Körper. Ich suche nicht nach Transzendenz, sondern nach einer größeren Fähigkeit, im Hier und Jetzt zu sein und dies als ein Ausdruck der Intelligenz der Natur in meinem Körper. Das Heilige ist nicht etwas, das in irgendeiner äußeren Spähre zu finden wäre. Es ist hier. Die Kunst Alt-Europas scheint ein tiefer Ausdruck genau dieser Wahrnehmung zu sein.

Als Marija eingeladen wurde, an diesen Zeremonien teilzunehmen, war das so, als ob Frauen zu ihr pilgerten? Es gibt einen männlichen Archäologen[9], der von ihr als einer heiligen Figur sprach. Was hast du beobachtet? Wie hat sie sich verhalten, und wie hast du dich in dieser Situation gefühlt? Ich nehme an, du lebst zwischen diesen beiden Welten?

[9] Edgar C. Polomé 1987, S. 377

Marija war erstaunt, als ihre Bücher mit einem solchen Enthusiasmus aufgenommen wurden. Sie hatte das nicht erwartet – besonders die überwältigende Resonanz von Künstlern und Frauen. Sie hatte zum Beispiel nicht bemerkt, daß die Menschen die »alt-europäischen« Muster intuitiv in ihrer künstlerischen Arbeit aufnahmen und in Träumen. Obwohl Marija es ursprünglich nicht beabsichtigte, liefert ihre Arbeit eine neue Lesart europäischer Herkunftsgeschichte, die viele traditionelle Annahmen radikal in Frage stellt. All die, die vermuten, daß wir nicht immer in Systemen männlicher Vorherrschaft gelebt haben, werden durch Marijas wissenschaftliche Arbeit bestätigt. Und es ist tatsächlich eine Offenbarung für viele Menschen zu entdecken, daß der Vatergott eine relativ späte Erfindung ist und daß die Göttin in ihren vielen Aspekten über Tausende von Jahren hinweg verehrt wurde. So kamen natürlich viele Leute, um Marija zu besuchen. In den letzten Jahren ihres Lebens wurde sie geradezu überschwemmt mit Post von Leuten, die ihr ihre tiefe Wertschätzung ausdrücken wollten.

Hat sie es gemocht?

Natürlich! Es war eine große Befriedigung für sie zu wissen, daß ihr Werk Bedeutung hat für die Menschen. Sie hat auch hingenommen, daß sie verächtlich »Feministin« oder »Mutter der Göttin-Bewegung« genannt wurde. Obwohl sie ganz progressiv war, hat sie sich in die Frauenbewegung nicht eingegliedert. Sie verfolgte mit ihrer wissenschaftlichen Arbeit auch nicht den Plan, eine Göttin-Verehrung in Gang zu setzen.

[10] Frauenmuseum Wiesbaden 1994, S.23 - 27

Das letzte, was sie geschrieben hat, besonders das Kapitel im Katalog des Wiesbadener Frauenmuseums[10], klingt sehr feministisch.

Marijas Sichtweise hat Parallelen im Feminismus, aber was sie schrieb - als Reflex auf das, was ich geschrieben hatte - speist sich aus dem Material selbst, nicht aus einer bestimmten Ideologie. Für sie wurde es einfach offensichtlich, daß es eine Religion gab und eine entsprechende Sozialstruktur, in der das Weibliche als schöpferischer Quell angesehen wurde. Das bedeutete nicht, daß Frauen »regierten« oder daß es den Männern schlecht ging. Sie beschreibt diese Kulturen als egalitär. Trotzdem gibt es viele, die sich schon durch das bedrängt fühlen, was die Vorstellung von Frauen im Vollbesitz ihrer Kräfte auslöst.

Ich hatte den Eindruck, daß sie ganz merkwürdig berührt war von den Frauen, die ihr so laut applaudierten. War das denn nicht so?

Es war niemals ihre Absicht, eine Symbolfigur zu werden, natürlich nicht. Sie war froh darüber, daß ihr Werk andere inspirierte, aber sie war nicht der Typ, der angebetet werden wollte.

Hat sie es zurückgewiesen? Hat sie öffentlich versucht, es zu unterbinden?

Nein, sie war nachsichtig und konzentrierte sich auf die Arbeit. Die Leute haben in unterschiedlichster Form auf sie reagiert, aber das heißt nicht, daß sie versucht hätte, so etwas in Gang zu setzen.

Wie wichtig ist es für dich selbst, an Zeremonien teilzunehmen oder deine Spiritualität mit anderen Frauen zu teilen?

Das ist wichtig für mich, oh ja. Es liegt eine große Bedeutung und Energie darin, die Jahreszeitenwechsel zu feiern und uns mit den Zyklen der Natur zu verbinden. Es ist wichtig, aus dem stupiden Immer-vorwärts auszubrechen und zu entdecken, daß wir selbst aus dem Rhythmus der Erde geboren sind. Wenn wir die Heiligkeit der Erde und unserer Körper nicht mehr fühlen können, werden wir im nächsten Jahrtausend wahrscheinlich nicht überleben.

Wenn wir in solch einer zeremoniellen Weise zusammenkommen, entsteht eine Menge an kreativer, befruchtender Potenz. Besonders für Menschen europäischer Herkunft ist es wichtig zu wissen, daß eine erdverbundene Spiritualität, die sowohl Frauen als auch Männer ehrt, unser ältestes originäres Erbe ist. Ein solches Verständnis folgt direkt aus Marijas wissenschaftlicher Arbeit. Der Kreistanz ist eine Form, in Gemeinschaft am so verstandenen Heiligen teilzuhaben.

Du hast eine Tochter, die auch deine Reise nach Deutschland begleitet. Macht sie mit?

Meine Tochter Sorrell ist fast achtzehn. Sie wurde zuhause geboren, umgeben von einer Runde von Frauen und den helfenden Händen einer Hebamme. Sie wurde in der Wertschätzung und der Feier der Natur erzogen, so daß sie als Teil dessen ihre vollen Kräfte entfalten kann. Manchmal feiern wir zusammen ein Ritual oder wir tanzen zusammen – hauptsächlich aber feiern wir die Kreativität der anderen. Als ein kleines Kind kam sie einmal zu mir und sagte: »Oh, Mammi, es ist so wichtig, schon früh zu wissen, was man einmal werden will und das ganze Leben daran zu arbeiten.« Sie ist heute eine ganz gute Künstlerin.

Da geht es deiner Tochter ja ganz anders als es dir erging in deiner Kindheit und Jugend, wenn ich an das denke, was du vorhin erzähltest: an die Armut, in der du aufgewachsen bist, die Religion –

Mein Leben ist ein Prozeß der Wiederaneignung. Ich erobere mir die Erfahrung des Heiligen in meinen Körper wieder zurück, nachdem mir von einem christlichen Fundamentalismus erzählt wurde, daß meine Natur als Frau grundsätzlich sündig sei; ich fordere meine Intelligenz wieder ein, nachdem ich verschüchtert war unter der Angst, mich selbst auszudrücken, ich fordere ein Verständnis von Kultur, das der Natur nicht entfremdet ist.

Ich habe viel durch Marija erhalten, was mein Verständnis erweitert hat und mich gestützt hat. Ihre Vision von der Rolle von Frauen in der Urgeschichte war außerordentlich bedeutsam für mich, aber noch wichtiger war ihr eigenes Beispiel als die, die sie war. Sie war eine leidenschaftliche Frau, die sich selbst treu blieb, die keine Angst hatte, ihre Wahrnehmungen auszudrücken, selbst wenn sie kritisiert wurde oder man sie nicht verstand.

Indem sie auf das konzentriert blieb, was für sie grundlegend wichtig war, konnte sie ihren eigenen Weg wahren, durch riesige, verheerende Einbrüche hindurch wie es der Zweite Weltkrieg, das Leben als Flüchtling und die Arbeit innerhalb einer männlich dominierten Disziplin waren. Sie hatte tief in sich ein grundlegendes Vertrauen in ihre eigenen Kräfte, sie glaubte, daß sie zum Bau der Welt etwas Bedeutendes beizutragen hatte.

In meinem ersten Interview mit ihr sagte Marija: »Es ist sehr wichtig, in Bewegung zu sein, ein Ziel zu haben, das zu tun, was wirklich von Bedeutung ist. Wenn du das Gefühl hast, daß etwas getan werden muß, dann mußt du es tun.« Für mich heißt die Botschaft, dem eigenen inneren Wissen zu trauen, besonders, wenn es keine Vorbilder gibt, auch keine Angst davor zu haben, ein Risiko einzugehen oder sogar zu scheitern, wenn man versucht, etwas voranzutreiben, das Wirkung hat.

Und dann gibt es noch diesen anderen wichtigen Punkt: die Verbundenheit mit anderen Frauen.

Es ist sehr wichtig für Frauen heute, sich mit anderen Frauen zu verbinden und auf das zu hören, was aus unserem Inneren hochkommt. Wir befinden uns in einer bedeutenden historischen Wende, die nicht mehr rückgängig gemacht werden kann.

Ich würde gerne einen Traum erzählen, den ich nach Marijas Tod hatte, der damit in Zusammenhang steht: Ich träumte, ich sei in der Unterwelt, wo es viele Kammern gab und Durchgänge. Da war eine Tür, die angelehnt war, und ich konnte in eine schwarze Unermeßlichkeit sehen. Plötzlich sah ich sie, und ihr Gesicht sah aus wie eine Totenmaske. Sie sprach mit ernster Stimme: Nur weil dir diese Tür zu den Geheimnissen offensteht, brauchst du noch nicht zu glauben, daß das deine Ideen sind. WIR sind es, die dich wissen lassen. Du mußt UNSER Gedächtnis bewahren.«

Ich wurde wach wie im Schock. Nach und nach fiel mir ein, daß Marija in der Welt der Ahninnen ist, daß sie und alle Frauen seit »Alt-Europa« da sind, um uns am alten Wissen teilhaben zu lassen - aber wir müssen ihrer gedenken. Sie sprechen durch unsere Träume, durch unsere künstlerischen Arbeiten und durch zahllose Spontaneinfälle. Mir fiel auch auf, daß es ein Privileg ist, heute zu leben, und daß es mehr denn je nötig ist, zuzuhören und die innere Weisheit wertzuschätzen, die heute aus Frauen spricht. Jede Frau ist eine potentielle Hebamme für eine grundlegende persönliche und kulturelle Veränderung.

Marija Gimbutas hat ein inspirierendes Beispiel gesetzt. Noch immer gibt sie »unlösbare« Aufgaben, die, wie ich heute weiß, durchaus zu lösen sind.

Den Impuls aus der Erde aufnehmen

JOAN MARLER (GEB. 1947)

Joan Marler, freie Forscherin und Herausgeberin, hat in den letzten sieben Jahren vor deren Tod sehr eng mit Marija Gimbutas zusammengearbeitet. Während dieser Zeit hat sie ihr Hauptwerk »Civilizations of the Goddess« ediert und zahlreiche Artikel von ihr für den Druck vorbereitet. Seit dem Tod der Archäologin pflegt sie deren schriftliches Erbe. Joan Marler hat eine Festschrift für Marija Gimbutas zusammengetragen und schreibt autorisiert an ihrer Biographie. Auf Vortragsreisen, die sie seit 1990 oft nach Europa führen, verknüpft sie Forschungsergebnisse der Archäologieprofessorin mit eigenen Erkenntnissen. Joan Marler arbeitet gleichzeitig als Tanzpädagogin. Als Freie Journalistin produziert sie Sendungen für einen weithin bekannten Radiosender. Sie lebt in den USA.

Joan Marler

Joan Marler wohnt in einer ländlichen Gegend in der Umgebung von Sebastopol im nördlichen Kalifornien, gut 100 Kilometer von San Francisco entfernt. Sie lebt zusammen mit ihrem Mann, Dan, in einem kleinen Holzhaus, das beide in den frühen siebziger Jahren eigenhändig gebaut haben. Ihre Tochter Sorell, die heute malt und schreibt, ist schon ausgezogen. Das Häuschen ist von einem großen Gemüsegarten umgeben. Die Marlers haben auch einen großen Bestand an Obstbäumen, die sie ohne Pestizide pflegen. Wenn die Äpfel reif sind, preßt die Familie mit Hilfe einer altmodischen Presse ihren Apfelsaft selbst.

1987 begann Joan Marler mit Marija Gimbutas zusammenzuarbeiten. Einige Jahre später ernannte die Archäologin sie zur Nachlaßverwalterin ihres schriftlichen Erbes. In den Jahren, in denen Marija Gimbutas ihren Tod erahnte, hatte Joan Marler gemeinsam mit ihr erste Schritte unternommen, die Fülle ihres Nachlasses zu ordnen.

Sie hat darauf hingewirkt, daß das Material, das Marija Gimbutas in Kalifornien aufbewahrte, im »Pacifica graduate Institute« in der Nähe von Santa Barbara in Südkalifornien untergebracht und zugänglich gemacht wurde. Pacifica beherbergt auch die Bibliothek und das Archiv Joseph Campbells, der Marija Gimbutas sehr verehrte. Pacifica ist, wie Joan Marler empfindet, wunderschön gelegen. Das Anwesen schaut auf den Pazifischen Ozean: »ein würdiger Ort für den Nachlaß zwei so wichtiger Persönlichkeiten«.

Ihre Biographie zu schreiben, ist eine weitere große Aufgabe, auf die sich Joan Marler schon lange vorbereitet hat. Zwischen 1987 und 1994 befragte sie Marija Gimbutas immer wieder. Nachdem Joan Marler einige Jahre lang allein arbeitete, erhielt sie Hilfe durch eine Gruppe von Studenten und Studentinnen der Sonoma State University in Nordkalifornien. Die Studierenden helfen ihr dabei, die große Anzahl von Tonbändern zu transkribieren, Archivmaterial zu sichten und in Bibliotheken nachzuforschen. Sie nehmen gern an dieser grundlegenden Arbeit teil, durch die sie gleichzeitig die Voraussetzungen erwerben, die sie für ihre Abschlußprüfung brauchen.

Joan Marler reiste mehrere Male nach Litauen, um Marija Gimbutas' Freunde, ihre Familienmitglieder und Kollegen zu interviewen. Sie arbeitete dort mit deren Bruder, Vytautas Alseika zusammen, der dabei ist, viele ihrer persönlichen Briefe zu übersetzen. Sie lagern im Archiv der Universität Vilnius. Es gibt drei Archive in Litauen, die Joan Marler immer wieder aufsucht.

Als Marija Gimbutas so krank war, daß sie Vortragsreisen nicht mehr durchstehen konnte, bat sie Joan Marler, die Vorträge für sie zu übernehmen. Daraus hat sich eine eigenständige Tätigkeit entwickelt. »Obwohl ich Marijas Ergebnisse wirklich in mich aufgesogen hatte während der langen Jahre der Zusammenarbeit, war es doch eine überraschend große Herausforderung für mich, plötzlich in ihre Fußstapfen zu treten.«

Joan Marler spricht einführend über »Die Kulturen Alt-Europas«, ihren Symbolismus, ihre Sozialstrukturen. Sie stellt »Die Göttin und die Kraft ihrer Tiere« dar, »Die Geheiligte Schrift« und den »Körper der Frau als heilige Metapher«. Joan spricht »Zur Geschichte des Geschlechterverhältnisses« ebenso wie zu möglichen Verbindungen zwischen Anatolien und den Kulturen »Alt-Europas.« Diese Ausarbeitungen sind ein Anfang. Joan Marler fühlt sich inspiriert, Marija Gimbutas' Deutungen sind ihr zu einem Schlüssel des Verstehens geworden.

Joan Marler hat sie nach und nach auch in ihre Vermittlungsarbeit als Tanzpädagogin integriert. Ein Seminar mit dem Titel »Der Tanz Alt-Europas« beginnt mit einer Dia-Vorführung, die Tanz – von den ersten »alt-europäischen« Gesellschaften bis zur griechischen Klassik – als einen Spiegel der Kultur enthüllt. Kreistänze aus Südost-Europa schließen sich an. Sie erlauben, durch Bewegung die Erfahrung einer erdgebundenen Spiritualität zu machen. Die Tanzmuster bewahren das, was sich auch in der rhythmischen Ästhetik der Kunst Alt-Europas zeigt.

Joan Marler lehrt seit zwanzig Jahren »modern dance« und Volkstanz am Junior College in Santa Rosa in Nord-Kalifornien. Das College ermöglicht eine Art Grundstudium, es ist zugleich eine Einrichtung der Erwachsenenbildung, die für die umliegenden Gemeinden Bedeutung hat. So hält Joan Marler ihre ganzsemestrigen Kurse auch nicht auf dem Haupt-Campus, sondern in den ländlichen Vororten Sebastopol und Guerneville.

Den Teilnehmern und Teilnehmerinnen ihrer Kurse entstehen keine hohen Kosten, das Angebot ist subventioniert. Mitmachen kann jeder, daher repräsentiert ein Kurs den Querschnitt durch die Bevölkerung dieser Gemeinden. Alle Altersgruppen von 17 bis 70 Jahren und verschiedenste politische Auffassungen sind vertreten. Die Atmosphäre dieser Kurse ähnelt dem Tanz unter der Dorflinde. Solch gemeinschaftliches Tun ist selten in der amerikanischen Kultur, die die Menschen einander eher entfremdet. In den wöchentlichen Treffen entwickelt sich schnell ein Gefühl der Verbundenheit. Einige Leute kommen immer wieder, manche sind schon mehrere Semester und wenige sogar schon Jahre dabei. Einige haben geheiratet und bringen inzwischen ihre Kinder mit, die manchmal auch mittanzen dürfen.

Obwohl die Stunden von Spaß und Freude getragen sind, betont Joan Marler immer auch Bewegungstechniken, Konzentration und den Geist der Gemeinschaftstänze: »In einer Kultur, die Individualismus und ständige Ablenkung provoziert, muß die Fähigkeit, in der Gruppe harmonisch zusammen zu tanzen, bewußt kultiviert werden. Ich fordere meine Studentinnen und Studenten auf, darauf zu achten, wohin ihre Aufmerksamkeit geht während des Tanzes, und zu üben, gemeinsam achtsam zu sein.«

Wenn jede und jeder sich konzentriert in den Kreis einbringt, beginnt etwas Außerordentliches: der Tanz entfaltet sich wie eine Blüte. Die Teilnehmerinnen und Teilnehmer der Kurse lernen, daß die traditionellen Tänze mit den Kreisen, Spiralen, und Zickzackmustern der frühen Kunst korrespondieren. »Wenn wir einander im

Kreis an den Händen halten, zeige ich den Tanzenden, welches Design aus unseren Armen und Körpern entsteht. Wir werden ein lebendes Gefäß oder ein Organismus, der sich in einer Spirale aufrollt und wieder auswickelt, den Impuls von der Erde aufnehmend.«

Die Muster, Bewegungsmantras eigentlich, rufen eine Sphäre der Vitalität hervor. Wenn sie wiederbelebt werden, verbinden sie die einzelnen mit der Natur ebenso wie mit der Gemeinschaft der Tanzenden. Den einfachen Formen ist tiefe Weisheit eingeschrieben, die das Zusammenwirken von Geist, Körper und Seele begünstigen. Durch diese Tänze, die uralte Formeln darstellen, können auch die heutigen Menschen etwas sehr Altes, sehr Tiefes erinnern – etwas, das den Grundzug menschlicher Kultur über Jahrtausende hinweg bestimmt hat. Es sei noch gar nicht so lange her, daß vergessen wurde, wie es sich anfühlt, meint Joan Marler: »Mir macht es Freude, dieses Erinnern anzuleiten.«

Als sie ihr erstes Buch über die neolithischen Darstellungen las – lange bevor sie Marija Gimbutas traf – reagierte etwas in ihr sehr spontan auf die alten Bilder. »Diese Kunst muß von Menschern geschaffen worden sein, die im Einklang mit den dynamischen Energien der Natur lebten.« So war es eine folgerichtige Entwicklung, daß Joan Marler schließlich der Figur der Gorgo nachforschte.

Ihrer Meinung nach ist die Gorgo eine komplexe Ikone des Weiblichen, die durch das Patriarchat dämonisiert wurde. In ihrem Bild sind die beiden Traditionsstränge der Vogel- und der Schlangengöttin vereint. Sie gebietet über Leben und Tod. Als gefiederte Schlange verkörpert die Gorgo die Weisheit des »Großen Unten« mit den expansiven Mächten des »Großen Oben«. Ihre riesigen Flügel, große Schwingen, sprechen von dieser enormen Kraft. Sie trägt Schlangen als Haar, die Symbole der Weisheit. Sie besitzt die furchterregende Macht einer Ereshkigal, der unterweltlichen Schwester Inannas aus dem sumerischen Mythos. Sie kann zerstören – nicht, um des Zerstörens willen, sondern als notwendige Voraussetzung dafür, daß etwas Neues entstehen kann.

Medusa, der einzig Sterblichen unter den drei Gorgo-Schwestern, wurde nicht erlaubt, die Ganzheit zu leben. Perseus enthauptet sie – ein mythisches Bild für den Angriff des Patriarchats auf die frauenbestimmte Welt. Seitdem wird die Gorgo in

Verteidigungshaltung dargestellt, seitdem trägt sie eine Abwehrmaske. Die Maske hat große Zähne, ein böses Grinsen im Gesicht, und streckt eine lange rote menschliche Zunge.

Für Joan Marler verkörpert die Gorgo beides: Lebenspotenz und Todesaspekt. Sie zeigt uns die Maske als Mahnung: wir können nicht nur das Leben haben, Freude, das Positive. Es gibt auch die schwarze Seite, und wir haben beide auszubalancieren. Spaltung wäre Tötung. Joan Marler spricht mit dieser Lesart vor allem die Frauen an, die so lange verleugnet haben, daß in ihnen auch die Kraft des Vernichtens wohnt.

Frauen sind zur Passivität erzogen. Daher nehmen sie selbst an, sie hätten keine Macht, keinen Einfluß, bewirkten nichts. Deshalb kann es so leicht passieren, daß sie jemanden verletzen, ohne es zu wollen, meint Joan Marler: »Irgendwann sah ich plötzlich, daß ich scharfe Kanten hatte, mit denen ich auch meiner Tochter hätte wehtun können.«

Wenn wir uns klar machen, wieviel Macht wir tatsächlich haben, müssen wir über den Einsatz unserer Kräfte bewußt entscheiden, den der kreativen ebenso wie der destruktiven Kraft. »Wie könnten wir anders vorankommen denn als die 'Power-Frauen' der heutigen Zeit? Wir haben die Macht zu entscheiden, was beendet werden muß und was es zu unterstützen gilt. Sich dessen nicht bewußt zu sein, kann Katastrophen auslösen.«

In ihren Seminaren zur Gorgo Medusa führt Joan Marler solche Erfahrungen zu besonderer Tiefe. Die Vitalität der Gorgo, die das ganze menschliche Ausdrucksspektrum umfaßt, kann auf verschiedene Weise durch Bewegung erfahren werden. Eine davon ist die Trance.

Joan Marler versteht Trance, durch Tanz ausgelöst, als ein Erlebnis, in dem etwas empfangen wird, das für gewöhnlich dem Bewußtsein nicht zugänglich ist. Trance ist für sie ein Medium der Wissensanreicherung: »Wir lernen durch die Weisheit des Körpers«.

Das Denken ist ausgesetzt. Wenn Joan Marler »Trance« im Titel ihres Seminars anführt, meint sie einen Wahrnehmungszustand unterhalb des Bewußten. Die Bewegungen öffnen den Weg zu einem tiefen Wissen, daß jede und jeder in sich trägt, ein ererbtes Wissen, das Wissen der Vorfahren. Trance wird zu einer Erfahrung des Horchens, einer Körpererfahrung, der der Geist nur nachfolgen kann.

Gelenkt wird die Erfahrung durch das Bild der Ganzheit, das die Gorgo verkörpert: glühender Ausdruck einer Person, deren Kanäle geöffnet sind.

Solche Wahrnehmung läßt sich über den Tanz erreichen. Simultane Auf- und Niederbewegungen verbinden mit der Sphäre der Gorgo. Sie führen in einen energetisch veränderten Zustand, in den Zustand der Ekstase, die sich auf dem Maskengesicht der Gorgo ausdrückt. Ihr Grinsen zeigt an, daß sie sich selbst bevollmächtigt.

Im Tanz geht es darum, die Sensitivität der Schlange und die Kraft der großen Schwingen zu erspüren. Wenn eine Gruppe sich schlangengleich fortbewegt, ergibt sich der Widerhall. Wenn sich die inneren Kanäle öffnen, fließt wieder, was einst stranguliert wurde.

Joan Marlers intensive Studien in Mythologie, Archäologie, Vorgeschichte und Philosophie, die Beständigkeit, mit der sie die Frage nach einer Spiritualität von Frauen verfolgte, beieinflußte auch ihre publizistische und journalistische Arbeit. Seit 1982 produziert sie Features und Interviews zu grundlegenden Fragestellungen am Beispiel von Literatur, Lyrik, Musik oder auch im Feld von Psychologie oder Ökologie.

Joan Marler ist davon überzeugt, daß Wissensmacht Bewußtheit erzeugen kann. »Ich sehe mich als jemanden, die Nährstoffe in der Form von Ideen sammelt und konzentriert. Es ist ein Privileg, zu Kommunikationstechnologien Zugang zu haben und von Tausenden von Menschen gehört zu werden – eine enorme Verantwortung.«

Meistens interviewt Joan Marler live, bei gleichzeitiger Ausstrahlung also, und ist dabei gern auch ihre eigene Tontechnikerin. Sie arbeitet für KPFA FM in Berkeley, die erste »public station« in den USA. Der Radiosender erhält nur eine geringe staatliche Unterstützung, die Haupteinnahmen stammen von den Hörerinnen und Hörerern, einer gewachsenen Gemeinde, die sich mit ihrem Sender eng verbunden fühlt. So werden Sendungen auf Cassette kopiert und weitergereicht. Da der Sender nur seiner Hörerschaft verpflichtet ist, ist das Programm weitgefächert und erlaubt Joan Marler, ihre Interessen zu verfolgen.

Joan Marlers Artikel sind in unterschiedlichen amerikanischen Zeitschriften erschienen, die von einem speziell interessierten Publikum gelesen werden, Artikel über Arbeiten von Joseph Campbell oder Riane Eisler[1] und immer wieder über Marija Gimbutas:

»Ich fühlte mich lange Zeit so, als sei ich nicht eine, sondern verschiedene Persönlichkeiten, die sich für völlig unterschiedliche Dinge engagieren und alle meinen Körper bewohnen. Inzwischen haben sich die verschiedenen Disziplinen zu einem komplexen Gewebe verwoben, dessen innerer Zusammenhang jetzt sichtbar wird. Die Anwesenheit von Marija Gimbutas in meinem Leben wurde zu dem Katalysator, der die wahren, allem zugrundeliegenden kulturellen Muster erhellt. Auf der Basis ihrer Pionierarbeit lassen sich die ererbten, widerstreitenden Einflüsse auseinanderhalten, die sonst nur schwer aufzudecken wären.«

Schon Ende 1993 regte Joan Marler eine Festschrift an: »From the Realm of the Ancestors: Essays in Honor of Marija Gimbutas«[2]. Joan Marler bat u.a. Wissenschaftlerinnen und Wissenschaftler, Künstlerinnen und Künstler, Schriftsteller und Schriftstellerinnen um einen Artikel, Menschen mit unterschiedlichsten Arbeitsweisen.

[1] Riane Eisler: The Chalice and the Blade. Our History. Our Future. San Francisco: Harper and Row 1987

[2] Aus dem Ahnenreich: Essays im Gedenken an Marija Gimbutas

Marija Gimbutas und Joan Marler im Juni 1993 in der Ausstellung „Sprache der Göttin" im Frauenmuseum in Wiesbaden

Sie lud aus verschiedensten Bereichen die ein, die sich durch das Bild der Frühzeit inspirieren ließen, das Marija Gimbutas entworfen hat. Joan Marler hatte eine ausgedehnte Korrespondenz zu führen, bis mehr als 45 Beiträge aus Ländern in Ost- und West-Europa, Australien und den USA zusammenkamen.

Sie empfand es als äußerst anregend, die Essays für den Druck fertig zu machen: »Der Variationsreichtum der Sammlung spiegelt nicht nur, wie groß der Einfluß ist, den das Werk Marija Gimbutas' in der ganzen Welt ausübt, sondern auch wie umfassend die persönlichen und beruflichen Verbindungen waren, die sie mit vielen Menschen ihr ganzes Leben über pflegte«.

Joan Marler verehrt Marija Gimbutas »als eine große Forscherpersönlichkeit und als eine Frau, die den Mut hatte, ihre eigene, originäre Sicht der Dinge zu publizieren«. Darüberhinaus möchte Joan Marler zeigen, daß ihr Einfluß extrem weit reicht, daß ihr Werk fortgesetzt innovative Sichtweisen in den verschiedensten Disziplinen anstößt: »Das Feld an Gemeinsamkeiten, das sich durch die Sammlung enthüllt, beweist nichts weniger als ein neues Paradigma, ein neues Wahrnehmungsmuster, das sich in vielen Stimmen äußert und das bis ins nächste Jahrtausend lebendig bleiben wird.«

Mit dem Schlüssel zur anderen Wirklichkeit

FELICITAS D. GOODMAN (GEB. 1914)

Felicitas Goodman, Professorin für Anthropologie in den USA, erforschte die Trance, die oft als »Begleiterscheinung« von religiösen Ritualen abgetan wird. Felicitas Goodman zeigte, daß dieser veränderte Bewußtseinszustand für Gemeinden etwas Zentrales ist, selbst für die säkularisierte Religion industrialisierter Gesellschaften. Die Trance ermöglicht den Kontakt zur »anderen Wirklichkeit«, dem als heilig empfundenen 'Jenseits'. Dieses religiöse Erleben werde von der Körperhaltung beeinflußt. Sitzend schaue man etwas anderes als liegend. Medizinmänner nehmen bestimmte Körperhaltungen ein, um bestimmte Visionen zu erzeugen. Solche Haltungen seien in den Figuren und Abbildungen dokumentiert, die uns seit der Altsteinzeit überliefert sind.

Felicitas Goodman[1] rekonstruierte die frühgeschichtliche Überlieferung im Zusammenhang mit einem religiösen Phänomen, sie nennt ihr Vorgehen »psychologische Archäologie«. Sie benutzt die Körperhaltungen, um in Maskentänzen Anschluß an weit, weit zurückliegende Zeiten zu finden.

Felicitas Goodman wurde als Kind deutscher Eltern in Ungarn geboren, kurz bevor der erste Weltkrieg ausbrach. Sie war kaum fünf Jahre alt, als die Familie 1919 zur Großmutter nach Hannover fliehen mußte. Die Arbeitslosigkeit in Deutschland war aber so hoch, daß der Vater bald wieder eine Stellung in Siebenbürgen annahm.

Dort, im ungarischen Teil des westlichen Rumänien, ist Felicitas Goodman aufgewachsen. Sie wurde christlich-protestantisch erzogen und auch konfirmiert, aber die »sagenträchtige, nach Innerasien duftende ungarische Sprache«[2] und ihre Märchen und Mythen zogen sie tiefer in ihren Bann. In ihrer Kindheit – »Zeit des Zauberns«[3] – kannte sie die »innere Verzückung«, eine Ekstase, die sie als junges Mädchen manchmal noch heraufbeschwören konnte. Das wurde immer schwieriger, als sie sich – aus Rumänien ausgewiesen – in Deutschland zur Dolmetscherin und Übersetzerin ausbilden ließ, heiratete und Mutter wurde. Der Zweite Weltkrieg und ein schwieriger Neuanfang nach ihrer Auswanderung von Deutschland in die USA verboten ihr schließlich, »in den Himmel zu schauen«.

[1] Felicitas Daniels Goodman: der Mädchenname (Daniels) wird im Amerikanischen vorangestellt.

[2] Goodman in: »ab 40« 1/1992, S. 98

[3] Goodman 1989, S. 15

Abbildung 3:
Männliche Darstellung in der Höhle von Lascaux, Frankreich; Höhe des Bison: 1,10 m, Magdalénien

Felicitas Goodmann

Erst als sie mit 51 Jahren ein zweites Studium begann, stieß sie erneut auf die Trance. In einem Forschungsprojekt ging es um die psychologischen Zustände, die zur Religion nicht-westlicher Kleingesellschaften gehören. Die Hypothese, solche »Dissoziationen« müßten etwas sehr Normales sein, weil sie so weit verbreitet sind, sie seien durchaus keine psychotischen Zustände – diese These des Projekts sprach Felicitas Goodman an. Der táltos, der ungarische Schamane ihrer Kindheit, war nicht geisteskrank, das hatte sie gefühlt und fühlte sie noch. Es beweisen zu wollen, machte sie zur leidenschaftlich getriebenen Forscherin. Sie spürte, hier ging es um das »Wieso und Warum der Märchen und ungarischen Sagen«.

In ihrem zweiten Studium ab 1965 hatte sie sich in Sprachwissenschaften immatrikuliert. Zu diesem Zeitpunkt bedeutete Linguistik nicht mehr, Lautverschiebungen anhand verstaubter Bände zu verfolgen. Zum ersten Mal wurde die Rolle der Sprache in menschlichen Kulturen zum Gegenstand. Es ging weniger um Sprache als um Sprechen, so wurde zum Beispiel das Sprechverhalten mit den Ergebnissen der Evolutionsbiologie in Beziehung gesetzt.

Das Forschungsprojekt, das sie mit den verlorenen Zauberräumen neu verbinden sollte, war im Bereich der Ethnologie angesiedelt. Auch in diesem Fach, das wir in Deutschland als (Kultur)Anthropologie bezeichnen, konnte sie ihr linguistisches Wissen einsetzen[4].

[4] In den USA ist es möglich, Linguistik innerhalb der Anthropologie zu studieren. Deshalb taucht manchmal »linguistische Anthropologie« als Bezeichnung für die Disziplin auf, der Felicitas Goodman zugehörte.

Felicitas Goodman untersuchte die Glossolalie, das Sprechen in Zungen, mit sprachwissenschaftlichen Methoden. Glossolalie kommt im Zusammenhang mit einer Trance regelmäßig in den Gottesdiensten charismatischer Kongregationen wie zum Beispiel den Pfingstgemeinden vor. Felicitas Goodman entdeckte in dieser Erscheinung ein wiederkehrendes Muster. Das »lalalalala« ist immer ähnlich, in Afrika wie in Indonesien wie in Japan. Die Silben sind unterschiedlich, aber der Rhythmus ist immer gleich. Gleichgültig, ob die Muttersprache dessen, der in Zungen redet, Spanisch oder Maya ist, die Betonungskurve steigt in derselben besonderen Weise an.

Wenn das außergewöhnliche Sprechen überall auf der Welt demselben Muster folgt, muß ihm ein neurophysiologischer Vorgang zugrunde liegen. Damit hatte Felicitas Goodman herausgefunden, daß das weit verbreitete religiöse Erlebnis der Trance keine psychische, sondern eine körperliche Veränderung ist.

Später konnte in Laborversuchen deren strenge Gesetzmäßigkeit aufgezeigt werden. Jeder Bewußtseinszustand hat eine andere Intonation. Die Betonungskurve beim normalen Sprechen, etwa einem Vortrag, zeigt keinerlei Regelmäßigkeit, die der Hypnose auch nicht, wohl aber lange Pausen. Die Betonungskurve der Trance hingegen ist von auffälliger, feingliedriger Regelmäßigkeit. Schamanen befinden sich während eines Rituals demnach nicht im hypnotischen Zustand.

Die Messung von Gehirnströmen mit dem Elektroencephalogramm (EEG) zeigte anderes als beim Wachträumen oder der Telepathie. Wie im Traumschlaf ergaben sich Theta-Wellen. Ein niedriger Blutdruck wurde gemessen bei gleichzeitig erhöhtem Puls - ein »paradoxer Erregungszustand«. Wie bei einem Langstreckenläufer oder bei langem Fasten schüttet das Gehirn Endorphine aus, eine schmerzstillende Substanz, die die »Süße« des religiösen Erlebnisses vermittelt, von der zum Beispiel die Mystiker und Mystikerinnen berichtet haben.

Die körperliche Veränderung ist also bei allen Menschen gleich, unabhängig von der Kultur. Unterschiedlich ist das, was sie in der Trance tun, und vor allem, was sie sehen. Die Inhalte, Bilder und Vorstellungen erschienen Felicitas Goodman zunächst kulturell geprägt, bis sie entdeckte, daß sie von der Körperhaltung abhängen.

Sie probierte aus, was sich verändert, wenn diese oder jene Haltung eingenommen wird. Ihre umwälzende Idee bestand darin, die Vorbilder dazu der völkerkundlichen Literatur, den Berichten von religiösen Zeremonien unterschiedlicher Ethnien zu entnehmen. Indem sie Fotos von Medizinmännern betrachtete, menschenähnliche Darstellungen in Wandmalereien und Plastiken auf ihre Körperhaltung hin anschaute, stieß sie vor in eine »geheimnisvolle, lang verschüttete Welt«.

Felicitas Goodman studierte zum Beispiel die Felszeichnungen aus der Altsteinzeit. In der Strichzeichnung eines Mannes mit erigiertem Penis aus der Höhle von Lascaux (Vgl. Abb. S. 64) fand sie drei Hinweise auf eine rituelle Haltung. Neben dem Mann »steht ein Stab aufrecht in der Erde«[5]. Der Stab trägt eine Vogelfigur. Felicitas Goodman wertet dieses Utensil und die Vogelmaske des Mannes als Insignien eines Schamanen.

Masken werden nur während Ritualen getragen. Die Zeichnung schien Felicitas Goodman daher sehr genau Anweisungen für ein Ritual zu enthalten: »Der linke

[5] Vgl. Goodman 1989, S. 33 ff

Arm soll gestreckt werden, mit durchgedrücktem Ellbogen. Der Daumen weist dabei nach unten. Der rechte Arm ist gebeugt, sodaß der Daumen selbstverständlich obenauf liegt. Hinzu kommt noch etwas, was niemandem aufgefallen war. Der Körper liegt gar nicht flach auf der Erde, sondern im Winkel von 37 Grad.«[6]

[6] Goodman 1989, S. 34

Sie probierte an sich und gemeinsam mit Studenten 40 verschiedene Körperhaltungen aus. Es wurde stets derselbe Bewußtseinszustand induziert, nämlich die Trance. Die vermittelten Inhalte dagegen waren verschieden. Felicitas Goodman schließt daraus, daß es für das »religiöse Erlebnis« eine biopsychologische Grundlage gibt. Sie müsse in unserem Erbgut verankert sein.

Die Haltungen verbinden mit uraltem Kulturgut. Felicitas Goodman empfand, sie habe Zugang zu etwas sehr Kostbarem gefunden. Die Arbeitsweisen und die Normen, die Wertungen ihrer Arbeitskollegen schienen ihr »meilenweit entfernt«[7].

[7] Goodman 1989, S. 39

Für sie hatte sich das Tor zur »anderen Wirklichkeit« wieder geöffnet, als sich nach dem Krieg und der Auswanderung ihre Lebensverhältnisse in den USA stabilisierten. In ihr war langsam wieder ein Gefühl der Sicherheit gewachsen. Mit diesem Grundgefühl getraute sie sich, besondere Wahrnehmungen zuzulassen. Waren vorher Wolkenbilder nur Gestalten, die auch die Phantasie mit Leben füllen kann, wurden sie ihr nun zu Gesichten. Fortan markierten besondere rätselhafte Erscheinungen die Wendepunkte in ihrem Leben.

Sie beschreibt ihren Weg als eine langsame Initiation. Anfangs habe sie noch nicht verstanden, daß die »heiligen Gründe« »eine mächtige und deshalb auch gefährliche Wirklichkeit«[8] seien. Sie macht schmerzvolle Erfahrungen und fühlt sich schließlich zur Seherin ausgebildet.

[8] Goodman 1989, S. 45

Sie begegnet den »Geistern« und erhält von ihnen Hinweise: das Wissen um die Körperhaltungen wird ihr »geschenkt«. Sie sind, wie sie vermutet, »Offenbarungen«. Auch den früheren Menschen wurde ein Erlebnis geweissagt, von Geistern gezeigt. Für diese Wesen sei das Ritual das Mittel der Kommunikation mit uns Menschen. »Das Ritual ist die Regenbogenbrücke, über die wir zu den Geistern gelangen können und über die sie in unsere Welt hinüberwechseln«[9].

[9] Goodman 1989, S. 68

Die in der Kunst versunkener Kulturen bewahrten Haltungen seien in sich abgeschlossene Rituale, seien die »geschlossenen Folgen von Handlungen«, die die

Verbindung zur »anderen Wirklichkeit« herstellen. Um sie anzustoßen, bedarf es der rhythmischen Anregung.

Felicitas Goodman findet eine bestimmte Frequenz, in der sie mit einer Kürbisrassel eine Sitzung einleitet. Jede eingenommene Haltung vermittelt dann ein visionäres Erlebnis, je nach Stellung von Händen und Füßen ein unterschiedliches, eine Seelenfahrt zum Beispiel, Geheiltwerden, Wahrsagen oder die Verwandlung in ein Tier.

Die Trance ist nach Felicitas Goodman ein transpersonales Erlebnis, unabhängig von der jeweiligen Persönlichkeit. Sie ist kein Phantasieprodukt. Sie führt zu einer Wahrnehmung über die Ich-Grenzen hinaus, einer Wahrnehmung, in der Raum und Zeit aufgehoben sind.

Die Visionen überschreiten auch die Grenzen von Kulturen. Die Haltung stellt den Körper so ein, daß Menschen befähigt werden, einen gewissen Teil der anderen Dimension wahrzunehmen. Während der Erforschung des Erlebnisses seien die Teilnehmer und Teilnehmerinnen »eingebettet in eine Ordnung, die sich uns aus der Jäger- und Gartenbaukultur fortlaufend offenbart«[10].

Felicitas Goodman hält die Menschen der frühen Jagd- und Sammelkultur für die Erfinder der Trance-Haltungen. In der Einteilung der Anthropologen folgt auf diese Entwicklungsstufe die »Gesellungsform«[11] der »Gartenbauern«. Diese Phase sei die Blütezeit der Trance gewesen, in der nachfolgenden Gesellungsform der »Ackerbauern« verschwinde »der gesamte Kulturkomplex«.

Obwohl Felicitas Goodman die »Gartenbauern« immer wieder als beispielhaft heranzieht, hält sie ihre Epoche doch für die Zeit des »Sündenfalls«. Jäger und Sammlerinnen hätten noch »ein Leben des vollständigen Gleichgewichts« geführt, »weil sie nicht die Herrschaft über ihre Umwelt erstrebten, sondern Teil derselben waren«[12].

Die »Gartenbaugesellschaft« hingegen begannen mit der Bestellung des Bodens, das habe einen einschneidenden Kulturwandel mit sich gebracht. Mit dem Anbau hätten die Menschen dieser Zeit »Mutter Erde« zu etwas gezwungen, was sie nicht frei zur Verfügung stelle. Die »Ackerbauern«, die sich über brutale gewaltsame Auseinandersetzung zu den Herrschenden gemacht hätten, bewerteten die Umwelt nur noch nach ihrem Nutzen. Die Erde sei damit zu einem willenlosen Gegenüber geworden, dessen Ausbeutung keinerlei Schuldgefühle wecke.

[10] Vgl.: Goodman 1992, S. 46

[11] Vgl.: Goodman 1994, S. 28

[12] Vgl.: Goodman 1994, S. 29

Felicitas Goodman sieht eine Entwicklungslinie und gliedert sie. Ihr Schema unterscheidet sich von dem anderer Wissenschaften, vor allem der Archäologie. Da die Übergangsphase zum Ackerbau in Mitteleuropa, der Gartenbau, äußerst kurz war, wird sie von vielen Wissenschaftlern nicht eigens betrachtet. Für Felicitas Goodman ist diese Phase jedoch von großer Bedeutung, weil sie die Entwicklung der Religion betrachtet, die sich im Maß der fortschreitenden 'Auseinandersetzung mit der Natur' verändert. Felicitas Goodman will mit ihrem Ansatz einen fortschreitenden Verlust an Ganzheit aufzeigen.

Felicitas Goodman findet bei den Jägern und Sammlerinnen Harmonie und Gleichgewicht als herrschendes kulturelles Motiv, in der Gartenbaukultur stehe das Konzept der Umwandlung (Metamorphose) im Mittelpunkt des Denkens.[13]

Der Ackerbau kenne die Trance zwar noch, sie diene allerdings der Besessenheit[14]. Felicitas Goodman versteht darunter, daß ein fremdes Wesen in den Körper einer Person eindringt und deren Funktionen übernimmt. Bei den »Ackerbauern« diene die Körperhaltung nicht mehr dazu, das Nervensystem auf besondere Erlebnisse vorzubereiten, Hinknien und Falten der Hände seien jetzt Symbole der Unterwerfung, der Demut.

Die Anthropologin hat die historische Entwicklung und heutige Gesellschaften gleichzeitig im Auge. Ihre Aussagen beziehen sich immer auf beides. Sie untersucht nach Formmerkmalen und zählt daher das moderne Japan, wo es der Shinto-Religion anhängt, zu den »Gartenbauern« und den Katholizismus zu den Kulturen der »Ackerbauern«. So wählt sie zum Beispiel die Fallstudie eines sizilianischen Bauerndorfes in den 30er Jahren, zur Erläuterung einer römisch-katholischen Messe aber ein Beispiel aus den USA der 80er Jahre unseres Jahrhunderts.

Die modernen Städter sind für sie Angehörige der Ackerbaukultur und zeigen entsprechende Deformationen. Ihnen fehlt der Kontakt zur Natur so wie der zu den Geistern. Sie leiden an dem Entzug der Möglichkeit zur Ekstase. Felicitas Goodmans Beschreibung liest sich wie ein Plädoyer, ekstatische Erlebnisse zuzulassen, sie aber nicht nur als Ventil für all die Überlastungen der Städter anzusehen, die Stress durch Lärm, Gestank und zu viele Nachbarn aushalten müssen. Felicitas Goodman plädiert dafür, die religiöse Natur der Trance, eben ihren Bezug zur anderen Wirklichkeit

[13] Vgl.: Goodman 1994, S. 33

[14] Felicitas Goodman befaßte sich ausführlich mit diesem Phänomen, das heute noch vorkommt und ihrer Meinung nach falsch verstanden und falsch behandelt wird. Vgl.: Goodman1980 oder1988

ernst zu nehmen. In ihren Seminaren schafft sie einen Rahmen für die Reise zu den »Geistern«, die auch eine Reise in die Vergangenheit ist.

Zu diesem Endpunkt ihrer Forschungen führt ein langer Weg. Felicitas Goodman gelangte dabei zu einer Einteilung der Körperhaltungen in vier Gruppen:

- solche, deren Deutung aus schriftlichen Quellen möglich ist, solche also, die in griechischen Statuen festgehalten sind. Aus ihrer Zeit sind uns Berichte, z.B. über die Eleusinischen Mysterien[15], überliefert.
- solche, die ihre Bestätigung aus der Ethnologie und der Kunst erfahren
- solche mit mythologischem Bezug, wie die Haltung des Osiris auf einem Wandbild. Die Gestalt des Osiris stammt aus dem ägyptischen Mythos.
- solche, bei denen das persönliche Bedürfnis der Probandinnen und Probanden im Vordergrund steht, wie etwa das Geheiltwerden[16].

Die Einteilungen sind eine Orientierungshilfe, kein unumstößliches und sicher anwendbares Schema.

[15] Der älteste Mysterienkult in Griechenland, der der Göttin Demeter in Eleusis geweiht war

[16] Vgl.: Goodman 1992, S. 51

Höhlenzeichnung, Lascaux, Frankreich

Felicitas Goodman berichtet in ihren Büchern, welche Erfahrungen die Teilnehmer und Teilnehmerinnen in ihren Gruppenversuchen machten. Der jeweilige Bericht weckte in Felicitas Goodman eine Assoziation an einen Mythos. Da sie viele Mythen kennt, kann sie durch Vergleiche vor dem Hintergrund ihres völkerkundlichen Wissens das Motiv herausschälen, das die Haltung anscheinend charakterisiert.

An der erwähnten Haltung des »Strichmännchens« von Lascaux, war Felicitas Goodman aufgefallen, daß er in einem Winkel von 37 Grad zur Erde liegt. Dieses Winkelmaß entdeckte sie auch auf einer ägyptischen Wandmalerei aus dem Ende des dritten Jahrtausend v.u.Z.: Osiris liegt im Winkel von 37 Grad auf einem Berg auf. Allerdings ist nur ein Arm dargestellt, und der ist im Gegensatz zum Bild aus Lascaux über den Kopf ausgestreckt.

Der Mythos erzählt, daß Osiris von seinem Zwillingsbruder Seth zerstückelt, von Mutter und Schwestern wieder zusammengefügt und in den Himmel aufgenommen wird[17]. Die in der Trance erlebte Zerstückelung, Wiederherstellung und

[17] zitiert nach Goodman 1989, S. 72

Seelenfahrt in die oberen Regionen sind zentrale Motive, die auch bei der Initiation der sibirischen Schamanen vorkommen. Wie beim Strichmännchen von Lascaux sei der Penis des Osiris erigiert, was allerdings nur im Text zur 1911 veröffentlichten Zeichnung erwähnt werde. Aus der Übereinstimmung der Motive schließt Felicitas Goodman, daß Osiris ursprünglich ein Schamane gewesen sein muß, daß Schamanismus in dieser Form einst »rings um das Mittelmeer« vorherrschte.

Darstellungen der ägyptischen Gottheit in der Schräglage werden »Auferstehung« genannt. Die, die heute das Ritual nachahmen, erleben den Austritt aus ihrem Körper, »eine Seelenfahrt in die obere Welt«.

Der 37-Grad-Winkel taucht noch bei einer weiteren altsteinzeitlichen Darstellung auf: bei der weiblichen Figur »vom Galgenberg«, einer Statuette aus grünlichem Schiefer, die in Österreich entdeckt wurde. Sie reckt ihren linken Arm im Winkel von 37 Grad über ihren Kopf. Diese Haltung vermittele tatsächlich auch eine Seelenfahrt, aber »im Gegensatz zum verhältnismäßig gradlinigen Aufstieg in die Obere Welt«, die sich in der Lage des Strichmannes von Lascaux einstelle, »erbrachte« sie »eine äußerst verwickelte und anspruchsvolle Reise durch den gesamten Kosmos«[18].

[18] Goodman 1989, S. 66

Felicitas Goodman findet in dem, was ihre Teilnehmerinnen und Teilnehmer während der Trance in der Körperhaltung derer vom Galgenberg erleben, eine erstaunliche Übereinstimmung mit einem Mythos eines Indianerstammes aus Neu-Mexiko, der Legende vom »jungen Jäger, der niemals dem Tier opferte, das er tötete«. Ihr erscheint es so, als ob die Zeit sich an der Grenze zwischen der gewöhnlichen und der »anderen Wirklichkeit« spalte. In unserer Normalwelt erinnern wir uns durch Erzählen oder Aufschreiben. Bei beiden Formen des kulturellen Gedächtnisses wandeln sich die Ereignisberichte zuweilen. In der »anderen Wirklichkeit« dagegen werden mythische Ereignisse in einer Art »Allgegenwart« unverändert aufgehoben. Die Trance ist insofern so etwas wie ein Sprung in die Vergangenheit durch eine anders fließende Zeit.

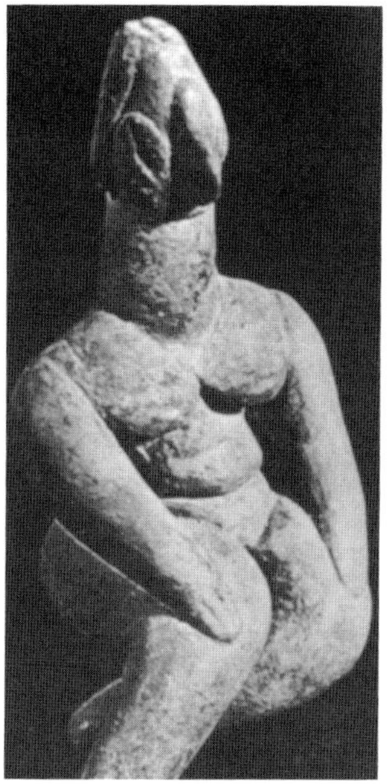

Abbildung 4:
Sitzende Figur aus Ton, Farsala, Thessalien, Griechenland, Sesklo-Kultur, Höhe: 7 cm

Die Haltung einer weiblichen Figur mit Vogelmaske aus der Sesklo-Kultur in Thessalien (heute Griechenland) bringt Visionen hervor, die Felicitas Goodman als Vorformen der späteren Sagen des klassischen Altertums wertet, in denen ähnliche Gestalten wie etwa Meerjungfrauen, Zentauren und der Vogel Phönix auftauchen.

Eine Teilnehmerin riecht in dieser Haltung den intensiven Gestank von Tieropfern. Das bestätigt für Felicitas Goodman »beweiskräftig«, daß sie an den Eleusinischen Mysterien teilgenommen hat. Sie hat also eine Art Zeitsprung mitgemacht.

Felicitas Goodman ordnet solche Erlebnisse unter »Zaubermärchen« ein, ganz besondere Momente, in denen der Spalt zur Anderswelt offen ist. Unabhängig von irgendwelchem Vorwissen können einzelne eintreten. Ihr Erleben ähnelt dem, was Schamanen in der Trance durchmachen. Der Zauberraum bewahre auch historische Ereignisse.

Einfacher zugänglich sind Erlebnisse des Geheiltwerdens in der »Bärenhaltung«. Deshalb setzt Felicitas Goodman sie auch weitaus häufiger ein als die bisher beschriebenen Haltungen. Die »Bärenhaltung« erkannte sie an Plastiken aus Kreta aus der Zeit zwischen 5000 bis 4000 v.u.Z, an einem präkolumbianischen Kalkgefäß, an einem von Eskimos skulptierten Walroßzahn, an einer ägyptischen Fayence der Spätzeit, an zeitgenössischen Holzpuppen aus Sibirien. Die »Bärenhaltung« sei von allen am weitesten verbreitet, Felicitas Goodman zeigt auf einer Weltkarte sogar die Fundorte all der vielen Darstellungen.

Die archäologischen Funde deuten ihrer Meinung daraufhin, daß die »Bärenhaltung« sehr alt ist. Felicitas Goodman schätzt die Darstellungen, ihre besondere Liebe gilt einer Frauengestalt aus der »kurzen Blütezeit der Gartenbaukultur« um 4700 vor Christus an der Donau bei Lepenski Vir (Vgl. Abbildung 74): »In einen fast eiförmigen Stein eingemeißelt, erscheint ein wunderbar abstraktes ekstatisches Frauenantlitz. Der Kopf ist leicht zurückgelehnt, die Hände deuten die Haltung des Bären an und die Scheide liegt wie ein ornamentales Muster auf dem Unterleib«[19].

[19] Goodman 1989, S. 129

Lepenski Vir, Donau-Ufer

Felicitas Goodman hat auch Darstellungen aus der Altsteinzeit ausgewählt. Die Haltung der sogenannten »Venus von Laussel« (Vgl. Abbildung, S. 27), vermittelt das Erlebnis der Initiation, des Sterbens und des Auferstehens. Diese weibliche Figur hält in der rechten Hand ein mit dreizehn Einschnitten versehenes Horn, im Ritual wurde eine Nachbildung aus Pappe getragen. Die linke Hand muß so auf dem Bauch liegen, daß die Finger auf den Nabel weisen, das Gesicht nach rechts gewandt.

Die Ableitung aus den vermittelten Erlebnissen führt Felicitas Goodman zu eigenwilligen Deutungen, auch der sogenannten »Spielkarte«, eines Halbreliefs an den Felswänden von Laussel (Vgl. Abbildung S. 116). Es zeigt eine »sitzende Frau«, deren Gestalt in etwas undeutlichen Umrissen spiegelgerecht nach unten wiederholt wird. Spekulationen, hier handele es sich um einen Geschlechtsakt oder eine Geburt, stammen für Felicitas Goodman »selbstredend aus der Weltsicht des modernen Städters« und sind von »zweifelhaftem Wert«.

Felicitas Goodman wählt wie immer den Zugang aus der Ethnologie. Das Felsbild stamme aus der »Zeit der Jäger«. Die Kung Buschmänner im heutigen Afrika führten deren Lebensweise fort. Für sie sei Kunst die Brücke zwischen den zwei Welten. Der Kung Schamane teile seine Visionen durch Kunst mit. »Das ist es vielleicht, was der Künstler bei dieser Doppelfigur ausdrücken wollte: die beiden Dimensionen der Wirklichkeit sind sich ähnlich wie ein Spiegelbild und fließen untrennbar ineinander über.«[20].

[20] Goodman 1992, S. 64

Damit habe der Künstler das zentrale Thema an der heiligen Stätte Laussel umrissen. Felicitas Goodman weist auf einen Phallusstein hin, der auch an dieser Stelle gefunden worden sei. »Das Geschlechtliche« müsse Bestandteil der Riten gewesen sein.

»Psychologische Archäologie« nennt Felicitas Goodman das, was über das Einnehmen der Körperhaltungen möglich wird: der Einblick in eine »versunkene Welt voller Wunder.«

Die Darstellungen der Altsteinzeit wie der Jungsteinzeit zeigen in der Mehrzahl Frauen. Ganz selten gibt es eine männliche und eine weibliche Figur, die zusammengehören wie offenbar das Paar von Cernavoda, das in einem 7000[21] Jahre alten

[21] Datierungen nach Felicitas Goodman

Abbildung 5:
Zwei Figuren aus einem Grab bei Cernavoda, Schwarzmeerküste, Rumänien, Hamangia-Kultur, c. 5000 v.u.Z., Höhe (männliche Figur): 11,5 cm, (weibliche Figur): 11,3 cm

Grab im heutigen Rumänien gefunden wurde. Der Mann, der die Ellenbogen auf die Knie und das Gesicht in Händen stützt, wird oft »der traurige« oder »der nachdenkliche Gott« genannt. Es gibt auch jüngere Funde dieser männlichen Gestalt. Wenn Männer sich wie er hinhocken und Frauen wie die weibliche Figur die Finger der rechten und der linken Hand auf dem angezogenen rechten Knie zusammenführen, ergeben sich Erlebnisse, die einander offenbar ergänzen. Es ist, als ob die Männer wie »eine Batterie« den Frauen Energie zur Verfügung stellen. »Während die Frauen gewissermaßen auf der Kraft der Männer reiten, kann eine Schamanin etwa eine Fahrt in die Welt der Märchen tun«[22].

[22] Goodman 1989, S. 150

Bei einer Vielzahl von vornehmlich weiblichen Figuren aus dem dritten vorchristlichen Jahrtausend, die auf den Kykladen (griechische Inseln) gefunden wurden, liegt der linke Arm über dem rechten. Felicitas Goodman sieht diese Haltung auch an Darstellungen aus Südamerika, Polynesien, der Sahara und des alten Mitteleuropa. Auf den Kykladen wurden die Marmorfiguren (Vgl. Abbildung S. 16) ins Grab mitgegeben. Tatsächlich vermittele diese Haltung im Gegensatz zu rechts/links übergeschlagenen Armen eine Fahrt ins Totenreich. Da die kykladischen Gestaltungen »individuelle« Unterschiede erkennen lassen, nimmt Felicitas Goodman sie als Darstellungen der am Ort ansässigen Schamaninnen: Seelenführerinnen, die die Aufgabe haben, die Seelen der Verstorbenen ins Totenreich zu begleiten.

»Vor allem aber,« meint Felicitas Goodman, »handelt es sich um Gegenstände, die der Seele die Kraft geben, nach der Ankunft an der schwarzen Grube, die zum Totenreich führt, zu den Lebenden zurückzukehren, wenn auch in veränderter Gestalt«[23].

Die Haltung der gefiederten Schlange[24], des »mächtigen Urwesens der Fruchtbarkeit[25]«, bringe einen irgendwo hinauf, man falle in einen Spalt, einen Krater, ruhe sich aus, um dann wiederaufzuerstehen. Dieses Erlebnis sei abstrahiert in einem Zeichen dargestellt und zwar auf einer Figur, die der Vinča-Kultur zuzurechnen ist.

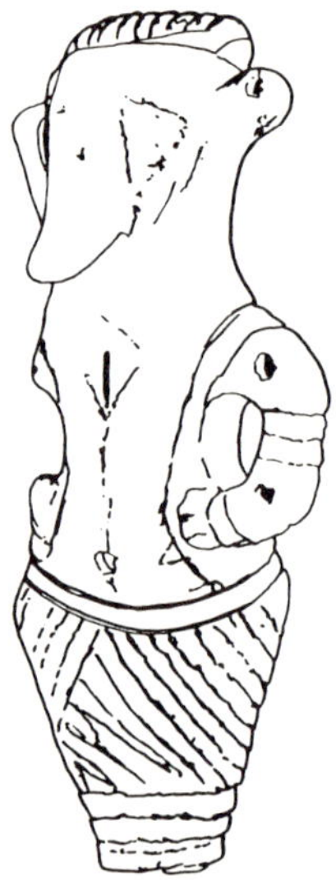

Abbildung 6:
Marmorfigur, Supska bei Cuprija, c. 5000 v.u.Z. Felicitas Goodman bewertet vor allem den senkrechten Strich im V auf der Brust der Figur. Vgl. auch die Figur mit dem Medallion auf der Brust, Vinča-Kultur (Abb. 2)

»Der olmekische Prinz« ist wie der »Tätowierte Jaguar« eine Haltung, die den Übergang von der menschlichen in die nicht-menschliche Form ermöglicht. Sie löst die Metamorphose in ein Tier aus, »und zwar gezielt«. Man kann sie einnehmen, um speziell mit der Kraft des Jaguars in Kontakt zu treten.

Als Vorbereitung für ihre Maskentänze, in denen Menschen die Bewegung von Tieren nachahmen, nutzt Felicitas Goodman allerdings Haltungen, die die Begegnung mit den unterschiedlichsten Tieren ermöglicht. Die »Sami-Haltung« oder »Der Wahrsager von Tennessee« sind heute fester Bestandteil ihrer workshops. Die Maskentänze wurden nicht rational erarbeitet, wie Felicitas Goodman betont, sie entstanden aus einer Situation heraus: durch die Hilfe der »Geister«.

Felicitas Goodman hatte nämlich die »Eingebung«, ihre damalige Gruppe aufzufordern, in die Unterwelt zu gehen: »Vielleicht sehen wir dort irgendeinen Geist,

[23] Goodman 1989, S. 191

[24] »The feddert serpent« ist in Mexiko überall präsent, z.B. auch im Nationalwappen. Sie hat große Bedeutung, sogar die Wolken am Himmel werden nach ihr abgesucht.

[25] Goodman 1989, S. 204

der uns als Vorbild für die Maske dienen kann«[26]. Sie ließ die Teilnehmerinnen und Teilnehmer also eine Haltung einnehmen, die in die Unterwelt[27] führt. Dort begegneten ihnen Tiergestalten. Die Teilnehmer bauten Masken dieser Tiere. Was mit ihnen weiterhin anzufangen sei, war unklar. Felicitas Goodman empfindet ihre »Geisterfreunde« als Helfer, also überließ sie ihre Gestaltung den Kräften, »denen diese Aufgabe rechtmäßig zusteht«[28]. Sie wandte sich an »unseren alten Ratgeber, den Wahrsager von Tennessee[29]«, sie begab sich also in die Haltung, die diese Figur vorgab, und das Tanzritual erschien ihr vor Augen. Später notierte sie: »Ich lebe ein Märchen«.

»Märchen« sind das Kürzel für all die Empfindungen und Begegnungen, die sie während ihrer Kindheit so tief prägten. Es gab nicht viele Bücher damals in den Haushalten in Siebenbürgen, wohl aber eine dicke Sammlung ungarischer Märchen und Mythen. In ihr hatte sie geschmökert, noch bevor sie in die Grundschule kam. Das habe »eine andere Dimension« in ihr Leben eingeführt. Sie kannte damals auch eine Wahrsagerin, eine ungarische Hebamme, die mit Kräutern umging.

Heute folgt Felicitas Goodman in ihren Seminaren für Fortgeschrittene der indianischen Tradition von Tier- und Maskentänzen. Sie ahmt mit dem Bau der Masken auch die Gewohnheiten der Pueblo-Indianerinnen und -Indianer nach, die ein Ritual drei Monate lang vorbereiten, indem sie eine Rassel neu bemalen, ein weißes Fell gerben, Farben für die Körperbemalung zubereiten. Sie sind nämlich ihre Nachbarn.

Ihr Institut »Cuyamungue« liegt im Südwesten der USA[30], in der Nähe von Santa Fe, im »Ödland von Pojoaque«. Vor Jahren fühlte Felicitas Goodman sich dorthin gerufen. Bei einem Besuch in Santo Domingo, dem größten Indianerdorf am Rio Grande, hatte sie das jährliche große Ritual miterlebt, bei dem vom Vormittag bis zum Sonnenuntergang das Gebet um reiche Ernte getanzt wird. Im Anschluß daran hatte sie eine Vision, in der ein alter Indianer ihr Zeichen gab mitzukommen. Sie fühlte sich von der »Zauberkraft« des Landes in Bann gezogen. Es erinnerte sie an die »geheimen Bezirke ihrer Kindheit: heilig und unversehrt«. Nach zwei Jahren Suche kaufte sie 1963 ein Stück »weg- und steglose Wüstenwildnis«. Zwei Wochen, bevor sie als 51jährige mit ihrem Zweitstudium begann, wurde ihr Häuschen fertig.

[26] Goodman 1989, S. 171

[27] Die Vorstellung von der Unterwelt ist dabei eng an die der Plain-Indianer angelehnt, die die Welt in Schichten aufgeteilt sehen. Ihr Schöpfungsmythos erzählt, daß die jetzigen Menschen mit einer Leiter aus der vierten in die dritte Schicht aufgestiegen seien. Dort unten sieht es aus wie auf unserer Erde, es gibt Menschen, Pflanzen und eben auch die Tiere, denen man begegnen kann. Diese Vorstellung ähnelt der Welt, in die die Goldmarie im Märchen von der Frau Holle durch den Brunnen hineinfiel. Den nicht hierarchisch orientierten Indianern ist wichtiger, was unter ihnen, als was über ihnen ist.

[28] Goodman 1989 S. 172

[29] Goodman 1989, S. 174

[30] Das Institut versteht sich als eine Einrichtung der anthropologischen Forschung und Lehre, spezialisiert auf Vergleichende Religionswissenschaften. Es ist nur in den Sommermonaten zu besuchen. Es gibt einen Informationsrundbrief heraus, der dreimal im Jahr erscheint. Er ist für $20 zu bestellen bei: Institute Cuyamungue, Route # 5, Box 358-C, Santa Fe, NM 875 01

1968 erhielt sie einen Ruf an die Denison-University, ein privates College in Nordwest-Ohio, wo sie in den folgenden zehn Jahren Linguistik und Anthropologie lehrte. 1978/79 wurde ihr bedeutet, sie habe ihren Ruhestand anzutreten. Sie aber fühlte sich »65 Jahre jung« und wollte weiter unterrichten, eventuell forschen. Die Enttäuschung, zum alten Eisen geworfen zu werden, verursachte Bitterkeit, bis ihr die Idee kam, ihr Häuschen in Neu-Mexiko zu einem Studienzentrum zu machen.

Cuyamungue[31] erhielt ein Studentengebäude und eine runde Kiva. Eine Kiva ist die heilige Stätte der Pueblo-Indianer, die im gleichen Maß auch für soziale Versammlungen genutzt wird. Sie ist halb in die Erde hineingebaut. Nachdem Felicitas Goodman anfangs noch Anthropologie-Kurse gegeben hatte, verlagerte sich ihr Schwerpunkt auf Seminare und die Erforschung der religiösen Trance.

[31] Cuyamungue ist die spanische Umschrift des Namens einer bedeutenden indianischen Siedlung der Tewa, die einst im Pojoaque-Tal zur Hochblüte gelangte (Goodman 1989, S. 43)

Für Felicitas Goodman verweisen rituelle Körperhaltungen, die aus anderen Kulturen und anderen Zeiten überliefert sind, auf eine tiefgründige Spiritualität. Deshalb erscheinen ihr die Riten erhaltenswert. Fragestellungen für weitere Forschungen reichen für sie ins »Therapeutische«, etwa: kann ein religiöses Erlebnis dem modernen Menschen, der an »Ekstase-Entzug« leidet, dauerhaft Erleichterung bieten?[32]

[32] Vgl.: Goodman 1992, S. 123

Die workshops beinhalten Versuche mit den Körperhaltungen. Felicitas Goodman hält die Ergebnisse heute für so gesichert, daß sie in ihren Büchern sogar »Haltungen für den alltäglichen Gebrauch«[33] anbietet.

[33] zum Beispiel in Goodman 1992, S. 86

Jeder und jede kann selbst in ein solches Ritual eintreten. Felicitas Goodman empfiehlt, die Haltungen vorher zu üben, die Augen zu schließen, bewußt zu atmen, also zu beobachten, wie die Luft am Nasenbein vorbeiströmt, und sich durch die Anregung einer Rassel in die »andere Wirklichkeit« hineintragen zu lassen. Nur über eines sollte man sich im Klaren sein, lautet ihre Warnung: mit jedem wiederholten Eintritt in jene andere Dimension wird man mehr zu ihrem Mitbewohner.

Im Gegensatz etwa zu *Marie König*, die die Menschen der Altsteinzeit mit heute lebenden Ethnien, wie etwa den australischen Aborigines, für nicht vergleichbar hält, weil auch sie eine Entwicklung von vielen tausend Jahren hinter sich haben, formuliert Felicitas Goodman: die Gartenbaukultur dauert bei den Pueblo-Indianerinnen und -Indianern noch fort.

Daher erscheint es ihr passend, von ihnen rituelle Eingangs- und Abschlußhandlungen zu übernehmen, wie das Räuchern mit Salbei oder Speiseopfer an die Rassel oder das Verstreuen von Mehl als Dank an die Geister.

Felicitas Goodman möchte die Kleingesellschaften geschützt wissen, denn sie haben noch »Zugang zu unserer seelischen Heimat«. Als Ethnologin bewahrt sie deren Schätze, indem sie sie überliefert, als Person belebt sie die Traditionen ihrer Nachbarn in Neu-Mexiko. Mit ihrer Spiritualität verhilft sie anderen zur Berührung mit der »anderen Wirklichkeit«, die für sie eben nicht nur theoretische Bedeutung hat, sondern Macht und Segen und Gnade vermittelt.

Das Schwäbische – eine Heimat für beide

FELICITAS GOODMAN UND GABRIELE FISCHER

Gabriele Fischer hat fünf Jahre als Berufsschullehrerin gearbeitet und sich anschließend in Tanz und Therapie ausgebildet. 1990 gründete sie das »Gabriele-Fischer-Institut zur Erforschung heilender Kräfte im Tanz unter Einbeziehung nicht-alltäglicher Bewußtseinszustände und deren Integration in den Alltag«. Sie entwickelte die biodynamische Tanztherapie. Der Schwerpunkt liegt dabei auf Heilungstanz für Frauen, Tanz und Trance im Heilungsprozeß. Gabriele Fischer geht es um die Zusammenhänge von Bewegungsmustern, Verhaltensmustern, Denkmustern, Beziehungsmustern und Glaubensmustern. Nicht eine »geistige Mutter«, nicht eine, sondern »zwei Lehrerinnen« seien ihr zugefallen. Das sind Gerda Boyesen, die eine körperorientierte Psychotherapie entwickelt hat, und Felicitas Goodman, die Anthropologin, die über Trance geforscht und darüber die Lebensformen und Religionen sehr früher Kulturen zugänglich gemacht hat.
Gabriele Fischer lebt in Breitgen, einer Siedlung direkt am Waldrand im Bergischen Land.

Wie wurdest Du Tänzerin?

Felicitas Goodman (vorn) und Gabriele Fischer (direkt hinter ihr) im Februar 1993 (Tagungshaus Grube Louise)

Das hängt mit dem roten Faden meines Blutes zusammen, der sich durch mein Leben spinnt. Er begann mit meiner Geburt und einer sehr glücklichen Zeit auf dem Bauch meiner Mutter, bevor ich abgenabelt wurde. Mit fünf Jahren zog ich mir eine schlimme Schnittverletzung quer über das ganze Kreuzbein zu, ich wäre fast verblutet. Ich wollte gesehen werden, hab die Arme ausgebreitet und mich einfach nach hinten fallen lassen. Ich fiel in einen Strohhaufen, darin war eine große schwarze – schwarze! – Glasscherbe. Meine Eltern haben eine Glashandlung. Ich hätte querschnittgelähmt sein können, aber es waren keine Sehnen oder Nervenbahnen zerschnitten. Ich hatte nur eine tiefe Fleischwunde. Was blieb, ist eine Narbe im Beckenbereich, eine Zeichnung über den ganzen unteren Rücken.

Mit der Menarche wurde der rote Faden dicker. Ich stand in Konkurrenz zu meinem Bruder, ich wollte immer mindestens so viel wie er sein, können und so weiter. Ich wollte ebenso viel Liebe von meiner Mutter wie er. Als ich dann menstruierte, hatte ich das Gefühl, jetzt habe ich ausgespielt, jetzt komme ich nicht mehr gegen ihn an. Als Mädchen hatte ich noch den Eindruck, daß ich sehr stark bin. Ich war eine Schlägerin, bei uns im Dorf haben die Kinder sich viel verprügelt. Erst nach der Menarche hatte ich das Gefühl, schwach geworden zu sein. Als ich blutete, fühlte ich mich unterlegen, von Natur aus. Ich hatte immer so schreckliche Schmerzen. Ich wollte gerne Töpferin werden, aber dann saß ich vor der Töpferscheibe und stellte mir vor, wie ich diese Körperhaltung durchhalten sollte. Ich lag damals drei Tage flach während der Menstruation. Ich habe schließlich meinen Beruf so ausgewählt, daß es nicht so auffällt, wenn ich blute. Als Lehrerin, habe ich gedacht, setze ich mich hinter das Pult, dann merkt man es nicht.

Ich habe mich körperlich geschwächt mit dieser Vorstellung, was ich während der Menses alles nicht kann und es nicht einmal äußern darf, dem Töpfermeister gegenüber zum Beispiel. Das hat angehalten, bis ich mit 27 Jahren angefangen habe, Bauchtanzkurse mitzumachen. Das war die Zeit, als in Deutschland zum ersten Mal Bauchtanz in workshops angeboten wurde.

So ist aus dir eine Tänzerin geworden?

Der rote Faden, der mir zunächst die Glückseligkeit auf dem Bauch meiner Mutter verhieß, führte mich schnurstracks zu meinem Becken, meiner Mens und dem, was es in dieser Gesellschaft heißt, Frau zu sein, und dann eben zumTanz aus dem Becken, zur Heilung meiner Verletzungen, und manchmal, wenn ich tanze, bin ich wieder in Kontakt mit jener Glückseligkeit auf dem Bauch meiner Mutter.

Was war der erste Schritt auf diesem Weg zum Tanz?

Ich habe viel geweint, als ich mit Bauchtanz angefangen habe. Der Kurs fand jedes Vierteljahr an einem Wochenende statt. Es war so anstrengend für mich, so superanstrengend. Ich übte zuhause jeden Tag, damit ich die Bewegungen irgendwie lernte. Die orientalische Musik hat mich sehr aufgebaut, das war für mich ganz wundervoll, so daß ich meine Bauchtanzkleider angezogen und getanzt habe, wenn ich aus der Schule kam. Mit der Zeit habe ich mich ausgezogen, nicht mehr in Kleidern, sondern immer nackt vor dem Spiegel getanzt. Das gab mir einen tiefen Bezug zu meinem Körper. Das war eine ganz schwere Zeit: immer dieses Gefühl, nicht tanzen zu können. Heute weiß ich, man kann einfach sein Becken nicht bewegen, wenn da solche Verletzungen sind.

Seelische Verletzungen?

Durch eine seelische Verletzung, die sich als Muskelblockade auswirkt, bist du nicht beweglich. Wilhelm Reich[1] sagt: »Die Neurose sitzt im Muskel« und spricht von »Muskelpanzer«. In dem Bauchtanzkurs, den ich mitgemacht habe, wurde niemals darüber gesprochen, wie man sich beim Tanzen fühlt. Das war deshalb für mich eine ganz arg schwierige Zeit. Wir haben immer jede für sich vor dem Spiegel getanzt. Drei Jahre lang hatte ich nur Anfängerinnenkurse besucht, bis ich einmal in Bochum besser tanzen konnte als die Lehrerin. Da hab ich gedacht, ich darf das nicht mehr machen. Es war mir schlimm, daß ich sie so in Verlegenheit brachte, aber ich mußte so lange Anfängerkurse belegen, weil ich so blockiert war, bis ich gemerkt habe, daß die Schmerzen festgehaltene Sexualität sind.

[1] Wilhelm Reich, 1897 - 1957, österreichischer Psychoanalytiker, strebte die Verbindung von marxistischem und psychoanalytischem Gedankengut an. In seiner Charaktertheorie hob er die repressive Funktion der Gesellschaft hervor, die ihre autoritäre Ordnung vor allem durch sexuelle Unterdrückung (Monogamie, Inzestverbot) aufrechterhalte. »Die Funktion des Orgasmus« (1927), »Die Massenpsychologie des Faschismus« (1933), »Die sexuelle Revolution« (1936-45)

Bist du wirklich Lehrerin geworden, was war denn dein Beruf?

Ich war Berufsschullehrerin mit den Fächern Ernährung und Religion. Schon nach einem Jahr Bauchtanz habe ich meine Stelle in der Schule aufgegeben, da lagen schon 5 Jahre Berufstätigkeit hinter mir.

Warum hast du die Sicherheit aufgegeben? Du warst doch sicher verbeamtet.

Wenn Saturn einmal durchs Horoskop gegangen ist und an derselben Stelle wieder ankommt, diese Zeit, bevor man dreißig Jahre alt wird, ist oft eine große Umbruchzeit. – Ich hatte das Gefühl, daß ich in der Schule krank werde. Ich bin mit Leib und Seele Pädagogin und habe empfunden, daß an unserer Schule kein pädagogisches Interesse herrscht, sondern daß das, was von oben kommt, wichtiger genommen wird als das, was die Schülerinnen und Schüler brauchen. Die Situation ging mir wirklich in die Knochen. Nach der Schule kam eine Zeit der Umorientierung. Ich bin auf's Land gezogen, in den Westerwald, und wurde mit meinem Körper konfrontiert. Ich habe Wände herausgeschlagen, gemauert, verputzt. Ich habe Bäume gefällt und einen Acker bearbeitet. Durch den Tanz war meine Körperlichkeit geweckt worden, jetzt probierte ich sie beim Umbauen aus.

Hattest du eine Alternative, als du die Schule verlassen hast?

Ich hatte viele Alternativen, weil ich so viele Gaben habe. Ich wäre gerne Goldschmiedin geworden, Malerin oder Bildhauerin oder Schriftstellerin, damals habe ich ein Kinderbuch übersetzt. Ich hätte auch gern etwas aus dem Tanz gemacht. Ich habe ausprobiert, ganz viele Kurse mitgemacht, Atemtherapie, Yoga, Wen-Do, aber ich wußte nicht, was ich damit tun will.

Und wie wurdest du Tanzpädagogin?

Ich wollte keine Kurse geben. Ich wollte vor allem keine Lehrerin mehr sein, das hatte ich gerade hinter mir gelassen. Gut, ich habe Wände herausgeschlagen und dabei mein Körperkurswissen in die Praxis umgesetzt. Nach ein, zwei Jahren Arbeit am Haus kamen Frauen aus der Umgebung auf mich zu. Die sagten zu mir: »Du kannst doch Bauchtanz. Würdest du uns das nicht mal zeigen?« Es war mein stiller und geheimer Wunsch, daß abends Frauen kämen, mit denen ich tanzen konnte, nachdem ich zwölf, dreizehn Stunden gearbeitet hatte. Es war mir langweilig, allein zu tanzen. Ich hatte zwar erst nach drei Jahren Bauchtanz im Frauenferienhaus in Zülpich Bauchtanz als Gruppentanz kennengelernt, aber das war wunderschön und so köstlich. Der orientalische Tanz ist ein Tanz, der in die Gruppe gehört.

Die westliche Kultur hat daraus einen Show-Tanz gemacht, das ist er aber nicht. Bauchtanz ist ein Tanz der Kommunikation. Ich hätte so gern mit anderen zusammen getanzt, aber die Lehrerinnenrolle war mir zu der Zeit verleidet. Ich habe abgelehnt. Dann zog eine Trommelbauerin in die Gegend. Die hat getrommelt, und ich habe getanzt. Das war dann gut.

Ihr beide habt miteinander allein gefeiert?

Ja, sie hat getrommelt, und ich habe getanzt. Von daher wußten die Frauen aus der Umgebung, daß ich Bauchtanz mache. Die Frauen kamen immer wieder, bis ich sagte: »Ja, gut, also ich halte ein Wochenendseminar.« Es gab Geld von der Volkshochschule im Rahmen des »Mutter-Kind-Projekts«, so konnten viele alleinerziehende Mütter mit ihren Kindern teilnehmen. Die Atmosphäre war natürlich eine ganz andere als in der Schule, das habe ich dann schon bemerkt. Es hat mir auch viel Freude gemacht. Die Frauen drängten auf Fortsetzung: »Wir möchten so gern, daß du das jede Woche mit uns machst!«. Naja, da es mir auch gut gefallen hatte, hab ich zugesagt. Daraus entstand die Montag-Abend-Gruppe, die es bis zum Sommer 1994 gab. Die Gruppe bestand ungefähr zehn Jahre. Sie hat sich natürlich sehr verändert im Lauf der Jahre, wir haben viel voneinander gelernt.

Als ich anfing, diese Gruppe zu leiten, änderte sich mein ganzes Leben. Das Umbauen und Gärtnern hörte auf, die Zahl der Kurse erhöhte sich sukzessive über die Zeit.

Wann hast du denn deine Identität darin gefunden, Tanz zu unterrichten?

Als ich wirklich davon leben mußte. Festzulegen, wieviel Geld man für einen Abend nimmt, ist eine ganz starke Auseinandersetzung mit dem eigenen Wert. Während ich den Bauchtanz erlernt habe, habe ich mich sehr stark verändert, während ich ihn vermittelt habe, auch. Mich interessierte nun, was passiert, wenn wir tanzen. Es gab zwei Möglichkeiten, entweder, daß Frauen spirituelle Erlebnisse hatten, sich also zum Beispiel so fühlten, als ob sie zur Zeit der Pharaonen in Ägypten wären und in den Pyramiden tanzten, oder daß Frauen einen tiefgreifenden körperlich-psychischen Prozess durchmachten, wenn in ihnen die Erinnerung an Verletztwerden wach wurde. Ich wünschte mir eine ältere, erfahrene Frau, von der ich lernen konnte.

Meine Mutter hat mir immer sehr viel Verantwortung gelassen, zuviel. Der Vorteil war, ich lernte autodidaktisch. So habe ich meine Art zu tanzen und Bauchtanz zu lehren, auch ganz allein entwickelt. Vor sieben Jahren erst habe ich gedacht: »jetzt will ich auch mal eine Lehrerin.« Und siehe da, wie ich immer sage, einer Bauchtänzerin fällt alles in den Schoß: es kamen zwei, eine mehr spiritueller und eine mehr therapeutischer Richtung. Das waren Felicitas Goodmann und Gerda Boyesen[2]. Innerhalb kurzer Zeit kamen diese beiden Frauen auf mich zu und haben mich so fasziniert, daß ich dann bei beiden gelernt habe. Über die beiden Heilbereiche mehr zu wissen, war notwendig, wenn ich meine eigenen Erfahrungen und die der Teilnehmerinnen einordnen wollte. Beides gehört für mich zusammen. Ich kann das gar nicht trennen: spirituelle und therapeutische Arbeit. Ich arbeite auch nicht mehr als Tanzpädagogin, sondern als Tanztherapeutin.

[2] Gerda Boyesen, geboren 1922 in Bergen/Norwegen, Dipl.-Psychologin, klinische Psychotherapeutin, Therapeutin in Reichianischer Analyse, Physiotherapeutin, Begründerin der biodynamischen Psychologie. Sie gründete und leitet seit 1970 das Biodynamic Training Center in London und die »Gerda Boyesen International Training Organisation«.

Was ist für dich Spiritualität?

Ich glaube, für mich ist Spiritualität Tanz. Tanz oder Spiritualität ist Bewegung: das Herstellen von Verbindung zwischen verschiedenen Ebenen, zwischen verschiedenen Kräften. So eine Kraft ist die Erdanziehungskraft, ohne die ich mich nicht vom Boden abstoßen kann, nicht gehen, nicht springen, eben auch nicht tanzen kann. Zentral ist auch das Verbinden von Polaritäten, zwischen denen sich ein spiritueller Raum eröffnen kann, in dem Bewegung möglich ist. Ich bin eine große Anhängerin der Ideen *Marie Königs*, die sagt: die Menschen der Frühzeit zeichneten mit einem Längsstrich sich selbst zwischen Himmel und Erde. Sie legten einen Querstrich darüber, die Verbindung zwischen hier und da, Ost und West: Horizontale und Vertikale als Orientierung im Raum. Die Menschen verbanden das Linienkreuz mit einem Kreis und stellten damit das Umfassende dar, die Geschlossenheit des Raums. Als Bauchtänzerin zeichne ich genau das nach, ich verbinde oben und unten mit meinem Körper oder vorne und hinten oder links und rechts. Ich bewege mein Becken, indem ich es nach rechts und links schiebe, indem ich es vor- und zurückschiebe, und die vier Punkte durch einen Kreis oder eine Wellenbewegung verbinde. Das sind die drei Möglichkeiten, die ich habe, mein Becken zu bewegen. Spiritualität wird so im Körper erfahrbar.

Es führt über den Main
eine Brücke aus Stein,
wer darüber will gehen,
muß im Tanze sich drehen.
Falalalala, fallalala

Kommt ein Fuhrmann daher,
hat geladen gar schwer,
seiner Rösser sind drei,
und sie tanzen vorbei.
Falala...

Und ein Bursch ohne Schuh
und in Lumpen dazu,
als die Brücke er sah,
ei wie tanzte er da.
Falala...

Kommt ein Mädchen allein
auf die Brücke aus Stein,
faßt ihr Röckchen geschwind,
und sie tanzt wie der Wind.
Falala...

Und der König in Person
steigt herab von seinem Thron,
kaum betritt er das Brett,
tanzt er gleich Menuett.
Falala...

Liebe Leute, herbei!
Schlagt die Brücke entzwei!
Und sie schwangen das Beil,
und sie tanzten derweil.
Falala...

Der Raum erweitert sich. Ich bin eine Tänzerin, ich erfahre die Welt über den Körper, über das Fühlen anders als eine Frau, die einen anderen Beruf hat, eine Sekretärin oder eine Universitätsprofessorin zum Beispiel. Ich empfinde die Wirklichkeit über meine Bewegungen. Wenn ich mich im Tanz auf eine spirituelle Ebene begebe, dann erweitert diese meine Realität. Spiritualität läßt so meine Wirklichkeit zu einem Mehr an Wirklichkeit werden. Ich habe mit *Gabriele Johannsmann* viel darüber gesprochen, sie hat den Begriff der »Mehr-Wirklichkeit« geprägt.

Für mich ist das bewegende Moment wichtig. Eines meiner Lieblingslieder ist: »Es führt über den Main eine Brücke aus Stein...«

Da drückt sich Spiritualität im Tanz aus: ich muß mich drehen. Das Lied erzählt von einem Trancetanz. Ich glaube, es ist ein sehr altes Lied. In der Zeit aber, als die Menschen noch keine Brücken hatten, gab es Flöße oder Fähren. Da waren es Tiere zum Beispiel, die die Grenze überwinden: die Enten, die Schwäne oder die Fische[3], die über den Fluß hin- und herschwimmen und das Reich der anderen Wirklichkeit verbinden mit dieser Wirklichkeit. Es gibt als mythologisches Bild die Brücke, aber auch den Fährmann oder älter: die Tiere[4]. Ich stelle für mich heute über den Tanz die Verbindung zu einer anderen Wirklichkeit her. Damit erweitere ich meine Wirklichkeit und kann zum Beispiel meine Realität besser einschätzen. Das ist für mich Spiritualität.

Bezeichnest du Gerda Boyesen und Felicitas Goodman als deine »Lehrerinnen«, weil sie dich Wissen gelehrt haben?

Meine leibliche Mutter hat mich auch Wissen gelehrt. Das möchte ich nicht ausschließen, aber der Begriff »Mutter« macht mich gleichzeitig zum Kind. Ich bin eine erwachsene Frau, ich bin nicht mehr Kind und abhängig, deshalb will ich älteren Frauen gegenüber auch kein kindliches Vertrauen. In meiner Arbeit ist es mir ganz wichtig, daß die Frauen auch nicht mir gegenüber ein kindliches Vertrauen entwickeln, sondern daß sie lernen, für sich selber Verantwortung zu tragen. Das ist mir sehr wichtig, in der Trance und auch in der Therapie. Ich habe den Eindruck, in vielen Therapien und in vielen spirituellen Ansätzen wird dieses kindliche Abhängigkeitsverhältnis gefördert

[3] Vgl.: König 1973, S. 141: Abb. 112. Jungpaläolithische Ritzzeichnung auf Knochen aus dem Museum von Les Eyzies: Fische, Hirsche und Vulven

[4] In der Urform des Märchens »Hänsel und Gretel« werden die Kinder von einer Ente über den Fluß gebracht.

und ausgenutzt, auch die Abhängigkeit vom Vater, gerade unter Frauen aber die Abhängigkeit von der Mutter. Als Therapeutin bin ich mir dessen sehr bewußt, daß immerzu Mutterübertragungen auf mich kommen. Ich übertrage bestimmt auch meine Muttervorstellungen auf Gerda Boyesen oder auf Felicitas Goodman, aber das muß ich mir gut anschauen und psychisch bearbeiten. Deshalb ist mir so wichtig, da ganz haarscharf und sauber zu trennen, Gerda ist nicht meine Mutter oder Felicitas ist nicht meine Mutter. Solange ich die Mutter vor Augen habe, bin ich nicht bei mir, bin ich immer in dieser Abhängigkeit.

Da ist noch ein anderer Begriff angesprochen, der Begriff der Treue. Die Mutter verlangt von einem Kind auch Loyalität.

Ausschnitt aus einem Horoskop in einem oberägyptischen Grab in Athribis.

[5] Es gibt ägyptische Darstellungen des Sternzeichens in weiblicher und männlicher Gestalt. Die weiblichen Figuren haben Brüste. Vgl.: phoenix und messmer, München 1979, S. 72

Die Kinder haben eine so große Treue zu ihrer Mutter, daß sie alle Verletzungen vergessen, verdecken, verbergen und nicht wahrhaben wollen. Das beschreibt Alice Miller in ihren Büchern sehr hautnah. Es dauert viele Jahre, die Verletzungen zu sehen und erwachsen zu werden. Ich will als 44jährige Frau nicht wieder eine Mutter haben, zu der ich in einem solchen Abhängigkeitsverhältnis stehe. Ich will eine Lehrerin, der ich in Würde und in Gleichberechtigung begegnen kann.

Konntest Du Vertrauen zu deinen Lehrerinnen haben, konntest du dich ihnen anvertrauen?

Ich bin eine Frau, die ganz viel Vertrauen haben kann, aber zu einer Lehrerin brauche ich ein libidinöses Verhältnis. Man muß seine Lehrerin mögen, sonst lernt man nichts. Das ist meine Erfahrung aus der Schule. Felicitas mochte ich. Ich fand es sehr spannend zu erfahren, wie sie ist, weil sie im selben Sternzeichen (Wasserfrau[5]) geboren, aber 40 Jahre älter ist als ich.

Wann war es, daß dir die zwei Lehrerinnen »in den Schoß fielen«?

Gerda habe ich 1988 kennengelernt. Ich wußte schon lang von ihr durch eine Freundin, die bei ihr in Therapie war. Ich hatte gerade ihr Buch gelesen: »Über

[6] Boyesen 1994

den Körper die Seele heilen«[6], und das Gefühl, das sie beschreibt, ist genau das, was bei mir in den Bauchtanzkursen passiert. Was sie über Massage erreicht, passierte bei mir über Bewegung im Tanz. Mit ihrer Psychotherapie hatte ich plötzlich ein Erklärungsmodell. Damit konnte meine Arbeit therapeutisch werden.

Hat Gerda Boyesen diese Theorie originär entwickelt?

Ja. Sie ist eigentlich einzuordnen in die Reichsche Richtung, aber sie hat Reich nicht gekannt. Sie ist die einzige Frau, die eine Psychotherapie entwickelt hat, die vom Körper ausgeht. Sie ist Norwegerin, wanderte aber nach London aus und gründete da ein Institut. Als sie sich von ihrem Mann trennte – die Kinder hat sie mitgenommen –, ging sie nach Deutschland. Ungefähr seit 20 Jahren unterrichtet sie hier. Sie ist heute 72 Jahre alt.

Hast du dich für einen Kurs bei ihr angemeldet?

Ja, im Schwarzwald. Das war eine Einführung. Ich war begeistert. Dann gab es einen einjährigen Kurs für Leute, die selbst therapeutisch arbeiten. Den habe ich mitgemacht. Diese Gruppe war zum Schluß fünf Jahre bei Gerda gewesen. Das war ein großes Geschenk von ihr. Während der Ausbildung hat man normalerweise viele unterschiedliche Trainer und erlebt Gerda nur an ein, zwei Wochenenden. Sie hat eine ganz eigene Lehrmethode. Sie bereitet nichts auf. Du mußt ihre Strukturen selbst erkennen. Sie arbeitet nicht hierarchisch. Wie auf einer Spirale kommt ein Thema nach vorn, immer wieder auf einer anderen Ebene. Gerda folgt im Lehren dem Prozeß, und Prozesse sind immer spiralig. Sie hat mich überzeugt durch ihre Art zu arbeiten. Es war für mich ein Hinschauen und Eintauchen, darin, wie diese Frau mit Menschen und mit Gruppen umgeht. Gerda hat ein bestimmtes Charisma. Sie kann im Raum eine Stimmung verbreiten, in der es möglich ist, ohne Vorbereitung in therapeutische Prozesse einzusteigen. Sie hat bei uns am Anfang sehr viel demonstriert. Es konnte vorkommen, daß sie für vier, fünf Tage immer mit denselben gearbeitet hat, wir anderen saßen außen und guckten zu. Ich habe es ganz oft gesehen, daß die Lebensenergie, wenn sie kommt, im Becken beginnt. Das Becken beginnt zu tanzen. Alles, was das Becken machen kann, sind auch Bauchtanzbewegungen. Ich hab es immer wieder gesehen. Diese Verbindung von Gerdas Therapieform zu dem Tanz, von dem ich kam, war für mich einfach so stark.

Meine Arbeit wurde dadurch beeinflußt, daß ich sah: Bauchtanzbewegungen kommen von allein, die braucht keine zu lernen. So habe ich daran gearbeitet, die Energiebahnen im Körper zu öffnen, die energetischen Wege, so daß der Tanz kommen kann, daß eine Frau die Bewegungen nicht erzeugen muß. Ich brauche keine Technik, um Bauchtanz zu können, sondern ich muß Blockaden lösen, die das Becken festhalten, so daß es frei wird zu tanzen.

Hattest du ein anderes Verhältnis zu Gerda Boyesen als die anderen Frauen, die auch diese Ausbildung gemacht haben? Hatte sie ein besonderes Verhältnis zu dir?

Ich war Tänzerin, das war etwas Besonderes, alle anderen waren Psychologen, Therapeutinnen oder Ähnliches. Ich hatte einen Sonderstatus. Drei Jahre habe ich überhaupt nichts gesagt in der Gruppe, ich war einfach nur da. Ich war lange Zeit in der Position einer Beobachterin. Nach drei Jahren forderte ich Gerda Boyesen auch als Therapeutin für mich ein und entdeckte mein »goldenes Kind«, das unverletzte Kind. – »Das goldene Kind«, wie wir im therapeutischen Bereich sagen, ist das, was im Ansatz oder ursprünglich hätte sein können, wären nicht viele Umwelteinflüsse gekommen und hätten uns verletzt. – Dann habe ich auch für ihren Geburtstag getanzt. Das war ganz schön, ein ganz großes Fest für mich, meine Lehrerin zu ehren, nach zehn Jahren Bauchtanz mein erster Auftritt.

Das hört sich so an, als ob schließlich du auf sie zugingst, von dir aus. Ist sie nicht auf dich zugekommen?

Ich habe das Gefühl, daß sie mich immer bemerkt hat, wie eine gute Therapeutin alles sieht. Sie hat mich auch manchmal angesprochen, wenn ich ganz traurig war. Ich war wirklich sehr abwartend, weil ich dem therapeutischen Prozeß gegenüber skeptisch war. Nachdem ich für Gerda getanzt habe, war ich eine andere Persönlichkeit. Diese drei Jahre haben mich ganz arg verändert. Ich brauchte es, am Rande zu sein, und sie ließ mich am Rande. Das ist natürlich eine große Fähigkeit.

War es dieser Schritt, ihr zu Ehren in der Öffentlichkeit zu tanzen, der dich zu einer anderen Person gemacht hat? Hat er dich ihr gegenüber zu einer anderen Person gemacht?

So, wie es sich anfühlt, hat sich mein Verhältnis zu ihr dadurch nicht verändert. Ich drückte meine Dankbarkeit aus. Bauchtanz ist ein Tanz, durch den du dich zeigst. Du zeigst deine Seele. Mein Tanz ist nicht ein Tanz, in dem ich irgendetwas aufführe oder eine Idee darstelle, er ist wirklich »Mich-Zeigen«. Deshalb paßt er für mich auch sehr in diese biodynamische Arbeit und als Geschenk für eine große Lehrerin.

Es lief auch noch etwas anderes ab. Der Auftritt rührte an meine Narbe aus der Kindheit, von der schwarzen Scherbe im Strohhaufen. Als ich mich damals fallenließ, habe ich im Grunde etwas vorgeführt, und das wiederholte sich jetzt. Durch das öffentliche Tanzen erlebte ich ein Heilungstanzritual für mein verletztes Becken.

Wie fühltest du Gerdas Augen auf dir ruhen?

Gerda ist eine ganz zugewandte Frau. Für mich ist sie nicht mütterlich, aber viele empfinden sie als mütterlich, dadurch, wie sie sich der Gruppe zuwendet. Gerda ist auch keine Lehrerin, die streng ist, die korrigiert. Gerda liebt Schmuck, Ohrringe, großartige Kluncker, ihre Kleidchen sind immer ein bißchen schrill, sie ist immer geschminkt und hat die Haare gefärbt, die Fingernägel lackiert. Sie ist so aufgemacht, wie ich als Schwäbin mir eine Mutter nicht vorstelle. Diese Seite liebe ich ganz arg an ihr, diese Kluncker und Glitzersachen.

Im Verhältnis zwischen Müttern und Töchtern ist ja auch viel an Rebellion und Sich-abgrenzen-wollen und Wut enthalten. Hat es so etwas in deinem Verhältnis zu Gerda Boyesen auch gegeben?

Wenig. Ich erinnere einzelne in der Gruppe, die einiges an ihr nicht gut fanden. Ich wollte einfach lernen von ihr. Für mich war es nicht die Zeit, in der es wichtig gewesen wäre, Kritik zu üben, sondern eher die Zeit zu gucken, wie macht sie es, und mach ich es auch so, oder mach ich es anders? Nach fünf Jahren hatte ich das Gefühl: so, jetzt bin ich satt. Ich geriet in eine Konfliktsituation, daran habe ich gemerkt: jetzt ist es gut. Mein Konflikt mit Gerda war nur ein äußeres Zeichen – wenn man genug gelernt hat, dann fühlt man sich schlauer als die Lehrerin. Aber fünf Jahre sind eine lange Zeit. Das ist für mich eine Lehrzeit, als wenn ich im Handwerk eine Ausbildung zur Gesellin gemacht hätte und mit der Prüfung als Meisterin abgeschlossen hätte.

Ich habe Gerdas rein therapeutische Arbeit in die Tanzarbeit übersetzt. Im Tanz sind viele Dinge anders. Ich kann mich als Tanztherapeutin auch nie so herausnehmen wie sie es als Psychotherapeutin kann. Als Tanztherapeutin zeige ich mich, ich zeige mich in meinen Bewegungen. Das sind große Unterschiede. Trotzdem ist es so, als wenn etwas von Gerda um mich herum ist. Das ist ein besonderes Gefühl von Verbundenheit. Ich weiß oft, wie Gerda jetzt handeln würde. Das ist für mich spannend zu sehen, daß da nach drei Jahren noch eine ganz starke Verbindung ist.

Du spürst ihre Ausstrahlung, und die umgibt dich?

Es ist nicht ihre Ausstrahlung, sondern eher ihre Art, wie sie heilend arbeitet. Es ist wie ein bestimmtes Muster, wie ein bestimmter Code oder einfach ihre Lust am Heilen, die in mir ist. Ich bin dadurch mit ihrer Energie verbunden und kann aus dieser Verbindung heraus auch solch tief heilende Arbeit machen.

Hast du noch Kontakt zu ihr? Kannst du als Jüngere überhaupt erwarten, daß sie Kontakt zu dir aufnimmt?

Nein, sie ist eine Therapeutin, das würde sie nie tun. Das wäre eine Verletzung der Therapieregeln, aber ich könnte jederzeit auf sie zukommen.

Nun hast du ja gesagt, die beiden Lehrerinnen sind dir gleichzeitig in den Schoß gefallen. Hast du denn Felicitas Goodman ebenfalls innerhalb dieser fünf Jahre kennengelernt?

Ostern bin ich auf das Buch von Gerda Boyesen gestoßen, und Weihnachten erschien das Buch von Felicitas Goodman: »Wo die Geister auf den Winden reiten«[7]. Ich war so angeregt davon, daß ich ihr geschrieben habe! Ich hatte vorher niemals einer Buchautorin geschrieben. Der Verlag hat mir die Adresse in den USA gegeben. Sie lebt in Ohio. Eine meiner Fragen an sie war, ob ich etwas über die Trancewirkung der Bauchtanzbewegungen erfahren kann, die ich an meinen Teilnehmerinnen beobachtete.

[7] Goodman 1989

Hattest Du schon Trance-Tanz zur Heilung eingesetzt, bevor du auf Felicitas Goodman gestoßen bist? Wie bist du mit diesen Traditionen in Kontakt gekommen?

Über den Bauchtanz und über Tänzerinnen, die sich mit Trancetanz beschäftigten wie zum Beispiel Kaye Hoffmann. Kaye Hoffmann[8] hat Felicitas Goodman in Deutschland bekannt gemacht, indem sie deren Trancearbeit in Artikeln darstellte und sie einlud, hier Seminare zu halten.

[8] Vgl: Kaye Hoffmann in: »ab 40« 3/95

Dann hast du also Felicitas Goodman Weihnachten deinen Brief geschrieben –

– und sie hat geantwortet. Und ich fand gut, was sie schrieb. So habe ich mich entschlossen, Ostern einen Einführungsworkshop bei ihr zu machen, in der Schweiz.

Sie war gerade für drei Monate in Europa, da habe ich vier Wochen später noch in Sterzing in Südtirol ein Maskentanzseminar besucht. Dort habe ich angekündigt, daß ich zu ihr nach Cuyamungue kommen möchte, weil mich auch ihr Institut interessierte, das sie in ihrem Buch beschreibt. Im Sommer bin ich nach Neu-Mexiko gefahren, das war alles in einem halben Jahr.

Wie alt war sie, als du sie kennengelernt hast? Wie sieht Felicitas Goodman aus?

Sie war vielleicht 75 Jahre alt. Felicitas trägt die Haare zurückgekämmt, oft zu einem ganz langen Zopf geflochten, manchmal auch offen. Das hat mich immer sehr beeindruckt. Rechts und links hat sie Klemmchen mit indianischer Perlenstickerei reingesteckt, was für eine Frau ihres Alters schon ungewöhnlich ist. Das hat mir immer gut gefallen. Ich habe sie ganz oft in mexikanischen Kleidern gesehen, zum Beispiel blau und weiß bestickt, so habe ich sie in der Wüste in Neu-Mexiko kennengelernt. Sie ist klein, viel kleiner als ich. Sie ist rund um den Bauch und spürt sich gut an. Sie hat eine ganz feine, zarte Haut, eine ganz starke Brille. Sie trägt Turnschuhe, weil sie in Turnschuhen am besten geht. Auch das ist ungewöhnlich für unser Bild von einer älteren Frau. Sie hat statt Schnürsenkel Gummis durchgezogen, so kann sie am besten rein- und rausschlüpfen.

Warst du überrascht, als du das erste Mal auf sie getroffen bist, oder stimmte ihr Bild mit dem überein, was du aus dem Lesen ihres Buches an Erwartung aufgebaut hattest?

Ich hatte das Gefühl, daß sie meinem Bild entspricht. Wenn sie Geschichten erzählt, dann spricht sie so, wie sie schreibt. Das gefällt mir. Das finde ich ganz schön, jemanden so wiederzuerkennen.

Hast du sie spontan gemocht?

Ja. Felicitas hat auf der einen Seite eine ganz starke – mütterliche Ausstrahlung ist nicht richtig gesagt – die Ausstrahlung einer Frau, die viele Enkelkinder und selber vier Kinder hat. Annehmend fand ich sie. In ihrer intellektuellen Seite, die sie ja auch sehr stark hat, finde ich sie unnachgiebig. Sie besteht fest auf ihrem wissenschaftlichen Standpunkt.

Hat sich eine Beziehung zwischen euch beiden angebahnt in der Zeit, in der du an den Seminaren teilgenommen hast?

Ja. Ich glaube, es hat sie beeindruckt, daß ich Interesse hatte, ihre Arbeit wirklich kennenzulernen. Nach dem Seminar in Cuyamungue konnte ich dort noch zwei Wochen länger leben. Das ist unüblich, die Teilnehmerinnen dürfen sonst nicht dableiben, es hat mich gefreut. Felicitas hat halt eine Weile in Tübingen gelebt[9]. Es war eine Erinnerung für sie, daß ich schwäbisch spreche und die Stadt kenne. Ich hatte Lauge mitgenommen, und wir haben Laugebrezeln zusammen gebacken. Wir kochen beide leidenschaftlich gern. Ich habe in der Wüste Wiener Semmelkloß aus indianischem Weißbrot gemacht, sie ißt gerne deutsche gut-bürgerliche Küche. Auch die amerikanischen Teilnehmerinnen bekommen dort mitten im Sommer Blaukraut oder Linsen. So etwas kochte sie immer vor und brachte es während der workshops aus dem Gefrierschrank auf den Tisch – was den Amerikanerinnen nicht unbedingt geschmeckt hat.

[9] Sie hatte in Budapest eine schwäbische Kinderfrau. Sie verfaßte auch einen Forschungsbericht über ein schwäbisches Schultheiß-Paar. Der Auftrag ihres Lehrstuhls bezog sich später auf die bäuerliche Gesellschaft. Im Rahmen dessen hatte sie Studienaufenthalte. Felicitas Goodman beobachtete immer sehr genau, in welchen Zusammenhängen Menschen leben, und nutzte ihre Tagebuchaufzeichnungen später wissenschaftlich.

Was für einen Grund hatte es, daß du länger bliebst in Cuyamungue?

Ich wollte genügend Zeit haben für die Begegnung mit Felicitas. Es wohnen noch zwei Frauen dort, Linda und Judy, die gingen tagsüber arbeiten, also waren Felicitas und ich alleine da. Wir haben dann zusammen Essen gekocht, das war sehr schön. Es war Aprikosenernte, die Indianerinnen haben ganz viel Aprikosen gebracht, und ich hab ihr geholfen, drei Eimer Aprikosen auszusteinen und zu trocknen. Es kam immer ein Eichhörnchen, das hat sich die Aprikosenhälften geklaut, wir haben dann die Aprikosen in den Schuppen verfrachtet. Ganz normales Alltagsleben. Dann haben wir morgens immer den Hügel erstiegen und die Sonne begrüßt. Ich habe mit ihr ihre Alltagsrituale gelebt. Ich habe das Gefühl, daß ich von älteren Menschen viel lernen kann, ich bin immer sehr interessiert, mehr über ihr Leben zu erfahren.

Hat sie dir denn von ihrer Lebensgeschichte erzählt?

Ja, sie ist in Budapest geboren. Der Vater hat dort eine Firma geleitet. 1919, als sie noch nicht fünf war, nach dem Ersten Weltkrieg, floh die Familie nach Hannover zur Großmutter. Sie spricht auch das typische, eben niedersächsische Hochdeutsch. Der Vater kommt aus Aachen, die Mutter aus Hannover, die ist aus besserem Haus. Sie wollte gar nicht kochen, da hat Felicitas immer gekocht. Weil der Vater wegen der hohen Arbeitslosigkeit keine Stelle fand, ging die Familie wieder zurück, nun aber nach Siebenbürgen, in eine Kleinstadt: Großwardein oder Nagyvárad. Dort ist sie auf eine katholische Klosterschule gegangen, obwohl sie eigentlich evangelisch ist. Sie fing sehr früh an, Tagebuch zu schreiben, damals auf Klopapier. Sie hat eine Menge von der ungarischen Tradition des Geschichtenerzählens mitbekommen. Ich denke, das prägt sie sehr. Sie spricht auch ungarisch von Kindheit an, ihre Klassenkameradinnen und die Kinder auf der Straße sprachen ungarisch. Sie hat das ungarische Heiler- und Schamanentum erlebt. Abitur machte sie in Hannover und fuhr anschließend mit dem Fahrrad durch Deutschland, war in Köln und Heidelberg, wo sie ihr Dolmetsch- und Übersetzerinnenstudium absolviert hat. Dort lernte sie einen Amerikaner kennen, einen Professor der Sprachwissenschaft. Den heiratete sie, gegen den Willen des Vaters. Sie hat zwei Buben geboren, in Berlin, und da war Krieg. Während des Zweiten Weltkriegs lebte sie anschließend in Tübingen, nach dem Krieg ging sie mit ihrem Mann und ihren zwei Söhnen in die USA. Dort hat sie noch zwei Töchter bekommen.

Konntet ihr Spiritualität teilen?

Ja, wenn wir morgens auf den Hügel gegangen sind und die Sonne begrüßt haben und abends die Sterne und den Mond, war das für mich ein großes Teilen. Ich habe da viel von ihr geschenkt bekommen, eine natürliche Spiritualität, die ich nicht kannte. Auch in den workshops hatte ich das Gefühl, Spiritualität mit ihr zu teilen. Felicitas, die in der Mitte steht und rasselt, ist sehr verbunden mit denen, die außen stehen. Sie macht nicht nur Musik für die Gruppe, die Rassel öffnet die Tür in's Spirituelle. Diese Erlebnisse sind sehr verbindend.

Wo empfindest du eine Verbundenheit mit Felicitas?

Als ich fünf Jahre alt war, habe ich anders gedacht, gefühlt und empfunden als heute. Ich war sehr eingebunden in ein mythologisches Denken, so würde man es vielleicht benennen. Ich war überzeugt von meiner Welt, die beseelt war. Ich wollte nicht glauben, was der Lehrer sagt, aber ich mußte mich beugen. Vier Jahre lang war ich deshalb ganz schlecht in der Schule. Felicitas wuchs in einer Kultur auf, in der der Zustand, in dem ich da war, ernst genommen wurde. Mit ihr habe ich eine getroffen, die sagte, »das stimmt, was du als kleines Kind gedacht hast, da ist überall etwas«. Ich spüre jetzt, daß da etwas lebt, zum Beispiel um meine Eiche herum, und ich hänge Federn in ihre Zweige.

Was prägt die Persönlichkeit von Felicitas Goodman?

Wie sie Rituale gestaltet, auf eine ernsthafte Art, aber nicht angestrengt. Sie steht in einer inneren, fröhlichen Verbindung mit der anderen Wirklichkeit. Wenn sie eine Handvoll Mehl in die Luft wirft für die Geister, dann springt sie hoch, und man muß ein bißchen lachen, wie sie in die Luft hüpft. Es ist etwas Freudiges, wie sie diesen Wesen begegnet, das hat mich immer sehr beeindruckt.

Wenn sie sich als Wissenschaftlerin abgrenzt, ist das ihre andere Seite oder eine andere Welt?

Es ist eine ihrer vielen Seiten. Mir war ihre wissenschaftliche Klarheit sehr wichtig. Sie ist ja diejenige, die in das Gerede über Trance Ordnung hineingebracht hat, indem sie einfach einen Trance-Zustand definiert hat. Das war bis dahin noch nicht passiert, Trance von der Hypnose oder der Meditation abzugrenzen. Ich weiß dadurch, was ich tue. Wenn ich in Trance gehe, ist es schon sehr wichtig zu wissen, welche Kräfte ich rufe und welche Wege zu gehen ich anleite.

Wie ist der Ablauf in den Seminaren von Felicitas Goodman?

Es gibt zwei Arten von Seminaren: Haltungsseminare und Maskentanz. Bei einem Haltungsseminar probieren wir verschiedene von Felicitas erforschte Körperhaltungen aus. Felicitas rasselt mit einer indianischen Kürbis-Rassel 15 Minuten lang. Danach wird das in der Haltung Erlebte ausgetauscht und von Felicitas kommentiert. In einem Maskentanzseminar gehen die Teilnehmerinnen und Teilnehmer in Trance und es kann passieren, daß sie einem Tier begegnen. Dessen Maske wird später

Maskentanz in Cuyamungue 1990.
Felicitas Goodman links
(mit Trommel)

gebaut, und das Tier wird auch im Tanz dargestellt. Im zweiten Schritt geht es darum, den Mythos dieses Tanzes zu finden, also eine Trancehaltung einzunehmen und die Geschichte dieses Tanzes zu erfahren. Alle erzählen, was sie erlebt haben auf die Frage hin: Was für ein Tanz ist es? Was für ein Mythos wird hier getanzt? Traditionell stehen diese Tänze immer unter einer bestimmten spirituellen jahreszeitlich bedingten Aufgabe, der Maisernte zum Beispiel. Als ich in Cuyamungue war, war es eine indianische Schöpfungsmythe: eine Tonschüssel zerbricht, und aus ihr heraus treten die Tiere und die Jäger. Der Tanz war ein Spiel zwischen Tieren und Jägern, eine typisch indianische Mythologie. In Sterzing in Südtirol ging es darum, von »dieser Welt« in die Unterwelt zu gehen. Wir hatten zwei Räume. Wir sind aus dem einen in den anderen getanzt und wieder zurück.

Sagt Felicitas, wenn so ein Zusammensein beginnt, »wir sind hier in einem Tagungshaus, das hat zwei Räume, und es eignet sich besonders dafür, daß wir Unterwelt und Oberwelt thematisieren«?

Nein. Das Thema ergibt sich aus der Trance, aus dem, was in der Haltung erlebt und erzählt wird. Der Mythos wird getanzt, um die Verbindung mit der anderen Wirklichkeit herzustellen. In diesem Fall ging es darum, die Dinge zu ordnen, die hier in Unordnung geraten sind und nur im Kontakt mit der anderen Wirklichkeit in Ordnung gebracht werden können.

Aus welchem Grund will Felicitas etwas aus der »anderen Wirklichkeit« in die hiesige Welt hineinholen?

Um Kräfte zu erneuern, um zu heilen. In ihren »rattle-groups«, für die man nicht bezahlt, setzen sich Menschen abends zusammen, um durch das Einnehmen einer Haltung Probleme des Alltags zu lösen.

So wurde zum Beispiel für einen schwerkranken Jungen, der im Krankenhaus lag, eine Heilungshaltung gemacht. Darum geht es ihr sehr, die Verbindung zu den Kräften herzustellen, die uns helfen, unser Leben besser zu leben. Heilung heißt auch, Ordnungen wiederherzustellen.

Das ist der indianische Mythos: Krankheit oder Unfrieden werden ausgelöst, wenn die kosmische Ordnung gestört ist. Umweltschutz, im Einklang mit der Natur zu leben, ist ein großes Anliegen von Felicitas, die in der 68er Zeit studiert hat. Sie wirkt eher wie eine Fünfzigjährige mit ihrem Gedankengut, nicht wie eine Achtzigjährige.

Geht Felicitas Goodman davon aus, daß es Wesenheiten der Anderswelt sind, die dem Menschen begegnen, daß da etwas auf den Menschen zukommt?

Ja, es ist eine reale Begegnung für sie. Im Gegensatz dazu wäre für mich eine Vision nicht materiell. Eine Vision ist eine Schau, Gesehenes, während zum Beispiel die Begegnung mit dem Tier Erlebtes ist. Das Tier ist nicht etwa symbolisch gemeint.

Die Mystikerinnen des Mittelalters haben beschrieben, daß sie nicht nur zu Stimmen sprechen, sondern daß sich auch Gestalten bewegen und auf sie zukommen. Sie nannten dieses Lichterlebnis »Vision«.

Die von Felicitas erforschte Trance führt dagegen zu körperlichen Veränderungen: Schwitzen, Hitze, der Blutdruck sinkt, während der Puls steigt. Führt die Trancehaltung z.B. zu einer Begegnung mit dem Jaguargeist, dann ist eine nach den Trancehaltungen verschwitzt. Das ist ein ganz starkes körperliches Erleben. Du rennst über die Prairie, jeder Muskel rennt da mit. Wenn eine Person eine Reise in die Unterwelt macht, kann es sein, daß sie berichtet, sie habe ein Pferd gesehen. Das ist visuell. Ein anderes Mal kann sie empfinden, daß sie durch eine schöne Landschaft auf dem Pferd reitet.

Das ist die Begegnung auf der kinästhetischen Ebene. Das Traben wird im Körper gespürt. In einer weiteren Stufe wird die Person auf dem Pferd reiten und plötzlich ist sie das Pferd. Sie rutscht rein, als ob der Reißverschluß eines Kostüms aufginge. Das ist eine übliche Form, sich Tiergeistern anzunähern, wie ich sie auch immer wieder erlebt habe.

Felicitas hat dir gezeigt, wie man im Maskentanz aus dem, was Teilnehmerinnen und Teilnehmer von ihrem Tranceerleben erzählen, den Mythos zusammensetzt. Ist das mit Technik zu bewältigen oder muß man da einen großen Fundus an Mythenwissen haben?

Es geht darum, die Elemente des aus der Trance Berichteten einem Mythos zuordnen zu können. Felicitas schreibt alles auf und schneidet die Aussagen zu kleinen Streifen: »Ich bin durch einen Regenbogen getanzt und dann in einer Höhle geschwommen usw.« Die Einzelaussagen werden zu einem Tanz gruppiert. Aufgrund ihres Gefühls und ihres Wissens über Mythen, stellt sie die Einzelaussagen zu einer Choreographie zusammen, was natürlich ihrer Fachkenntnis und auch ihrer Interpretation unterliegt. In einem Seminar wollten Frauen, die schon oft an meinen Kursen teilgenommen haben, gern mehr an diesem Prozeß beteiligt sein. Es ergab sich ein Konflikt, aber den Teilnehmerinnen fehlte es natürlich an der fachlichen Autorität. Für mich stellt es sich eher als ein gemeinsames Ringen dar: wie stellen wir angemessen dar, was in der anderen Wirklichkeit erlebt wurde, damit es auch hier lebendig ist? Wenn das Erlebnis eine körperliche Empfindung ist, dann wäre ein Bild auf Papier, das an die Wand geheftet, aber nicht noch einmal belebt wird, nur ein kümmerlicher Abklatsch.

Vermittelt Felicitas diese Technik immer an alle, wenn sie ein Maskentanzseminar veranstaltet?

Nein, das hat sie für mich gemacht. Ich hatte schon vier Maskentanzseminare mitgemacht, und sie wollte, daß eine Frau in Deutschland ihre Arbeit fortführt.

Gab es auch Tage, in denen es zwischen Euch geknirscht hat?

Nein, wir hatten eine Schülerin/Lehrerin-Distanz zueinander, immer. Wenn ich etwas lernen will, dann nehme ich erst einmal auf, was die Lehrerin anzubieten hat. Ich hab dann versucht, in meinen Kursen ihr Maskentanzritual zu machen, das ging nicht. Felicitas ist 80 Jahre alt und ich bin 43, und die Frauen haben an mich als Tänzerin ganz andere Erwartungen. Zu mir kommen Frauen, die tanzen wollen. Deshalb muß ich auch anders arbeiten, mehr mit Bewegung, weniger mit Haltungen.

Hat es denn Differenzen gegeben zwischen euch in Sachfragen?

Ich hatte nie Differenzen mit ihr, weil wir weit voneinander entfernt leben und weil sich meine Arbeit anders entwickelt hat, mehr in den Tanz hinein. Ich habe auch gemerkt, daß ich nicht diejenige sein will, die Felicitas Goodman weiterlebt. Das war eine lange innere Auseinandersetzung. Ich habe es zuerst probiert. Nur bin ich ein anderer Mensch als sie.

Hat Felicitas Goodman die Schülerin entlassen? Hat sie dich abgenabelt? Hat sie dich von sich abgelöst?

Wir hatten einen sehr würdigen Abschluß der Lehrerin-Schülerin-Zeit. Sie kam auf meine Einladung hin ins Seminarzentrum »Grube Louise« und hat acht Tage lang ein Mythenseminar abgehalten, in dem es um grundsätzliche Überlegungen ging, auch darum, wie ich und die mir vertrauten Frauen aus meinen Gruppen ohne sie mit Mythen arbeiten können. In diesem Seminar, dem letzten, das ich mit ihr veranstaltet habe, hat sie uns vertiefend in ihre Arbeit eingeführt. Das war ein wertvolles Geschenk. Wir haben heute ein herzliches Verhältnis zueinander.

Felicitas Goodman grenzt sich auch von der deutschen Anthropologie ab. Wir haben die Kulturanthropologen oder die Ethnologen oder die Volkskundler, die alle eine unterschiedliche Herangehensweise pflegen und sich jeweils von der amerikanischen Anthropologie unterscheiden. Die ist entstanden, weil die indianische Kultur das Interesse herausforderte. In Europa leben andere Völker mit ganz anderen Traditionen, in denen auch wir stehen. Findest du es wichtig für uns, daß wir im Blick behalten, daß wir vor einem anderen Hintergrund leben als Felicitas Goodman?

Ich finde es wichtig zu sehen, daß Felicitas keine gebürtige Amerikanerin ist, sondern Deutsche. Sie weiß einerseits sehr viel über indianische Völker, sie hat einen sehr großen Fundus an Mythen aus der indianischen Jagd- und Sammelkultur, auf der anderen Seite sucht sie danach, welche Strömungen auf der ganzen Welt gleich sind, welche Mythologeme es auch in unseren Märchen gibt. Sie kennt europäische Märchen, ungarische Legenden, und sie sieht Zusammenhänge mit den Mythen der Griechen und Römer. Ihr Erfahrungshorizont ist aber der amerikanische. Sie hat wenig Bezug zum Deutschen. Ich empfinde sie nicht als verbunden mit den steinzeitlichen Figuren. Sie steht *Marija Gimbutas* kritisch gegenüber.

Stellt Felicitas Goodman Frauenfragen, hat sie einen feministischen Blick?

Ich würde sie nicht als Feministin bezeichnen. Sie sagt zum Beispiel, wenn Frauen menstruieren und eine Haltung einnehmen, kommen sie nicht in Trance, weil ihre Energien so schwach sind. Da widerspreche ich ihr mit aller Kraft. Wenn ich während der Menses nicht in den Trance-Zustand gelange, den sie definiert hat, dann deshalb, weil meine Energien so stark sind und ich in Bewußtseinszustände gelange, die ich sonst nicht erreiche. Ich habe ein ganz starkes menstruelles Erleben, für mich bedeutet es eher eine Verstärkung des Kontaktes mit der anderen Wirklichkeit. Ich habe ihr das nicht gesagt. Für mich stehen einfach zwei verschiedene Meinungen nebeneinander.

Felicitas Goodman empfiehlt, sich auf die Rituale der »Gartenbaugesellschaft« zu beziehen, wenn man vermeiden will, böse Geister zu rufen. Am Beispiel Japan führt sie gleichzeitig vor, daß auch und besonders in der Kulturstufe des Gartenbaus die bösen Geister auftauchen.

Die Gartenbau betreibenden Pueblo-Indianerinnen und -Indianer, bei denen ich war, haben auch böse Geister. Felicitas systematisiert, um etwas deutlich zu machen, aber es läßt sich nicht an allen Völkern nachweisen, weil sie in der Realität Mischformen darstellen. So ist es auch mit der Gartenbaukultur. Sie steht zwischen der Jagd- und Sammelkultur und der Ackerbaukultur. Ich weiß nicht, ob es die reine Jagd- und Sammelkultur überhaupt noch gibt oder je gegeben hat.

Meines Erachtens nach geht es Felicitas darum, nicht in Trancezustände zu geraten, in denen böse Geister auftauchen, und dies gelingt ihr durch die Auswahl der Haltungen, die sie getroffen hat auch sehr gut.

Mir erschien es als ein Widerspruch, daß Felicitas Goodman die Haltungen an Figuren abliest, die zum Teil nach der christlichen Zeitenwende hergestellt sind. Solche können doch nicht ein Erlebnis der Jagd- und Sammelkultur induzieren?

Es gibt wie altsteinzeitlich aussehende Zeichnungen in Neu-Mexiko, die sind 1400 n.d.Z. gemalt, d.h. es gab zu der Zeit noch Gesellschaften, die lebten wie in der Jagd- und Sammelkultur. Es gibt aber auch Haltungen, die sind in der Bronzezeit dargestellt worden, die jedoch schon früher genutzt wurden. Es gibt in der Zusammenstellung von Felicitas ganz wenig Haltungen aus der Jagd- und Sammelkultur, die meisten sind aus der Gartenbau-Kultur, und das ist eben eine Mischform, die nirgendwo rein vorkommt. Felicitas' Systematisierungen sind wie alle wissenschaftlichen Ordnungsversuche Theorien, Hilfskonstruktionen, die Wirklichkeit zu verstehen. Ich will versuchen, es an einem Beispiel zu klären. Fragst du eine Pueblo-Indianerin nach der Form »Kiva«[10], so wird sie sagen: rund, die Kiva ist rund, aber manchmal, ja, doch da gibt es auch eine eckige.

Felicitas Goodman legt auf der einen Seite Wert auf die exakte Einhaltung von Körperhaltungen, sie erzeugen unterschiedliche Bewußtseinzustände je nachdem, ob z.B. der linke Arm über dem rechten liegt oder umgekehrt. Auf der anderen Seite sehen die von ihr zusammengestellten Funde zur »Bärenhaltung« für mich sehr unterschiedlich aus, was die Körpergeste angeht.

Laß es uns aus der Praxis angucken. Jede Frau hat einen anderen Körper. Wenn eine, die kurze Arme hat, die Arme anwinkelt, ergibt sich ein ganz anderer Winkel als bei einer, die lange Arme hat und sie auf die Brust legt. Wenn du zehn Frauen in derselben Haltung anschaust, bist du überrascht, wie unterschiedlich sie aussehen. Jede liegt anders da, weil ihre anatomischen Voraussetzungen einfach anders sind. Mir geht es nicht darum, daß die Frauen den 45-Grad- oder 38-Grad-Winkel richtig einhalten, sondern, daß sie von innen her spüren, ob die Haltung stimmt und sie auf einem bestimmten energetischen Niveau hält.

Toll an der Arbeit von Felicitas Goodman ist für mich, daß sie nicht totes Wissen lehrt, also nicht nur Theorien über Kulturepochen, über Muster, Formen, Haltungen aufstellt, sondern sagt: »Vollziehe die Haltung nach und spüre, erlebe, was passiert«. Für mich ist das eine Neubelebung alten Wissens. Die individuelle Aussage einer Trancehaltung in ihrer Bedeutung für die einzelne Teilnehmerin und ihr Leben wird bewahrt, das ist das Kostbarste.

[10] Die Pueblo-Indianer bauen Versammlungsräume, die meistens rund sind und zu zwei Dritteln in die Erde gebaut sind. Man betritt sie durch eine Leiter von oben. Sie sind sowohl religiöse als auch soziale Versammlungsräume. Das Dorf teilt sich in die eine und die andere Kiva-Gesellschaft, so hat jedes Dorf zwei. Weiße dürfen sie niemals betreten.

Kreisend in Bewegung

GABRIELE FISCHER (GEB. 1951)

Gabriele Fischer hat sich nach ihrem Studium der Berufspädagogik und fünfjähriger Lehrtätigkeit in Musik und Tanz fortgebildet und eine Ausbildung in biodynamischer Psychologie und Therapie bei Gerda Boyesen und in Trancearbeit bei Felicitas Goodman angeschlossen. Sie entwickelte die »Biodynamische Tanztherapie« mit dem Schwerpunkt »Heilungstanz für Frauen, Tanz und Trance im Heilungsprozeß«.

Gabriele Fischer

1990 gründete Gabriele Fischer ihr Institut, eine Einrichtung, »die es sich zur Aufgabe gesetzt hat, Räume und Strukturen zur Verfügung zu stellen, in denen Frauen heilende Kräfte im Tanz erleben und entfalten können«. Ein Schwerpunkt liegt in der Ausbildung von Tanzpädagoginnen und Tanztherapeutinnen. Seit 1985 betreibt Gabriele Fischer »intensive Tanz-Forschungsarbeit«. Mit ihren Mitarbeiterinnen untersucht sie »Heilungstänze von Frauen unserer eigenen und anderer Kulturen in verschiedenen Epochen der Menschheitsgeschichte«. Sie entwickelt daraus »Heilungstanzrituale, die uns als Frauen des 20. Jahrhunderts über die Verbindung mit der Heilungsbotschaft unserer Vorfahrinnen Mut und Kraft geben«. Das Institut veröffentlicht seine Forschungsergebnisse in der jährlich erscheinenden Zeitschrift »Aus dem Bauch tanzen«.

Gabriele Fischer hat die Methoden der Körpertherapie Gerda Boyesens und die Ergebnisse der Tranceforschung von Felicitas Goodman integriert. Ihr Anliegen ist es, Frauen, die heute hauptsächlich ihren Intellekt betonen, den Körper »zurückzugeben«. Nicht-Verstanden-Werden oder Nicht-Geachtet-Werden hat viele Frauen dazugebracht, ihre Lebensenergie abzublocken. Wilhelm Reich sprach von Muskelpanzerung. Gerda Boyesen geht davon aus, daß Flüssigkeitsstauungen im gesamten Zellflüssigkeitssystem auftreten können. Dauern diese Blockaden über längere Zeit an, so können daraus psychische und somatische Erkrankungen entstehen. Angestrengtsein, Intoleranz, Selbstentfremdung sind Anzeichen nicht frei fließender Lebensenergie. Gabriele Fischer möchte Frauen ihre Lebendigkeit und ihre Beweglichkeit wiederfinden lassen. Frauen können ihren Körper ausfüllen, spüren, daß sie in ihrer Haut stecken, fühlen, daß ihre Stimme Sitz in ihrem Körper hat.

Gabriele Fischer heilt, nicht, indem sie Hände auflegt oder durch gezielte Ansprache Unbewußtes weckt. Sie gibt sanfte Anstöße. Zwar werden alte Erlebnisse wachgerufen, uralte Verletzungen werden angerührt, geheilt aber werden sie durch spürendes Hineinhorchen in den eigenen Körper, durch Eintreten in einen veränderten Bewußtseinszustand. Schädigungen heilen sich durch kurzes Eintauchen in tiefes Erinnern. Gabriele Fischer gibt Hilfen zur Einordnung des Erlebten. Es erfolgt keine langwierige Deutung. Was geschieht, ist Lösen.

Nach Meinung Gabriele Fischers liegen heilende Kräfte im Tanz. »Tanz« faßt sie dabei weiter, als wir es im gewöhnlichen Verständnis tun. Wenn sie immer wieder betont: »Zu mir kommen Tänzerinnen« und nicht andere »esoterische Touristinnen«[1], dann meint sie Frauen mit Lust an Bewegung, nicht solche mit einem Engagement am Theater.

[1] Felicitas Goodman in der Beschreibung ihres Instituts Cuyamungue

Tanz ist die Bewegung, die aus der Aufmerksamkeit für bestimmte Körperteile entsteht, ein selbständiger Ausdruck. Gelöstheit und Eigenständigkeit ergibt sich auch daraus, daß nicht für die Öffentlichkeit getanzt wird. Da ist kein Publikum. Die Beziehung zum inneren Selbst wird durch die leichte Trance so stark, daß sogar vor dem geistigen Auge keine kritischen oder wohlwollenden Zuschauer erscheinen. Auch von den Mittänzerinnen fühlt sich die einzelne nicht beobachtet. Jede ist mit sich beschäftigt. Alle verbindet eine Erfahrung der Gemeinsamkeit.

Gemeinschaft entsteht durch erhöhte Wachsamkeit, geschärften Sinn. Die einzelne spürt die anderen, ohne mit ihnen direkten Kontakt aufzunehmen. Tanz ist zunächst nicht gemeinschaftliche Inszenierung, kein gewolltes – symbolisches – Herstellen eines Kreises. Die Atmosphäre ist bestimmt durch Freude an Entdeckung und Wiederaneignung, Schönheit wird plötzlich bemerkt. Wenn ein Tanz beendet ist, spürt die einzelne, sie hat für sich getanzt, sie hat sich ein Geschenk gemacht.

»Tanz ist mehr als Worte. Tanz geht an die Wurzeln. Tanz verändert die Sicht der Welt. Tanz entbindet von Überkommenem. Tanz schafft neue, besser passende Denk-, Glaubens- und Beziehungsmuster«[2].

[2] Gabriele Fischer in einem Prospekt ihres Instituts

Gabriele Fischer und ihre Schülerinnen wenden sich nachdrücklich an Frauen, weil sie selbst Frauen sind »und Körperarbeit nur auf der Basis des Selbsterlebten, Selbsterspürten authentisch sein kann«, und weil es ihnen »gesamtgesellschaftlich darum geht, die weiblichen Kräfte in einer männerdominierten Welt zu stärken.« Dadurch sei es möglich, »wirksam in unsere Verantwortung für das Leben, unsere Kinder und Mutter Erde auf eine heilende und heilige Art und Weise einzutreten«[3].

[3] ebd.

Frauen sind besonders betroffen von der Entfremdung in postindustrialisierten Gesellschaften. Die Formierung der Körper durch die Art des Arbeitens, der Fortbewegung, der Forschungsziele trifft sie tiefer als Männer. Die Formierung geht einher mit der Mißachtung des weiblichen Geschlechts, die sich im Extremfall als sexueller Mißbrauch und Vergewaltigung darstellt. Das verletzt Frauen an Leib und Seele, es macht sie krank. So kommt es zu spezifischen 'Frauenleiden' wie Menstruationsstörungen und Beschwerden in den Wechseljahren, Brustkrebs, Myomen, Zysten, Migräne, Magersucht, Tablettenabhängigkeit.

Gabriele Fischer versucht, »Heilung auf allen Ebenen des weiblichen Seins« anzustoßen. Der Weg ist eine Entdeckungsreise an, im und mit dem weiblichen Körper. Als erstes wird das Gebot aus der Grundschule: »Stillsitzen!« aufgehoben. Kippeln ist erwünscht. Gabriele Fischer regt Frauen an, sich zu bewegen, beinah unmerklich zunächst sich zu wiegen, zu schaukeln, zu kreisen. Im Schneidersitz fallen die Sitzhöcker sofort auf. Jedoch Anus, Damm, Äußere Schamlippen, Klitoris und Schambein einzeln und hintereinander zu erfühlen, ist eine Aufforderung, der nachzukommen nicht leichtfällt. Entdecken lassen sich verborgene Beziehungen, zum Beispiel zwischen Lippen und Schamlippen, zwischen Lippen und Anus, zwischen Geruchssinn und Becken.

Frauen, die das Bewußtsein für die tabuisierte Region wiederfinden, bemerken: »Ich bin«. Sie gewinnen eine Möglichkeit der Selbstvergewisserung, die ihnen im Alltag stets zur Verfügung steht.

Gabriele Fischer zeigt, daß die Schwerkraft, die Frauen mit der Erde verbindet, nicht durch Füße und Beine fließt. Das ist eines ihrer Forschungsergebnisse: die Anziehung besteht zwischen Vagina und Boden, der energetische Kanal baut sich zwischen den Beinen auf.

»Forscht!« ist eine Aufforderung, die Gabriele Fischer auch an die Teilnehmerinnen ihrer Kurse richtet. Forschung ist für sie Ausprobieren. Forschung ist

Spurensuche, auch in Texten, auch in Bibliotheken. Gabriele Fischer liest völkerkundliche Literatur ebenso wie archäologische Grabungsberichte.

Ihre Methode der forschenden Heilung wirkt schlicht. Sie tut nicht mehr und doch so viel, wie Raum zu schaffen, Raum für die Wahrnehmung des eigenen Körpers, für die Suche nach Ausdruck, auch für Worte. Sie lehrt Aufmerksamkeit für die eigenen Emotionen. Sie lehrt, sich selbst und alle Regungen ernst zu nehmen, für wichtig zu halten.

Der Körper hat vieles mitzuteilen, er setzt andere Schwerpunkte als das Denken. Der Körper hat eine eigene Wahrheit. Die Eigenständigkeit seines Ausdrucks läßt sich am einfachsten in einer Hülle aus Tönen erfahren. Beginnt eine Frau zu summen oder in irgendeiner Form zu tönen, schafft sie einen Kokon, einen Raum für sich selbst.

Die Stimme, weiß Gabriele Fischer, stellt die Verbindung her zur »anderen Wirklichkeit«. Der Tänzerin fiel es zuerst nicht leicht, Felicitas Goodmans Erkenntnisse über den Trancezustand, der durch den gleichmäßigen Rhythmus einer Rassel und das genaue Einhalten einer bestimmten Körperhaltung induziert wird, mit ihren Bewegungserfahrungen zu verbinden. »Es war die Stimme, die die Verbindung herstellte. Eine der Haltungen, die der 'singenden Schamanin', öffnete diese Tür«.

Schamaninnen aus der sibirischen Taiga nutzen eine Art Kehlkopfgesang, um in die Trance zu gelangen. Die Schwingungen des Halsraumes erreichen das Gehirn und erzeugen einen veränderten Bewußtseinszustand, die Herzfrequenz ändert sich. Das Einsetzen der Stimme führte Gabriele Fischer aus der Starre der eingenommenen Haltung zur Bewegung und damit zum Eintritt in »Neue Wirklichkeiten«:

»Ich spüre meine Stimme, wie sie auf meinen Knochen flötet, meinen festen Kern in Schwingung versetzt, mich von innen her auflöst in ein ekstatisches Erleben hinein, daß mir Hören und Sehen vergeht. Die Hitze der Sahara ist nichts gegen den Vulkan in mir, und gleichzeitig rieseln kalte Schauer durch das Geschehen«.[4]

[4] Erscheint demnächst: Fischer 1996

Gabriele Fischer trennt die Wirkungen, die eine bestimmte Haltung erreicht, nicht von denen einer anderen, so wie Felicitas Goodman sie wissenschaftlich unterscheidet. Sie spricht den Verbindungsebenen, den Energiekanälen, dem Stimmkanal, der Flüssigkeit führenden Schicht zwischen Muskel und Haut, »enorme

Bedeutung« zu. »In-Bewegung-sein, heißt Verbunden-sein, Trennen und Zusammenfügen gleichzeitig«.

Felicitas Goodman feiert das Einnehmen der Haltung wie ein Ritual. Wie sie bläst auch Gabriele Fischer Mehl zu Beginn in die Luft, um die Kräfte der vier Himmelsrichtungen und des Ortes zu grüßen, wie sie verabschiedet sie die Geister mit Mehl, begleitet sie zur Tür, oft zum Fenster. Trotz ihrer Bedenken – der Nationalsozialismus mißbrauchte alte Formen, die Kirche nutzt sie leib- und lustfeindlich auch zur Unterdrückung, Teile der Frauenbewegung heben mit Ritualen in's Unpolitische ab – konnte Gabriele Fischer diese Form annehmen. Sie erinnert sie an die festgelegten Handlungsmuster ihrer Großmutter und deren Base beim Apfelsafteinkochen: »Etwas aus Küche und Garten für die Geister«.

»Das Ritual«, so erkannte Gabriele Fischer, »hilft gegen Angst vor dem Kontakt mit den anderen Welten. Es ordnet, schafft die Brücke, schützt vor der Angst, nicht mehr zurückzukommen.« Die Angst ist unbegründet. Trance ist nicht »Tran«, bedeutet nicht »wegzutreten«. Trance ist eher ein Zustand höchster Aufmerksamkeit und Wachheit. Der Körper ist nicht gelähmt, im Gegenteil, Bewegung ist Ausdruck des erlebten Besonderen.

Geister, die Gabriele Fischer ruft, wollen nicht besetzen, besitzen. »Sie verlangen keine Ich-Verluste im Tanz. Sie zeigen mir, wie ich ein Bär oder ein Wüstenfuchs werden kann, nicht nur symbolisch, sondern mit Haut und Haar, wie ich mich hin und her verwandeln kann und trotzdem ich selber bin. Wie ich diese Geister verabschiede? Wie gute Freunde, mit einem Rendezvous für nächste Woche.«

Es ist immer möglich, den Weg zurückzugehen, indem man die Haltung auflöst. Gabriele Fischer nimmt es außerdem sehr wichtig, keine »bösen Geister« zu rufen. »Ich weiß, daß ich das nicht tue. Wie ich einen Radiosender scharf einstellen kann oder womöglich drei Sendungen gleichzeitig empfange, kann ich meine Konzentration auf etwas bündeln oder sie gestreut lassen. Mit jeder Bewegung, ob ich das Becken kippe oder drehe, kann ich gezielt eine bestimmte energetische Qualität erreichen.«

Um genauer zu erläutern, wählt Gabriele Fischer ein Beispiel aus dem Vietnamkrieg. Damals wurden viele Menschen einer Gehirnwäsche ausgesetzt. Gläubige

Christen hielten stand, weil sie eine klare Ausrichtung hatten. »Wenn ich ganz fest glaube, ich rufe bestimmte Geister, komme ich auch mit diesen Geistern in Kontakt. Das ist einfach eine Frage der Disziplin, der klaren energetischen Ausrichtung. Es geht darum, die Tür aufzumachen, die dahin führt, wohin du willst.«

Bei Felicitas Goodman lernte Gabriele Fischer, daß man die Bewußtseinsebene wechseln kann, bei Gerda Boyesen lernte sie, daß das Fühlen Zugang hat zu unterschiedlichen Körperebenen. Es ist möglich, nur die Knochen zu massieren oder nur die Knochenhaut, nur die Muskeln oder nur die Fascie, das »Einpackpapier« um die Muskeln herum. Eine Massage kann die Körperflüssigkeiten anregen oder nur auf der Haut bleiben. Jede Massage dringt zu anderen Erinnerungen und anderen Erlebnisbereichen vor. Den Massierten ist aber ebenso möglich zu entscheiden, ob sie durch Erinnerung hervorgerufene Gefühle neu erleben wollen oder ob sie mit ihrer Aufmerksamkeit in ihrem Körper bleiben wollen. Sie haben die Wahl. »Die Erfahrungen aus der Massage werden im Tanz gelebte Wirklichkeit, wirken so ins Leben hinein«.

Gabriele Fischer versucht zu verhindern, daß Frauen sich selbst und untereinander verletzen, auch wenn das bedeutet, bestimmte Formen des Rituals aufzugeben. Trance entspannt, aber das Erleben braucht einen weiten Raum, viel Zeit und Achtsamkeit.

Gabriele Fischer 1995

Der Heilungsweg führt schließlich in die Öffentlichkeit. Das Selbsterfahrene nimmt im Tanz Form und Gestalt an. »Tanzen heißt auch, sich zeigen, heißt, in Verbindung treten mit der Umwelt. Hier liegen die künstlerischen Wurzeln unserer Arbeit. Kunst ist für uns nicht losgelöst vom Körper. Kunst meint, in Bezug treten mit den Frauen, mit denen wir tanzen. Kunst in unserem Sinne stellt Verbindung mit dem Publikum her. Kunst ereignet sich im Kontakt mit den Kräften des Platzes, an dem wir tanzen.«

Im Tanzen werden neue Muster gefunden. Für Gabriele Fischer und ihre Schülerinnen ist darin die Aussicht auf eine neue gesellschaftliche Ordnung enthalten. Frauen wird es möglich, ihre Beziehungen zu anderen, zu ihrem Partner oder ihrer Partnerin, zu Kindern, Kollegen und Kolleginnen, zu Geschäftspartnern und Vorgesetzten neu zu gestalten: »Je mehr Frauen sich auf ihren eigenen Weg machen, umso größer die Veränderungen, die sich auf gesellschaftlicher Ebene vollziehen.«

Manchmal lachen sie über mich

GABRIELE JOHANNSMANN

Gabriele Johannsmann, freischaffende Künstlerin, ist über das Be-Greifen zu einer eigenen Deutung altsteinzeitlicher Figuren gekommen. Sie hat sie in Speckstein nachgearbeitet, hat sie gestaltet, damit sie sie anfassen konnte. Jede wurde ihr so zu einem Gegenüber. Für sie sind sie daher »die Steinfrauen«, »Wiederbelebungen«, keine Replikate. Gabriele Johannsmann empfindet diese Skulpturen als ihre Lehrerinnen.

»Venus« aus Mammutelfenbein, gefunden bei Lespugue (Frankreich), wahrscheinlich Gravettien, 14,7 X 6 x 3,6 cm.

»Ich hatte einiges über die altsteinzeitlichen Figuren gelesen und habe angefangen, sie zu suchen, Bilder, Fotografien, die ich fand, zu fotokopieren. Irgendwann habe ich gedacht: flächige Abbildungen taugen nicht, diese Figuren wollen in die Hand genommen werden. Viel später erst ist mir aufgegangen: »die wollen«, daß ich sie ernstnehme, da sind mir Persönlichkeiten gegenüber in diesen Bildern, die haben eigenen Willen. Ich habe sie in Stein geformt und mich zuerst sehr genau an die Maße gehalten, die ich in Büchern fand, habe versucht, genau die vorgegebene Form zu finden. Beim Arbeiten habe ich aber immer wieder erlebt, daß jedes Stück seine eigene Form entwickelt - einen eigenen Willen hat.«

Weibliche Statuette aus Mammutelfenbein, gefunden bei Ielisseevitchi, Rußland, Gravettien, 15,5 x 4,1 x 4,2 cm

»Jeden Stein, den ich in die Hand nehme, frage ich: was willst du werden? Manchmal wird ein Vogel daraus und manchmal – was auch immer.

Bei den Steinfrauen ist ein Vorbild da. Trotz dieser konkreten Vorlage passiert es bei jeder, die ich arbeite, daß sie ihren eigenen Charakter bekommt. Ich stelle keine Frage an den rohen Stein wie andere Bildhauerinnen. Es entsteht beim Raspeln, beim Feilen, beim Die-Figur-immer-umdrehen und Immer-wieder-hingucken, wie sie

Abbildung 7:
Weibliche Figur, gefunden bei Lespugue

ist. Irgendwann kommt dieser Punkt, wo ich nicht mehr gestalte, sondern wo ich feststelle, 'ach so bist du! Jetzt wird es gut, dann holen wir das raus, wie du bist'. Dann folge ich diesem Aha-Erlebnis. Das beschreiben nicht alle Künstler so. In meiner Arbeit ist das der Witz dabei, überhaupt d e r Witz.«

»Anhänger« aus Mammutelfenbein, gefunden bei Avdeevo, Rußland, Gravettien, 9,6 cm

»Einmal habe ich die Steinfrauen gefragt, was sie denn für eine Funktion haben. Mit meiner Frage kamen von den Steinfrauen Antworten. Das waren lange Prozesse, die oft viele Tage und Nächte dauerten. Nach Wochen und Monaten erst war die Antwort auf einmal da, manchmal auch sofort. Auf meine Frage 'Was kann gemeint sein mit irgendeiner Eigenschaft?' kommt als Antwort eine Gegenfrage: 'Wieso fragst du das?' 'Wie kommst du denn darauf?' 'Warum meinst du denn, das könnte nicht sein? Sicher kann das sein.' Oder auch schlichtes Lachen, die lachen mich oft aus.«

»Anhänger« aus Mammutelfenbein, gefunden bei Avdeevo, Rußland, Gravettien, 10 cm

»Ich höre keine Stimmen. Das sind eher erdachte Gespräche. Es sind Erkenntnisse, die mir kommen, aber sie kommen in Gesprächsform.

Ich bin aus verschiedenen Facetten zusammengesetzt. In der Antwort der Steinfrauen spricht irgendeine andere Facette von mir. Ich denke dabei aber an Schwestern von früher, mit denen ich mich unterhalte. Ich habe mehr das Gefühl von Dialog als das Gefühl von Selbstgesprächen.«

Abbildung 8:
Weibliche Statuette, Ielisseevitchi

Abbildung 9:
Weibliche Figur, Avdeevo

Abbildung 10:
Weibliche Figur, Avdeevo

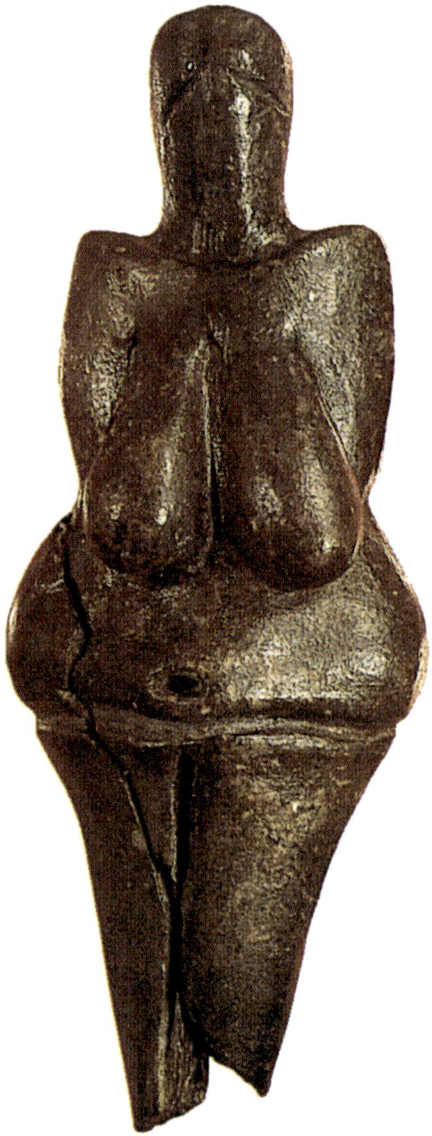

»Venus« aus gebranntem Ton, gefunden bei Dolni Vestonice, Tschechien, Gravettien, 11,5 cm

»Auch die heutigen ästhetischen Ideale sind Vorurteile. Ich bin ihnen begegnet, als ich anfing, älter zu werden und Hängebrüste bekam. Gerade bei der Figur aus Dolni Vestonice mit ihren traubenförmigen Hängebrüsten hab ich gedacht: 'Mein Gott, die ist doch schön! Nun ärger dich doch nicht darüber, daß deine Brüste so werden. Guck sie doch mal an, sie sind doch schön! Da bin ich hingegangen, habe mir einen Spiegel gekauft, in meine Dusche gehängt und mich angeguckt. Ich mußte mich erst einmal kennenlernen. In unserer Gesellschaft gilt ein alter Körper als so unästhetisch, daß er aus diesem Grunde nicht dargestellt wird. Die Steinfrauen haben mich gelehrt, mich mit meinem alten Körper anzufreunden.«

»Venus« aus Mammutstoßzahn, gefunden bei Kostienki, Ukraine, Gravettien, 11,7 cm

»Die Figuren brachten ein ganzes, ein anderes Wertesystem mit. Das wurde mir schon gleich zu Anfang klar an einem Text von Hans Biedermann: 'Bildsymbole der Vorzeit', ein Klassiker in seinem Fach, eigentlich längst überholt. Jedenfallls behauptet er, es gäbe in der ganzen altsteinzeitlichen Kunst keinen qualitativen Unterschied zwischen oben und unten. Qualitativ ist eine Frage nach Werten. Das zu lesen, war ein großes Aha-Erlebnis für mich. Ich war so befangen in der Idee, 'alles Gute kommt von oben' und 'was höher steht, ist mehr wert'. Was unten ist treten wir mit Füßen, wir verachten es.

Mit den altsteinzeitlichen Figuren war da plötzlich ein ganzes System von Formen, die sich sowohl nach oben als auch nach unten strecken, Wurzeln nachahmend geradezu. Das Unten hat keinen niederen Wert. Das Niedere wie das Hohe ist wertvoll. Das reicht bei uns ja bis in metaphysische Dimensionen: Gott ist im Himmel und die Hölle ist unten. Das geht weiter mit Texten über das Wesen von Frau und Mann, in denen die Frau immer der Materie näher, der Natur näher, also mit niederem Wert versehen dargestellt wird. Da platzte für mich wirklich etwas, dieses Wertesystem nach der Höhenlatte platzte. Das war so befreiend für mich.«

Abbildung 11: Weibliche Statuette, Dolni Vestonice

Abbildung 12: Weibliche Figur, Kostienki

Menschliche Figuren, in einen Kalkblock graviert, gefunden bei Laussel, Frankreich, Gravettien, 45 x 31 cm

»Ein Beispiel für meine Vorurteile: Es gibt ein Relief, das in einen Felsen eingeritzt wurde. Es ist eines von mehreren, die bei Laussel« gefunden wurden. Die Figur ähnelt einer Spielkarte: Kopf, Schultern, Rumpf und dasselbe nach unten gespiegelt noch einmal. Das entspricht dem Bauprinzip auch von Plastiken. An der Figur von Lespugue wird diese Spiegelung von oben und unten ganz deutlich. In einem Text, den ich las, war die Vorstellung wiedergegeben: eine Frau steht und spiegelt sich im Wasser. Diese Spiegelung erinnerte mich an den griechischen Mythos von Narziß, daran, daß Sich-selbst-bespiegeln etwas ganz Verwerfliches wäre: wer sich für sich selber interessiert, wird im eigenen Bild ertrinken wie Narziß darin ertrunken ist. Diese Interpretation stammt aus meiner christlichen Erziehung. Sich selbst lieben ist, was uns so sehr verboten wurde. Alle anderen waren wichtig, wir selbst hatten uns zu verleugnen. Mich selbst zu lieben, ist, was mir die Steinfrauen ermöglicht haben. Sie haben mir im wörtlichen Sinne erlaubt, mich für mich selber zu interessieren. Schließlich haben sie mir verboten, mich selber weiterhin zu verleugnen. Sie haben mir den Mut gemacht, zu mir zu stehen.«

»Venus« aus bernsteinfarbenem Kalzit, gefunden bei Sireuil, Frankreich, wahrscheinlich Gravettien, 9 x 5 x 2,6 cm

»Sie sind so wunderbar unabhängig von der Kultur, in der ich lebe. Sie stehen außerhalb und gucken meine ganzen Vorurteile an und grinsen. Sie haben nicht solche Denkmuster und Voreinstellungen wie ich.

Es ist dieser große zeitliche Abstand, der sie so unabhängig macht. Das ist natürlich eine tolle Qualität.«

Abbildung 13:
Menschliche Figuren, Laussel

Abbildung 14:
Weibliche Figur, Sireuil

»Nicht nur bildhaft, sondern immer auch existentiell ...«

GABRIELE JOHANNSMANN (GEB. 1934)

Sie füllt den Raum. Mit Stimme und Körper. Ihr Lachen ist laut und ungeniert, es kommt aus der Tiefe ihres Körperinneren. Ihr Leib ähnelt einer Kugel, ist aus Kugeln zusammengesetzt. Den Kopf, eine große Kugel, kleidet kurz geschnittenes graues Haar. Es endet im Nacken in einer Welle, die an einen lose geschlagenen Knoten erinnert. Volle Lippen in einer klaren Kontur gefaßt. Die Augenlider beschreiben eine Wellenlinie und gehen im Augenwinkel in eine tiefe Lachfalte über. Wie ein Torbogen öffnen die Augen den Weg zu dieser Person: Gabriele Johannsmann, geboren 1934.

Auf die Frage nach ihrer geistigen Mutter antwortet sie nach einigem Nachdenken. »Das ist meine leibliche Mutter«. In ihrer Intellektualität, ihrem Drang, genau zu verstehen, sei sie ihr ein Vorbild gewesen. Die Mutter hatte studiert, was für eine Frau ihrer Generation durchaus keine Selbstverständlichkeit war. Aus der Architektin wurde eine Mutter von sieben Kindern. Ihren Beruf hat sie nie ausgeübt, Malen und Töpfern aber zu hohem Können entwickelt. Sie betrieb damit ein standesgemäßes Hobby.

Gabriele Johannsmann

Das Kind Gabriele hätte Kunst studieren wollen. Die Mutter aber fragte: »Hältst du dich für so begabt?« Diesen Satz, der den Wunsch in Schranken verwies, hat Gabriele Johannsmann heute noch schmerzhaft im Ohr. Die Mutter fürchtete, ihr Kind werde sich über die Kunst nicht ernähren können. Also studierte die junge Gabriele Architektur wie die Mutter - ohne je damit Geld zu verdienen. Wie die Mutter.

Während des Studiums in München lernt Gabriele Herbert Johannsmann kennen. Nach einer Zeit langsamer Annäherung heiraten sie. Gabriele gebiert kurz hintereinander drei Kinder: ein Mädchen, zwei Buben.

Es ist die gute Anstellung ihres Mannes in Bonn, die Gabriele in ein Haus im kleinen Örtchen Ittenbach verschlägt: ein Haus in verlockender Hanglage, am Waldrand, ohne laute Nachbarn - ein einsames Haus. Den Kindern fehlen die Spielkameraden und Freundinnen, Gabriele die Gesprächspartnerinnen. »Also habe ich alles mögliche unternommen, um unter die Leute zu kommen.«

Sechs Semester Aktzeichnen an der Volkshochschule, ein Töpferkurs, auch französische Konversation, schließlich die Gründung eines Frauentreffs. »Spinnstube« soll er nach dem Vorschlag Gabrieles heißen. Mit den Treffen will sie Fenster und Türen öffnen zum Rest der Welt, aber schon der Name stößt auf Widerstand. Die Teilnehmerinnen, allesamt Familienfrauen, fürchten den Spott ihrer heranwachsenden Kinder.

Gemeinsam mit ihren Kindern beginnt Gabriele, sich in großflächiger Stoffmalerei zu üben, entwickelt die Technik schließlich für sich weiter. Nicht lang, da ist sie selbst Dozentin und gibt ihr Können in Fortbildungskursen für Lehrerinnen und Lehrer, Erzieherinnen und Erzieher weiter. Gabriele erlebt diese Arbeit als sehr anregend. So erwächst daraus der Wunsch nach einer soliden Grundlage für das, was sie ohnehin tut: lehren.

Die erwachsenen Kinder verlassen gleichzeitig das Haus am Hang. Sie nehmen ihrer Mutter die Lebensaufgabe und ihren Platz in der Welt. Die Mutter ergreift die Flucht. Eine Flucht an die Universität.

Ein Studienplatz ist ein Platz in der Welt: »Ein wundervoller Platz«, einer, auf den sie »gierig ist nach zwanzig Jahren Hinterwäldlerei« – ein Platz auf Zeit. »Und dann? Was wird dann sein?« Immerhin, dies ist nun wirklich »ihr« Fach, Kunst und Textilgestaltung, das, was sie sich schon als Kind gewünscht hatte. Nun ist sie doch gelandet und – jubelt!

Andererseits quälen sie Zweifel: Nimmt sie nicht den Jungen, der Generation ihrer eigenen Kinder, den Platz weg? Sie ist fast Fünfzig. Außerdem gilt auch hier, im Bereich intuitiven Gestaltens, die Sprache der Wissenschaft, die Sprache, die logisches Denken vermittelt, die Sprache, zu der sie erzogen wurde, die aber nicht auszudrücken vermag, was sie wirklich meint. Mit dem, was ihr im Innersten wichtig ist, stößt sie auf Befremden. Die Menschen reagieren irritiert, verblüfft. »Was ist mit meiner Art zu denken?« fragt sie sich, »was mit Andererleut's Art?«

Die erste Vorlesung greift ihre Frage auf. Sie stellt andere Denkvorgänge vor, »visuell« genannt: an Bilder gekoppelt. »Aber dies ist nur eine ihrer Eigenschaften. Visuelle Denkvorgänge brauchen viel Zeit. Die Dinge umkreisen, einkreisen, viele Male umrunden, bis sie sich zu erkennen geben, und das tun sie merkwürdigerweise und typischerweise in unbewachten Augenblicken, in Momenten am Rande des Schlafs. Als 'springender Punkt' geben sie sich zu erkennen, als 'Einfall'.«

Die Dinge umkreisen, erkennt Gabriele, das ist »Spinnen«. »Spinnig« ist das nicht. Auch diese Denkvorgänge führen zum Ziel, eben nur nicht deduktiv, nacheinander von einem auf's andere schließend. »Nicht verrückt, nur archaisch,« hatte der Dozent gleich in der ersten Vorlesung erklärt.

»Archaisch«. Mit diesem Etikett fühlte Gabriele sich und ihre Methode beschrieben, »die eben nicht nur bildhaft ist, sondern – leider! – immer existentiell, immer persönlich und das so intensiv«.

Mit »archaisch« hat der Dozent, ohne es zu wissen, auch die angesprochen, die für Gabriele eine große Bedeutung erhalten sollten: die Figurinen der Altsteinzeit, alt, uralt, archaisch.

Zu ihnen führt sie indirekt der Hinweis eines anderen Hochschullehrers. »Einen Stuhl verändern«, heißt die Semsteraufgabe, die er stellt.

Gabriele sucht und sucht und findet keinen Stuhl, der ihr paßt. Ärgerlich greift sie nach dem nächstbesten Sitzmöbel aus dem Keller, setzt sich rittlings drauf und schmollt. Nach einer Weile erst dringt die Erkenntnis zu ihr vor: es geht um Verändern, nicht darum, sich niederzulassen auf diesem Stuhl, nicht darum, sich häuslich einzurichten auf diesem ihrem neuen »Platz in der Welt«. Hat sie nicht genau das gerade getan? Den Stuhl in ein Reittier verändert? Ihre Phantasie reitet mit ihr davon. Sie will weiter, fort, raus aus dem leer gewordenen Haus. Sie fühlt sich wie auf einem Stier, einem mächtigen Tier, das sie tragen soll wie es die mythische Europa über das Meer getragen hat.

Über der quadratischen Grundfläche des Stuhls formt Gabriele eine Stierplastik. Sie wird, wie man sich vorstellen kann, ein massiger Stier, kurz und breit. Als guter Pädagoge bemerkt der Dozent dazu: »Dann befassen Sie sich mal mit Stier-Mythologie!«

Wie macht man das? Der erste Griff nach dem Lexikon der Symbole erbringt: »Der Stier steht für die Nacht.« Gabriele nimmt das hin. Sie assoziiert zum Stier die männliche Zeugungskraft und »die gehört in unserer Kultur in die Nacht«. Weitere Nachforschungen führen sie jedoch zum Stier als Begleiter einer weiblichen Gottheit, deren Geschlechtsmerkmale Sinnbild sind für weibliche Kreativität.

Die »Stier-Mythologie« führt sie zu den von ihr so genannten »Steinfrauen«, den altsteinzeitlichen Frauen-Figuren. Nicht direkt natürlich, sondern kreisend, umkreisend. Den Büchertisch im Uniflur umrundend, stößt Gabriele Johannsmann auf ein damals viel diskutiertes Büchlein[1]. Von der Aufregung innerhalb der Frauenbewegung weiß sie nichts, feministischen Theorien steht sie skeptisch gegenüber. Im Inhaltsverzeichnis kommt der Stier vor, das Buch ist dünn und billig, Gabriele kauft für DM 9,80.

[1] Gould-Davis 1987

Der Ullstein Verlag wirbt auf dem Umschlag mit der Bemerkung, es sei alles »nicht wahr«, was darin stünde, und begründet die Neu-Auflage damit, daß das alte Buch viel Einfluß gehabt habe. Gabriele beginnt ihr Lesen unter der Überschrift »ist ja alles nicht wahr«, bis sie schließlich immer mehr fesselt, was angeblich nicht stimmt: Daß Frauen Bedeutung hatten zu Beginn der Geschichte, ja, daß Männern nur der zweite Rang gebührte[2].

[2] Wichtig war für sie auch ein zweites Buch in dieser Reihe: Schreier 1968

Unseren Vorfahrinnen müssen andere und weit mehr Rollen offengestanden haben als uns heute. Gabriele, die weder zu denen gehören will, die täglich ihren Dackel spazierenführen, noch zu denen, die sich im Ehrenamt aufopfern, öffnet diese Erkenntnis ein Tor. Sie ist inzwischen auch auf *Marie König*[3] gestoßen, mit ihr auf die Altsteinzeit und mit der Altsteinzeit auf die Figurinen.

[3] König 1979

Sie repräsentieren verschiedene Lebensalter und Lebenssituationen, aber auch unterschiedliche Charaktere. Unter ihnen findet Gabriele die Schwangere, ein Bild für konkrete weibliche Schöpferkraft. Gerade der Bildausdruck spricht aber auch von einer Fruchtbarkeit im übertragenen Sinne. Gabriele läßt sich von den alten Bildern Mut zusprechen, auf andere Weise fruchtbar zu werden, »eben so, wie es einer Frau im Alter möglich ist«.

In dem Studium, das sie aufnimmt, spielt die exakte Interpretation von Kunstwerken eine große Rolle. Die Methoden der Kunstinterpretation sind andere als die der Urgeschichte oder der (physischen) Anthropologie, die als Hauptlieferanten für unser Wissen über die sogenannte »Vor«-Geschichte auftreten.

An welchem Ort – Herd oder Grab – und im Zusammenhang welcher anderen Gegenstände eine Figur aufgefunden wurde, gibt den Archäologen zum

Beispiel Hinweise für ihre Deutung. Gabriele interessieren aber die Methoden der Kunstinterpretation mehr: Form- und Gestaltanalyse.

Beobachtet werden Proportionen und Gewichtungen: in welches Verhältnis zueinander die Maße gesetzt sind. Aufschluß bietet auch die Zuordnung der Richtungen innerhalb einer Gestalt oder eines Bildes. Weitere Hilfsmittel sind Vergleiche. Bilder erklären sich durch den Vergleich mit anderen Bildern. Die abgebildeten Gegenstände werden aber auch mit ihrem realen Vor-Bild verglichen. Auf beiden Vergleichsebenen sind Abweichungen aufschlußreicher als Übereinstimmungen. Abweichungen vom naturgegebenen Vorbild drücken immer etwas aus: was verhältnismäßig groß dargestellt ist innerhalb der Komposition, dem ist ein großes Gewicht beigemessen; was klein ist, ist weniger bedeutend. So gilt für plastische Darstellungen: was Gewicht hat, ist wichtig.

Gewicht haben die Brüste der altsteinzeitlichen Figuren, Po und Bauch, das Zentrum ihres Körpers. Kein Gewicht haben Hände und Füße; die Füße fehlen in der Regel; kein Gewicht haben die Arme. Das Gewicht ihrer Köpfe ist unterschiedlich, doch meistens klein. »Die Steinfrauen sind konkret, sind Körper, 'ne Wucht sind sie!«

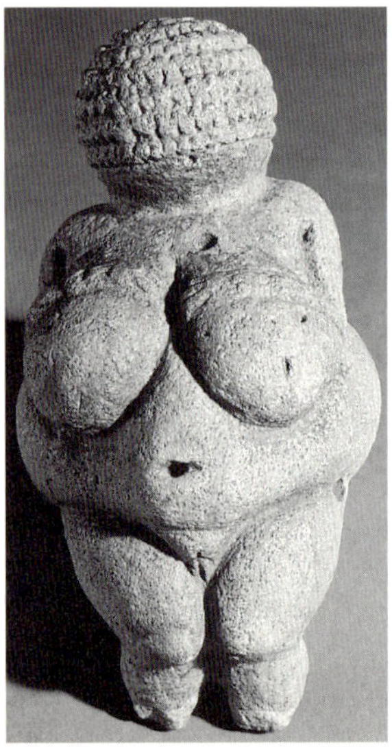

Abbildung 15:
»Venus« von Willendorf, Österreich, Kalkstein, Höhe: 10,4 cm, Gravettien

Gabriele analysiert zum Beispiel eine Figur aus Lespugue, aus der »Grotte des Rideaux«, der »Grotte der Vorhänge«, in den Pyrenäen. »Diese Figur ist der sogenannten Venus von Willendorf in ihrer Haltung ähnlich. Sie ist stärker abstrahiert, die »Willendorferin« ist in ihren Formen naturnaher, aber beide sind in den Hüften ganz besonders breit. Gegenüber der breiten Hüfte sind die Fußpartie und die Schulter-Kopf-Partie sehr zurückgenommen. Dadurch wird die Masse gesteigert. Die Masse ist das Wichtige. Diese Betonung wird erreicht, indem die anderen Maße zurückgenommen sind. Wenn die Hände in ihren Proportionen kleiner werden, wirkt das andere entsprechend größer.

Der Kopf ist ungewöhnlich klein. Bei beiden Figuren, bei der von Lespugue und der von Willendorf, sind die Arme im Ellenbogen abgeknickt, im Bogen oben über die Brüste geführt zur Mitte hin. Da, wohin beide Richtungen führen: da ist der wichtige Punkt. Es ist eine Gebärde, mit der die dargestellte Frau auf ihre eigene Mitte hinweist. Auch ihre ganze gedankliche Konzentration ist dort, wo dieser Bogen hinweist.

Zu dieser Mitte ist in beiden Fällen, man sieht es von der Seite, auch der Kopf geneigt, Hinwendung zu sich selbst.«

Die »Steinfrauen« haben ihre Mitte in sich selber. Als Gabriele darauf stößt, hat sie sehr lange ihre Mitte »in all ihren Leuten« gehabt und nicht in sich selbst. Jetzt brauchen Mutter und Schwiegermutter, Tochter und Söhne sie nicht mehr. Die frühen Frauenbilder, in sich zentriert, bieten sich Gabriele als »Maßstab an, als Gegenüber, als Identifikationsmöglichkeit«.

»Bei uns sollte eine Frau eine Taille haben, das ist wichtig, das macht sie elegant und darstellenswert, entspricht unserer Form von Ästhetik. Was hier verlangt wird, ist, daß die Mitte Gewicht hat. Was bedeutend ist, erhält auch im Extremfall die Kugelform. Aber »Mitte«, das ist so schön abstrakt. Gemeint ist eigentlich unser Becken, unser weiblicher Knochenbau, unsere Gebärmütter in uns. Auch die Mitte in der Mitte, die hochgezogene Vagina. Die wäre in der Natur so nicht, die sitzt da nicht, da oben. Die ist extra sichtbar gemacht«.

»Standbein/Spielbeinwechsel« ist ein Fachausdruck der Kunstbetrachtung, der Gabriele auf eine andere Besonderheit der altsteinzeitlichen Figuren aufmerksam werden ließ. In unseren Bildkonventionen stehen Männer auf beiden Beinen, Frauen dagegen belasten immer nur ein Bein, um das zweite elegant auf die Fußspitzen stützen zu können. Die Hüfte wird dadurch nach außen gedreht, der Körper erscheint S-förmig.

Frauen werden von der Seite abgebildet, nicht in Frontalansicht. »Ob das ein Fotomodell ist oder eine gotische Madonna oder eine griechische Aphrodite, sie sind alle Fragezeichengestalten, allesamt verbogen. Die Steinzeitfrauen haben das nicht. Darum wirken sie auf uns auch nicht elegant.«

Auf Gabriele wirken sie aufrichtig. »Ihre aufrechten, kerzengeraden Rücken sprechen für ihren Charakter.« Die in unseren Bildern so häufige Verschiebung der Mittelachse zur Seite kommt Gabriele vor wie eine Verbiegung. Frauen werden auf Anschmiegsamkeit getrimmt. Es wird ihnen genommen, »in ihrer Achse zu sein« (Abbildung 8, S. 112)

Es ist Gabrieles kunsthistorisch geschulter Blick, der die Geradheit der Figuren als auffälliges Merkmal entdeckt. Der gerade Rücken stellt eine ideale Symmetrieachse dar. An ihr spiegeln sich Rechts und Links in vollkommener Ausgewogenheit. Auch hier sieht Gabriele im Körper das Ganze, sieht sie mit, »was wir in den letzten Jahren über unsere rechte und linke Seite gelernt haben.«

Die linke Gehirnhälfte gilt als das Zentrum unserer Kreativität, ihre Vorgehensweise als vernetzend, verknüpfend, die der rechten als nacheinander in Reihenfolgen ordnend. Gabriele denkt an synthetisch und analytisch, passiv und aktiv. Beide Seiten halten sich jeweils die Waage. »Spüre ich dieser Symmetrie im eigenen Körper nach, spüre wie jeweils eine Seite die andere spiegelt, dann entsteht in mir ein Gefühl von Identität, ein Ich-bin-die – ich-bin-die-ich-bin. In diese Erfahrung schaukele ich mich ein. Für mich versteht sich das nicht von selbst, daß ich bin, die ich bin. Ganz allmählich erst breitet sich diese Erfahrung in mir aus.«

In den Figuren aus der Altsteinzeit findet Gabriele Unterstützung für die eigene Körperwahrnehmung und ihre jetzige »Rolle«. Die Figur aus Dolni Vestonice in Tschechien, ca. 24 000 Jahre alt[4], ist die Darstellung einer alten Frau. Sie hat lang herabhängende Brüste. Auch die von Moravany[5] am linken Ufer der Waag in der Slowakei, ca. 26 000 Jahre alt, hat »Hängebrüste, sehr volle, und ein Hohlkreuz. Den Kopf trägt sie sehr hoch«. »Darstellungen alter Frauen kommen in unserer Kultur kaum vor, und wenn, dann als Portrait, in ihrer Körperlichkeit gewiß nicht.«

[4] Vgl.: »Das vorgeschichtliche Europa«

[5] Elfenbein, Höhe 80 mm, vgl.:Müller-Beck, Albrecht 1987

Gabriele hat sich in der Figur von Dolni Vestonice wiedererkannt. Von ihrem Rücken hängt seitlich der erschlaffte Muskel wie in Lappen herab: Das hat Gabriele getröstet. Im Bild aus der Altsteinzeit hat auch diese Altersform ihre Würde. »Und es wird noch viel mehr an Veränderung passieren, die zu akzeptieren ich lernen muß.«

Gabriele scheint das Spektrum der »Typen«, die die altsteinzeitlichen Figuren repräsentieren, breiter als in unserer Kultur. Das gibt ihr Spielraum, Freiräume, Wahlmöglichkeiten, die sie erprobt. Sie probt, um schließlich ein Bild zu gewinnen von sich selbst. »Mir als Frau, meiner Würde, meines Wertes, meiner Begabung bewußt zu werden, das bedeuten die Steinfrauen für mich.«

Gabriele Johannsmann beginnt, die Figuren, die sie über Bücher[6] und Ausstellungen kennengelernt hat, nachzuformen. Das ist das Glück der Künstlerin. Wenn die Abbildungen und Replikate in Vitrinen nicht mehr als angestrengtes Schauen er-

[6] »Abbildungen zu finden ist nicht ganz einfach. Die einzig wirklich ergiebige Quelle ist«: Delporte 1993

lauben, kann sie sich einfach selber machen, was dann auch anzufassen ist. So, in der plastischen Form, kann sie sich an die Figuren – im wörtlichen Sinn – »herantasten«.

Gabriele arbeitet sie aus Speckstein. Sie gestaltet nicht Replikate, sondern »Wiederbelebungen.« Sie schöpft neu. Ihre »Steinfrauen« sind Nachempfindungen. Sie werden meistens etwas dicker als im Original. Das hat mit der Körperwahrnehmung der Künstlerin zu tun. Sie werden auch runder, gefälliger, bieten dem ästhetischen Blick des 20. Jahrhunderts weniger Widerstand.

Wichtig ist für Gabriele die Zeit der Herstellung als einer Zeit der Kommunikation mit den »Steinfrauen«. Wenn sie am Speckstein arbeitet, dann entspinnt sich ein Zwiegespräch. Auch andere Künstlerinnen reden davon, daß der Stein zu ihnen »spricht«, daß das Kunstwerk der Resonanz zwischen Person und den besonderen Vorgaben des gewachsenen Minerals entspringt. Gabriele Johannsmann beschreibt ihren Dialog als persönlich und personal. Deswegen nennt sie sowohl die Originale aus der Altsteinzeit als auch ihre eigenen Schöpfungen »Steinfrauen«. Sie haben für sie etwas Lebendiges.

Der Prozeß der Herstellung war und ist für Gabriele ein »Be-greifen«. Es ist sehr wichtig für sie, eine Figur in der Hand zu halten. Das hat ganz viel mit der Energie zu tun, die in ihrem eigenen Körper haust. Wenn Gabriele etwas in der Hand hält, dann werden Energien - und auch Emotionen - gebündelt und gebändigt.

»Ich habe Zeiten gehabt, wo ich mich überhaupt nicht mehr spürte, so, als ob es mich nicht gäbe. In solchen Momenten habe ich Steine genommen und eine Steinfrau daraus geschnitten. Die lag dann mit ihrem ganzen Gewicht in meinen Händen, wurde warm in meinen Händen. Dann kehrte Da-Sein auch in meinen Körper zurück.« Die Steinfrauen bleiben nicht nur ein anzuschauendes Gegenüber für sie, nicht nur ein Körper, den ihre Hände ertasten können, ihn und sich - ihren eigenen Körper. Sie werden ihr auch eine Anleitung, sich selbst zu erfühlen. Sie beginnt damit, den Körperformen der Figuren nachzuspüren.

Sie schließt die Augen und horcht in sich hinein: Wenn meine Brüste so geformt sind, wie fühlen sie sich an? wie fühle ich mich? Die runden, fülligen Formen ergeben: »sich selbst für voll nehmen«, ein Sprachbild, das unsere Sprache uns bietet.

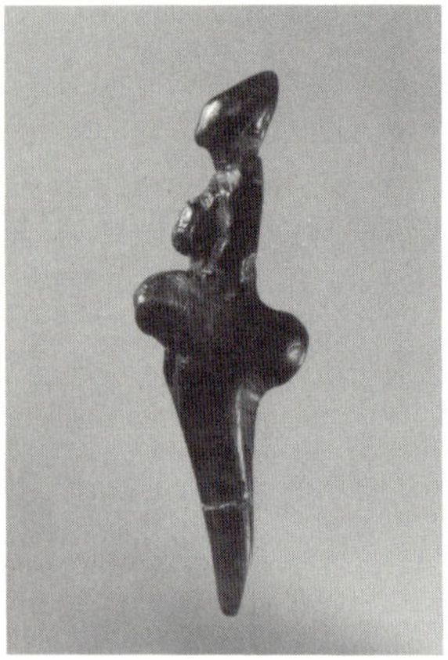

Abbildung 16:
»Polichinelle«, gefunden in den Grimaldi-Grotten, Balzi Rossi bei Mentone, Italien, grüner Steatit, Höhe: 6,1 cm, Paläolithisch-neolithisch

Abbildung 17:
Weibliche Figur, Grimaldi, auf italienischem Boden, dicht an der französischen Grenze, Höhe: 6,3 cm, paläolithisch-neolithisch

Die Steinfrauen erscheinen ihr als gut verwurzelte Gestalten. Sie haben breite Hüften, von da ab verjüngt sich ihre Figur. Die Spalte zwischen den beiden Schenkeln ist da, aber die Füße sind ganz klein und verwachsen unten zu einer wurzelartigen Spitze.

»Zum Beispiel die Polichinelle, das ist eine ganz kleine Figur. Polichinelle heißt auf deutsch »Püppchen«. Sie ist ziemlich früh gefunden worden, in Grimaldi an der italienisch-französischen Grenze, eine von mehreren. Ihr Unterkörper ähnelt wirklich einer Rübe. Auch die von Lespugue läuft unten so spitz zu, daß man wirklich dieses Gefühl von Verwurzeltsein hat. Bei anderen ist das vielleicht nicht ganz so ausgeprägt wie gerade bei diesen. Es kommt auch vor, daß die Füße voneinander getrennt sind, gerade von den Waden abwärts. Ein paar russische Figuren haben getrennte Füße. Da muß man schon aufpassen, man kann nichts verallgemeinern.«

Aber es ist eine ganze Anzahl von Figuren, vor allem unter den älteren aus dem Gravettien zwischen 20 000 und 30 000 v.u.Z., die sich pfeilförmig verjüngen, und zwar nach unten wie nach oben. Im Nachempfinden erschließt sich Gabriele, wie wichtig diese Ausrichtung nach beiden Seiten ist. Mit gekreuzten Beinen und geradem Rücken zu sitzen, schnürt ihr die Empfindung für ihren Unterleib ab. Wenn so Entkörperlichung und Vergeistigung erreicht werden sollen, wenn das das Ziel des Lotus-Sitzes ist, unterstützt er ihrer Empfindung nach die europäische Auffassung, »alles Gute wäre oben und unten wäre Hölle«. Die Steinfrauen erzählen Gabriele anderes.

Sie muß lange darüber nachdenken, warum die Figuren unten so spitz zulaufen, zumal das bei ganz vielen mit Durchbohrungen zwischen den Füßen verbunden ist. Ihre Gesamtform ist die eines Spitzovals. Gabriele kommt zu dem Schluß, daß sie das weibliche Genital abbilden. Die Figuren bilden die Vagina ab und so vermutet Gabriele, daß sie hinein gehören in diese Form.

»Sie sind keine Statuetten, das hieße 'Stehende'. Sie sind ganz offensichtlich nicht dazu gedacht, irgendwo zu stehen, sie sind dazu gemacht, in etwas hineinzugleiten. In ihrer Form eignen sie sich überhaupt nicht dazu, in einem Raum zu sein, ohne daß jemand eine Beziehung zu ihnen aufnimmt. Sie sind klein, die allermeisten verschwinden überhaupt in einer Hand oder in zwei Händen. Schon dieses kleine Format zeigt, daß sie einen ganz persönlichen Bezug herstellten. Wenn sie gerade keine Funktion hatten, wurden sie am Körper getragen oder mitgenommen auf den Wanderungen. Das kleine Format sagt, daß sie etwas sehr Persönliches, sehr Intimes, sehr Privates gewesen sein müssen. Nicht für die Öffentlichkeit bestimmt. Dann gibt es die Tatsache, daß bei einer ganzen Reihe von Figuren die Vulva nach vorne oben hochgezogen, sichtbar gemacht worden ist entgegen der biologischen Gegebenheit. Bei einer stehenden Frau ist die Schamspalte nicht sichtbar, wohl aber bei der 'Venus' von Willendorf, bei der von Montpasier, bei einer Kostienki-Figur, bei einer ganzen Reihe noch ausdrücklichst«.

Die Bohrung läßt darauf schließen, daß ein Faden hindurchgezogen wurde. Aber was soll das, eine Figur am Fuß aufzuhängen? Gabriele zieht ein Bändchen durch die Bohrung, sieht es hängen, und kommt auf die Idee vom Tampon. Könnten die Figuren nicht benutzt worden sein wie ein Tampon? Könnte es nicht sein, daß sie umwickelt wurden, um Blut aufzusaugen? (Vgl. die Abbildungen 9, 10)

Gabriele denkt heute, daß sie ganz ausgesprochen dafür gemacht worden sind, in etwas hineinzugleiten, ganz leicht, und wieder hinaus. Erst nachdem sie das gedacht und ausgesprochen hatte, wurde sie darauf aufmerksam gemacht, daß Frauen in Spanien Steineier benutzten, um den Schließmuskel an der Vagina zu üben.

Die Eier aus einem marmorähnlichen Stein sind so geschliffen, daß sie sich ganz weich anfühlen. Sie wurden eingeführt, um den Muskeln Anlaß zu geben, sich zu lösen und sich zusammenzuziehen. Je fühlsamer dieser Bereich, desto lustvoller ist der Geschlechtsakt. Auch im asiatischen Raum sind Yoni[7]-Kugeln weit verbreitet, im Tantrismus werden zwei Kugeln zur Stimulation benutzt.

Die Frauen trainierten ihren Muskel für sich selbst - und mit sich selbst, nicht mit einem phallischen Gerät, das dem männlichen Körperteil nachgebaut ist. Das führt für Gabriele zum Kern der Sache, zum »Ich bin in mir«. »Ein Bild von mir nehm ich in mich hinein, mit meiner ganzen Vorstellung bin ich in mir«.

Gabriele sprechen die Figuren von einer Zeit, »in der autonome Lust Frauen nicht verboten war, sondern Kult«. Meditieren, wörtlich: in meine Mitte nehmen, hängt für sie damit zusammen, auch »verinnerlichen«, all die Worte, die wir immer nur im übertragenen Sinne benutzen. Gabriele denkt sich die Meditation »konkret, massiv, greifbar, körperlich«.

[7] altindisch: »Mutterschoß«, im Hinduismus Symbol der gebärenden Naturkraft (Shakti) und der sie verkörpernden Göttin (z.B. Durga). »Als Verkörperung der yoni trug die Göttin Kali den Titel Cunti oder Kunda, aus dessen Stammwurzel sich in fast allen indoeuropäischen Sprachen sinnverwandte Wörter gebildet haben, so z.B. das lateinische cunnus (weibliche Scham) oder das englische cunt ('Möse', 'Fotze'), aber auch kin (Stamm, Sippe) oder country (Land)« (Barbara Walker)

Abbildung 18:
Figur, gefunden bei Mezin, Rußland, Magdalénien, Höhe: 9,5 cm

So wäre vorstellbar, daß eine Frau sich die Figur für sich selbst geschnitten hat. Jede Künstlerin gibt sich selbst mit hinein in die Darstellung. So mag die Frau des Gravettien sich einen Ausdruck gegeben haben, den sie wieder in sich hineinnehmen konnte. Genau das begreift Gabriele als die kultische Handlung.

Einen weiteren Aspekt enthält diese Vorstellung für sie. Die Form der Figuren bündelt Energie, auch Heil-Energie. Die Figuren könnten auch benutzt worden sein, um beginnende Krankheiten zu heilen. »Wenn ich 'Bündel von Energie' denke, dann seh ich es in der Form der Mezin-Figur. Mezin ist ein ukrainischer Fundplatz am rechten Ufer der Desna. Dort waren ganz viele ähnliche Figuren, die 'dekoriert' sind, die Einkerbungen haben. Die, an die ich denke, ist aus Elfenbein und 13 000 Jahre alt. Sie besteht nur aus Bauch und einem vorgestreckten Steiß. Sie ist ein Energiebündel, und das ist eine Qualität, die ich auch zu schätzen weiß, durchaus«.

Gabriele benutzt den Erfahrungsweg über den Körper. Wenn mein Hinterteil so hervorsteht wie bei vielen Figuren aus dem Magdalénien, wie fühlt sich das an? Wie fühle ich mich? »Höchst unwohl, so, als ob ich etwas Verbotenes tue«. In der bürgerlichen Umgebung kann Gabriele es gar nicht nachmachen, sie muß in den Wald gehen, dahin, wo sie sich ganz alleine wähnt. Als obszön, aufreizend, sich Männern anbietend, gilt diese Geste in unserer Gesellschaft. Sie ist aufgeladen mit der doppelten Moral, die die Huren hochbezahlt und den Ehefrauen Züchtigkeit auferlegt.

Im Nachspüren und Hinhorchen entdeckt Gabriele, was die Männermoral zugeschüttet hat: die Beweglichkeit des weiblichen Beckens als Quelle der Lust, das innere Organ einer auf sich selbst bezogenen Freude.

Sie kommt zu dem Schluß, daß schon diese frühen Figuren eine Darstellung der inneren Körperwahrnehmung sind – und daher von Frauen geschaffen sein müssen. Tief in sich spüren Frauen eine Höhle, den Uterus.

Gabriele erweitert damit eine These der Kunstkritikerin Lucy R. Lippard[8]. Im Werk von Frauen, so Lippard, spielen Hohlkörper eine bedeutendere Rolle als bei männlichen Künstlern. »Der Hohlkörper ist der Innenraum der Frau«, lautet Gabrieles These. »Frauen stellen bewußt oder unbewußt ihr eigenes Innere, ihren Körper dar.«

[8] Lippard 1976

Die weibliche Sexualität wurde in ihrer Verlockung den Männern zur Hölle, eine Verknüpfung, die besonders das späte Mittelalter kennzeichnet. Im Wort »Hölle« klingt für Gabriele die »Höhle« – die Bedeutung, die der Uterus für die Frauen hat – noch an. Entsprechend sieht Gabriele Johannsmann die Vagina als Tor zu dieser Höhle.

In der Religionsgeschichte sei sie immer wieder zu finden als Nirwana, als great void, die große Leere, als christlich-jüdischer Gott, der sich verbittet, daß man sich ein Bild von ihm macht, im Tao als Tor zu allen Geheimnissen. »Das Wichtige ist: Der Raum, aus dem das Leben kommt, der Raum als Inbegriff aller Möglichkeit«.

Höhlen sind frühe Kulträume. »Das Urbild aller heiligen Räume aber ist die Vagina. Sie ist der Ur-Tempel.« Gabriele weiß das, seitdem sie die Steinfrauen in sich hineingenommen hat. Sie fühlt, sie passen wie Schlüssel ins Schloß. Mit diesem Bild kippt die Perspektive. »Das Eigentliche ist der Raum. Der Sprung im Denken ist dieser Sprung von der Figur zum Raum. – Raum ist vor allen Gottheiten, vor allen Welten. Das Heiligtum schlechthin, Urbild der Höhle in Platons Höhlengleichnis, Urbild auch der Hölle[9], Urbild des Kreises, Urbild der Zen-buddhistischen Idee von der Leere, ist der Raum im Innern der Frau, Muster aller Muster, Bär-Mutter, Gebärmutter. Das ist es, was wir in uns tragen, wir, jede von uns, jede Frau.«

[9] vgl. : König 1980, S. 106

Gabriele nimmt teil an den Zusammenkünften einer Gruppe von Doktorandinnen. Sie will promovieren. Sie will all das zusammentragen, was ihrer These Plausibilität verleiht, »die altsteinzeitlichen Figuren gehören in die Vulva«.

Der betreuende Professor gibt ihr eine klare Abfuhr, nicht böswillig, nur nüchtern: »Was gegen die gute Sitte verstößt, kann nicht Gegenstand einer Promotion sein.« »Er hat nicht gesagt, was bei uns gegen die gute Sitte verstößt, er hat gesagt: was gegen die gute Sitte verstößt, ...«

Das Material, aus dem Gabriele geschöpft hätte, wären die Figuren selbst gewesen, die Methode ihr Gespräch mit ihnen, ihre Frage und Antwort von den für sie lebendigen Wesen. Solches Vorgehen gilt nicht als »wissenschaftlich«. Auch an dieser vorgeblichen Unwissenschaftlichkeit scheitert die Promotion.

Heute hat Gabriele Johannsmann einen Unterrichtsauftrag an der Universität, an der sie das Studium begann.

Gabriele Johannsmann bei künstlerischer Arbeit (Kalligraphie)

Gabriele ist Künstlerin. Sie arbeitet in Stein, Ton und Textil. Ihre Bilder, Pinselzeichnungen, sind eine Fortentwicklung aus den frühen, großflächigen Stoffmalereien. Ihre Kalligraphie ist eine Form der Meditation. Ihr zweiter Schwerpunkt ist die Arbeit mit Speckstein. Sie kreist um die altsteinzeitlichen Figuren.

Anfangs hatte sie nur den Stein aufgenommen, der auf sie zukam, und die Figur, die gerade zu ihr sprach. Anläßlich einer Ausstellung in Marl vervollständigt sie ihre sympathiebedingte Auswahl zur vollständigen Reihe aller nachgewiesenen Funde.

»Spannend dabei – in Marl wie anderswo – ist immer der Moment, wenn Frauen die Figuren in ihre Hände nehmen.« Von den Reaktionen der anderen lernt Gabriele mehr über die altsteinzeitlichen Figuren – und mehr über die Frauen heute. Andere weisen oft auf Dinge hin, die ihr selbst nicht aufgefallen wären, sie greifen nach Figuren, die ihr selbst fremd geblieben sind. Deutung hat immer auch mit dem Lebensgefühl und der Lebenssituation der Betrachterin zu tun. Die altsteinzeitlichen Bilder sprechen beides an, sie bieten Analogien an, stellen Beziehungen her. Das ist ihre Stärke.

Bei einem Frauenfest in Bonn nimmt zum Beispiel eine Frau eine der Figuren aus Petersfels, tanzt mit ihr und singt dazu, was sie tanzt: »schwingend zwischen dem Oben und dem Unten«. Sie macht schlaglichtartig die Besonderheit dieser Figuren klar, das, was die jüngeren Darstellungen auszeichnet.

Die älteren Bilder aus dem Gravettien sind hauptsächlich von vorn anzusehen. Sie sind der Betrachterin ein wirkliches Gegenüber, während die jüngeren Figuren aus dem Magdalénien durchweg von der Seite zu sehen sind. »Das Dargestellte ist nicht mehr eine Person, eine andere dir gegenüber, sondern ist angeschautes Objekt.«

Die jüngeren Figuren sind aber gleichzeitig dynamisiert, sie sind sehr viel bewegter in der Silhouette, das ist es, was heutige Frauen zum Tanzen bringen kann. Außerdem war in der Magdalénienphase die Gruppendarstellung üblich, auch das ist ein großer Unterschied. Die Formen sind sehr reduziert, abstrahiert. Die Figuren sehen nicht individuell aus: »Sie betonen das Gruppengefühl, was auch den Heutigen etwas Wichtiges ist, eigentlich geht es immer um heute«.

Gabriele nutzt die Methoden ihres Fachs, um sich und anderen etwas zu erklären. Die Kompositionsanalyse der Figur aus Lespugue ergibt: Die Brüste sind eiförmig, abstrahiert zur Form des Eies. Die Form wiederholt sich, die Figur ist eine Zusammenballung von Eiern oder: dies ist eine Komposition aus fünf Kugeln. Als sechste Kugel kommt der Kopf dazu. »Je stärker Figuren abstrahiert werden, desto deutlicher ist, daß ein Prinzip gemeint ist, nicht Individualität.«

Marie König deutet die altsteinzeitlichen Frauenbilder als Weltbilder, als Darstellung der Erde und der Himmelskörper – ein Gedanke, der Gabriele beeinflußt hat. Sie fühlt sich über die weibliche Figur in den Kosmos mit hineingenommen. »Es gibt die Sterne - das spielt eine Rolle für mein Leben, daß ich eingebunden bin in ein Netz von Wechselwirkungen. Ich bin ein Knoten in diesem Netz. Die altsteinzeitliche Vorstellung spannt nicht diese große Kluft zwischen dem Heiligen und dem Menschlichen. Das Menschliche und damit das Weibliche gehört in diesen ganzen zyklischen Weltzusammenhang mit hinein und wird in diesem Zyklus erneuert, so wie die Galaxien und die Sterne in ihren Zyklen leben, vergehen und wiedererstehen«.

Für Gabriele und viele, denen sie sie gezeigt hat, sehen die altsteinzeitlichen Figurinen so aus, als ob die Frauen damals ihrem Lebensgefühl Ausdruck gegeben hätten. Frauen und nicht Männer wären damit die Schöpferinnen der Figuren. Da Gabriele davon ausgeht, daß die Figuren in ganz körperlichem Sinn »verinnerlicht« werden wollen, kann sie es sich nicht anders vorstellen: diese Figuren haben Frauen für sich selber gemacht. Gabriele geht es auch um die weibliche Selbstdefinition. Sie will nicht immer »mit der größten Selbstverständlichkeit fortschreiben, daß die darstellenden Leute Männer sind.«

Schon früh erkannte Gabriele in den Figuren unterschiedliche Charaktere, denn in der Darstellung war Unterschiedliches betont. Eins aber haben die Figuren der älteren Phase gemeinsam und, wie Gabriele sagt, allen anderen Frauenbildern, die sie kennt, voraus: bei ihnen liegt der Akzent, »da, wo wir Frauen unser ganzes Potential haben«. Da liegt der Schwerpunkt auf Gabrieles Arbeit: »uns unser ganzes Potential zurückholen, wiedererobern, nehmen, was uns gehört, was uns zur »Scham« gemacht wurde, so daß wir uns tatsächlich schämen, uns dessen schämen, was uns als Vitalität, als Leben, als Lebendigkeit eigen ist. Wir sind Frauen; das ist kostbar, daß wir Frauen sind. Zu spüren, daß wir ein unendlich vielfältiges Potential haben, darauf kommt es an.«

Den Anfängen auf der Spur

MARIE E.P. KÖNIG (1899 – 1988)

Marie E.P. König, Münz- und Höhlenforscherin, war in den Höhlen Italiens, Spaniens und Frankreichs wie zu Hause. Sie hat dort altsteinzeitliche Malereien – hochqualifizierte Kunstwerke – mit eigenen Augen studiert. Ihre Forschungen führten sie immer tiefer in die Vorgeschichte hinein. Da alle eiszeitlichen Bilder einen einheitlichen Charakter tragen, schloß sie auf einen bestimmten ideologischen Zusammenhang. Später erforschte sie die bizarren, allerlei Gestalten bildenden Gesteine der Île-de-France, überwuchert von Gestrüpp im Wald von Fontainebleau. Diese Kulthöhlen enthalten im Gegensatz zu den südfranzösischen und spanischen Höhlen mit ihren großartigen Tierdarstellungen weniger Malerei als vielmehr abstrakte Zeichen. Marie König sah in ihnen ein System, sie deutete die Zeichen. Sie stellte sie in einen kosmogonischen[1], kosmologischen[2] Zusammenhang .

Ihr Anliegen war, »die Anfänge« zu klären. Es ging ihr um die Ursprünge der Kultur, um die Erklärung von Denkkategorien und Symbolen. Sie wollte damit den Heutigen das Verständnis »vorherrschender Formen« ermöglichen, die eben nicht neu, sondern seit Urzeiten überliefert sind. Das bedeutete, eine Mauer zu durchbrechen, den Blick zu öffnen für das, was vor der griechischen Antike lag. Marie König beschäftigte sich mit der Altsteinzeit. Ihr geographischer Schwerpunkt ist Westeuropa.

[1] Kosmogonie: (mythische) Lehre von der Entstehung der Welt

[2] Kosmologie: Lehre vom Weltall (seiner Entstehung und Entwicklung)

Abbildung 19:
Die »Venus mit dem Horn«, an einer Felswand bei Laussel, Frankreich, 0,54 X 0,36 m, Gravettien. Teil einer dreiteiligen weiblichen Darstellung

Marie König schrieb engagiert gegen überholte Denkmuster an. Sie zeigte auf, daß die Tierdarstellungen nicht einer »Jagdmagie« gedient haben, wie viele Forscher fest behaupteten. Sie kämpfte dabei gegen ein Denken, das evolutionsbiologische Ergebnisse auf geisteswissenschaftliches Gebiet übertrug, und sie kämpfte gegen die Positivisten unter den Archäologen, die vorgeblich nur beschreiben, was »faktisch« zu sehen ist. Die positivistische Archäologie hütet sich, Fragen zu stellen, die im Kopf ein Bild entstehen lassen könnten, etwa: »Wie sah es aus, wenn der altsteinzeitliche Jäger dem Wild folgte? Was benutzte er zur Ausübung seiner Religion?[3]«

Marie König fühlte sich ein. Sie stellte sich vor, was die ersten Menschen gedacht haben, mit welchen Worten sie sich Antworten auf Grundprobleme gaben. Ihre »paläopsychologischen Untersuchungen[4]« ergaben: Am Anfang stand der univer-

[3] vgl.: König 1979, S. 127

[4] zur Begriffsklärung vgl. das Interview mit Gabriele Meixner im selben Band

Marie König

sale Begriff. Der Mensch[5] bildete zuerst allgemeine Begriffe, »und erst der Fortschritt brachte die Spezialisierungen«[6].

Marie König leitet diese Aussage von gefundenen Werkzeugen ab. In Oldevai, Tansania, wurden runde Plätze entdeckt, die mit Werkzeugen übersät waren, 2 Millionen Jahre alt[7]. Sie alle entsprachen nur einem Typus. In der Zeit existierte also ein Universalgerät, das anscheinend vielen Zwecken diente. Die (Abschlag)technik ihrer Herstellung gab der homo habilis an seine Kinder weiter. Tradition ermöglichte den Aufbau von Kultur: die folgenden Generationen entwickelten unterschiedliche Geräte für unterschiedliche Anwendungen.

Die Annahme, der universale Begriff habe am Anfang gestanden und alle speziellen Begriffe hätten sich daraus entwickelt[9], ist das Grundgerüst, das ihre Ableitungen zu einleuchtenden Folgerungen macht. Von heute in die Vorgeschichte zurückgeblickt, ergibt sich dann: der Mensch konnte immer wissenschaftlich denken, nur: sein Erfahrungsbereich hat sich erweitert, und damit hat sich sein Weltbild geändert.

Marie König nimmt an, daß der universale Begriff universell war, daß er also für alle Menschen in allen Erdteilen galt und sich bis zum Mesolithikum nicht veränderte. Die Differenzierung unterschiedlicher »Kulturprovinzen« habe sich erst im Neolithikum ergeben.

Wie aber sah der Anfang aus? »Es ist anzunehmen, daß der Mensch sich eines Tages seiner selbst und seiner Umwelt bewußt wurde[10]«, daß er dachte: »ich bin«, und »neben mir sind Pflanzen und Tiere. Über mir zeigen sich die Gestirne.«

Auf die Frage, wie der homo erectus dieser Idee Gestalt[11] verlieh, antwortet Marie König[12]: die Menschen hätten über sich den Regenbogen gesehen und beobachtet, wie die Sonne in einem Bogen über den Himmel gleite. Für diesen Eindruck, nämlich daß sich über ihnen eine Kuppel wölbte, schien die Hohlkugel das passende Bild zu sein. Die Kugel war ein Bild für den Kosmos, für die Welt - nicht die Erde. »Aus objektiver Sicht«, von außen daraufgeschaut, werde der Himmel zur runden Kuppel, das Sphäroid[13] die entsprechende Gestalt.

Zwei Halbkugeln stellen den Grundbegriff des Alls dar, das erste Weltbild. Die konvexe Wölbung ist die Oberwelt, die konkave die Unterwelt. Vor 300 000 Jahren wurde der menschliche Schädel als Sinnbild benutzt. Auch Kugeln aus Stein oder

[5] Marie König hat, wenn sie von den Menschen spricht, den Mann und seinen Alltag vor Augen: »Der Mann der Altsteinzeit war Jäger.« König 1979, S. 127. Meine Zusammenfassung folgt ihrer Perspektive.

[6] vgl.: König 1979, S. 109

[7] König 1980, S. 32

[8] vgl. Tabelle am Ende des Buches

[9] So, als hätten die Neandertalerinnen miteinander vom Baum gesprochen und erst die Jungpaläolithikerinnen Esche und Birke unterschieden.

[10] König 1980, S. 33

[11] zur Verwendung des Begriffs »Gestalt« vgl. das Interview mit Gabriele Meixner im vorliegenden Band S. 156

[12] vgl. ebd. S. 156

[13] entsteht eigentlich durch Drehung der Ellipse um ihre kleine Achse, hier: auf die (Himmels)Kugel bezogen

aus Lehm scheinen das Bild der Welt abgegeben zu haben, in Achenheim (Elsaß) wurden »Löß-Sphäroide« gefunden, die aus dem Acheuléen, einer Phase der Altsteinzeit, stammen[14]. An ihnen sind Fingerabdrücke erhalten, sie sind also absichtlich hergestellt. Zu den Funden aus der Neandertalerzeit gehörten regelmäßig auch Kugeln.

Die Menschen beobachteten den Lauf der Sonne. Das läßt sich daraus schließen, daß die Neandertaler schon vor 100000 Jahren[15] ihre Toten in Ost-West-Richtung bestatteten. Die Richtung ist ein Begriff. Sie wird dargestellt durch die gerade Linie. Festgelegt sind damit auch Ost und West als Kardinalpunkte.

Das Zeichen, das die Neandertalerinnen und Neandertaler fanden, ist das Linienkreuz. In einer Siedlung bei Tata in Ungarn wurde das versteinerte runde Gehäuse eines Einzellers gefunden, das sorgfältig geschliffen und mit zwei sich kreuzenden Linien versehen war. Das Linienkreuz steht im Kreis, teilt so die Welt in Viertel.

Das Linienkreuz wie viele andere Ideogramme[16] findet Marie König in den Höhlen von Fontainebleau. Das gesamte Zeicheninventar, das sich aus verschiedensten Fundorten in unterschiedlichen Ländern zusammentragen ließe, ist hier beisammen. So läßt sich auf einen inhaltlichen Zusammenhang schließen. Mit dem Linienkreuz bezeichnet der Mensch seinen Standort, Welt und Gestirne drehen sich um ihn. Das liest Marie König aus der Tatsache, daß der Kreuzungspunkt bei Darstellungen in Fontainebleau schüsselartig vertieft ist. Der Schnittpunkt ist der Mittelpunkt, der Nabel (griech.: Omphalos) der Welt.

Für Marie König markiert die gerade Linie den »Beginn des Schreibens«. In La Ferassie, einem Bestattungsort aus der Neandertalerzeit, fand sich ein Langknochen, in den drei gerade Linien eingeritzt waren. Sie erinnern an die römische III. Drei Langstriche sind die häufigsten Ritzungen, die in altsteinzeitlichen Höhlen vorkommen.

Mit der Drei sei ein Grundprinzip, meint Marie König, ein grundlegender Ordnungsfaktor geschaffen worden, der sich in der Vorschrift zur dreimaligen Wiederholung oder dreistufigem Aufbau bei vielen kultischen Riten niedergeschlagen hat. Die Trinität entstammt einer Zeit, in der der Mensch noch ganz anders aussah als heute, seine Stirn noch vorgewölbt war. Drei Nornen, drei Bethen[17], drei Matronen[18], drei Marien, Gott Vater, Sohn und Heiliger Geist, die dreifache Papstkrone stehen in einer Linie seitdem.

[14] vgl.: König 1973, S. 33

[15] König 1979, S. 113

[16] graphisches Begriffszeichen im Gegensatz zum Buchstaben und Ikonogramm = Bildzeichen

[17] germanisch-sächsische Göttinnen, Reste ihrer Verehrung finden sich vor allem in Norditalien. Vgl.: Schulte 1993, S. 16. Darin zitiert: Erni Kutter-Linßner 1991. Ihr Buch über die Bethen erscheint demnächst. Vgl. auch: Richard Fester. Frauenherrschaften in aller Welt. In: König 1979, S. 53ff

[18] ubisch-römische Göttinnen, Matronensteine vor allem im Raum Köln/Bonn

Das Dreieck sei eine andere Form gewesen, die Dreiheit auszudrücken. Es erscheint immer wieder in den jungpaläolithischen Höhlen. Drei Winkel im Dreieck betonen die Dreizahl.

In der Höhle Rocher des Potets, Dept. Seine-et-Marne steht neben drei parallelen Linien ein Pfeil. Für Marie König symbolisiert er die vierte Mondphase. Die Drei habe sich aus der Beobachtung des Mondes ergeben.

Was geschieht, wenn der Mond untergegangen ist? Was passiert, bis er mit aller Gewißheit wieder auftaucht? Diese Fragen hätten sich die Menschen der Frühzeit mit der Vorstellung der Erde als Halbkugel beantwortet. Der Mond tauche ab in die untere, mit Wasser gefüllte – so die Vorstellung – Halbkugel. Sein Verschwinden sei damit dem Tod der Menschen ähnlich. Marie König liest den Pfeil als Zeichen für Sterben.

Der Mond ist eng verknüpft mit der drängendsten Frage unserer Existenz. Die Regelmäßigkeit seines Wiedererscheinens wird Symbol für die Hoffnung auf »Auferstehung«, für die Gewißheit, daß aus dem Tod neues Leben entsteht.

Immer wieder beschreibt Marie König die altsteinzeitliche Vorstellung mit ähnlichen Worten. Ihr Blick nimmt das Dreieck nicht in erster Linie als Schoßdreieck wahr. In ihren Büchern von 1973 und 1980 ist die Verbindung zur weiblichen Schöpfungskraft eher ein Nebengedanke. Er ist in ihrem Frühwerk von 1954[19] enthalten, aber erst in dem Sammelband von 1979, dessen Mitherausgeberin sie war, arbeitet sie die Darstellung im Bild der Frau sehr pointiert heraus[20]. Mit dem Paläolinguisten Richard Fester und dem Forscherehepaar Doris F. und A. David Jonas – sie waren Abteilungsdirektorin und -direktor des Instituts für soziobiologische Medizin in London – scheint sich für sie ein Diskussionszusammenhang ergeben zu haben, in dem sie die Bedeutung des Weiblichen viel stärker gewichtet. So hebt sie zum Beispiel hervor, daß in Sagen und Märchen Frauen dominieren[21].

»Göttinnen und Große Mütter sind ja nur erhöhte Vorstellungen von der so geglaubten Allmacht der Frauen über Leben und Tod. Sie mußten verehrt und zu überirdischen Gestalten erhoben werden zu allen Zeiten, in denen man an eine Wiedergeburt glaubte und um die Rückkehr ins Leben bangte«[22].

[19] König 1954

[20] König 1979. Nur hier erwähnt Marie König, daß der sumerische Mondgott NannaSin der Sohn seiner großen Mutter, der Mondgöttin Inanna, sei, der ersten und ältesten unter den sumerischen Göttinnen und Göttern. In den Werken von 1973 und 1980 erscheint er als ein Gott neben der Göttin.

[21] König 1979, S. 107

[22] König 1979, S. 157

Die Traditionslinie, die sie hier verfolgt, endet bei Maria, der heimlichen Göttin des Christentums. Beeindruckendes Zwischenglied in dieser Reihe ist eine selten gezeigte Figur aus Malta, in deren Leib das Linienkreuz eingeritzt ist und die außerdem »die Kugel im Arm hält[23]«. Die Kugel wertet Marie König hier als Attribut der Gottheit: »umfassende Machtfülle im Zeichen der Kugel«[24].

[23] Mir scheint, der Ellenbogen ist zur Kugel verdickt

[24] König 1979, S. 141

Als Beginn der Tradition setzt sie die »zahlreichen« gemalten Darstellungen von Vulven, die auch als Zeichnungen auftauchen wie in der Höhle von Pindal (Spanien). In Ganties-Montespan wurde eine plastisch in Lehm geformte Vulva der Wand aufgesetzt.

In ihrem Frühwerk erklärt sich Marie König diese Darstellungen aus der Ähnlichkeit des weiblichen Genitals mit einem Muschelmund. Kauri-Muscheln waren bevorzugte Grabbeigaben im Aurignacien. Solche Grabketten dürfen nicht als Schmuckstücke mißverstanden werden, betont Marie König, sie waren religiöse Symbole.

Da Marie König den Mond als Bild des »Stirb und Werde« für das Zentrum der altsteinzeitlichen Religion hält, sieht sie in der Darstellung der Vulva auch die Darstellung des Vollmondes, entsprechend in der Darstellung des Penis das Mondhorn[25].

[25] Fundort Farincourt, vgl.: König 1954, S. 109

Die Rundung stempele das realistische Bild zum Mondidol. Die Form »rund« wird erreicht, indem dem weiblichen Korpus die Füße fehlen und Arme und Beine nicht betont werden, wohl aber Brüste, Gesäß, Bauch und Schenkelpartien (Beispiel: die sogenannte Venus von Willendorf, Vgl. Abb. S. 122)

Für eine solche Deutung spricht die Umrißzeichnung einer Frau aus der Kulthöhle Cougnac, Dept. Lot. Die kopf- und fußlose Figur ist überschrieben von drei fast parallelen Linien. Wie bei den Tieren erhärtet hier das Zeichen die symbolische Aussage: es geht um den Mond und seine drei Phasen.

Die »Venus« von Willendorf hat kein Gesicht, sondern ein Netz über den Kopf gezogen. Das unterstreiche den kosmologischen Gehalt der Darstellung. Sie war rot gefärbt, Marie König assoziiert: wie die Sonne, wenn sie in die Unterwelt abtaucht. Wie die Gestirne »war dieser Körper das Glühende, Göttliche selbst«[26].

[26] König 1954, S. 110

Beispielhaft für andere altsteinzeitliche Figuren erläutert Marie König an der Statuette, die in der Höhle von Rideaux bei Lespugue (Haute Garonne, Vgl. Abb. S. 110).

Abbildung 20:
Ritzzeichnungen in Schiefer, Gönnersdorf, Deutschland, Magdalénien, Höhe: 12cm

gefunden wurde, die »klare Dreiteilung« der Komposition. Da der obere und untere Teil eine bogenförmige Linie beschreiben, wertet sie sie als Mondhörner. Mit der runden Mitte seien alle drei Formen des Mondes in einer Gestalt wiedergegeben.

Die Form werde zur Formel. So sieht sie die Figuren aus Petersfels in Baden (Magdalénien) als »plastische Rundung zwischen zwei spitz zulaufenden Enden«.

Auch die Reliefs, die in Laussel und in Abri Bourdois bei Angles-sur-L'Anglin gefunden wurden, variieren das Thema der Dreiheit. Die plastische Rundung wird betont durch das Loch des Nabels, ein Schamdreieck ist hinzugefügt: »vielfältige Aussage des Einen durch Überlagerung«[27].

[27] ebd.

Gegen Ende der Eiszeit, im Magdalénien, werden die Darstellungen immer abstrakter. Die Elfenbeinstatuetten aus Gönnersdorf bei Neuwied bestehen wie die dort gefundenen Ritzzeichnungen nur aus einem Dreieck für Gesäß und Beine und einem Oberkörper als gerade Linie mit Brüsten.

Marie König unterstreicht den Bogen der Entwicklung. Mit der Darstellung weiblicher Figuren sei ein gewisser Höhepunkt erreicht. Von dort verliefe die Weiterentwicklung über eine fortschreitende Abstrahierung schließlich zurück zur Chiffre, zum Ideogramm, zur Zahl[28].

[28] König 1979, S. 139

Andererseits verführen die Frauenreliefs aus der Höhle La Magdaleine (Tarn) sie dazu, das Ende der Entwicklung in der Wiedergabe durchaus menschlicher, verblüffend schöner Frauengestalten zu sehen. Sie sind in der Seitenansicht liegend gezeigt, so als lagerten sie voller Genuß.

Auch sie haben keine Füße und keinen Kopf oder Arme. Das macht sie für Marie König zu »Himmlischen«, sie erkennt in ihnen die Göttinnen. Ganz bruchlos kann sie dann spätere Darstellungen wie die der Göttin Inanna aus Sumer als Fortsetzung ansehen.

Das Bild der Frau dominierte das Bild des Mannes. Die Kette von Bildern sei endlos und reiße auch mit der Entstehung der Schrift nicht ab, ist das Fazit ihres Aufsatzes, der im Kontext von sprachwissenschaftlichen und anthropologischen Arbeiten veröffentlicht ist, die besonders die Bedeutung des Weiblichen in der Urgeschichte hervorheben.

In ihren Hauptwerken verfolgt Marie König dagegen eine andere Linie, sie endet mit männlichen Figuren. Die Bücher sind anders akzentuiert. In ihnen geht es Marie König um die Entfaltung der Kultur, um die Entwicklung des Denkens.

Nach dem Dreieck ist das Viereck das nächste Zeichen, an dem sie die Begriffsentstehung entwickelt. Seine Ecken markieren die vier Kardinalpunkte, Ost-West-Süd-Nord, die Ecken der Welt. Die Welt als viereckig – auf diese Vorstellung geht die viereckige Grundform von Tempeln und Königsbauten zurück, meint Marie König.

Eines der Zeichen, die ausgesprochen weit verbreitet sind, ist das Gitternetz. Als ein Bild für die Orientierung des Menschen im Raum sei es im Wesen dem Kreuz gleich.

Mit dieser Deutung gibt Marie König Antwort auf eine vielgestellte Frage: Warum haben altsteinzeitliche Figurinen wie die »Venus« von Willendorf kein Gesicht, aber ein Netz bis tief über die Stirn gezogen? Dargestellt ist eben nicht eine Person. Der weibliche Körper ist ein Symbol. Seine Rundungen sprechen von der runden Welt, der Kopf von der Welt als Kugel. Diese Vorstellung verknüpft sich mit der Vorstellung vom viereckigen Raum. Er ist geordnet, das zeigen die waagerechten und senkrechten Linien des Gitternetzes. Im Atlas ist die Welt heute noch in Längen- und Breitengrade geteilt.

Daß der Mensch sich im Mittelpunkt sah, belegt auch das Linienkreuz im Viereck mit vertieften Eckpunkten und vertieftem Kreuzungspunkt. Fünf Kardinalpunkte lassen sich ebenso wie vier Kardinalpunkte durch die Geschichte verfolgen.

Auch das Bild unseres Mühlespiels ist schon tief hineingeschabt in die altsteinzeitlichen Höhlen: das dreifach gestaffelte Viereck.

Es ist der Zahlenwert, der die Bedeutung ausmacht. Die Vier steht für die Verortung im Raum, die Drei für die Verortung in der Zeit. Das ergibt sich aus den nacheinander ablaufenden Phasen des Mondes.

Der Vollmond ist dabei häufig als Oval dargestellt, als Lanze oder Ohr eines Tieres. Sehr früh taucht er auch schon als Auge auf.

Der Mondwechsel spricht vom Auf und Ab des Lebens. Dargestellt wird es auch als auf- und absteigende Parallelen im Fischgrätmuster.

In der nächstfolgenden Epoche, dem Jungpaläolithikum kam zur abstrakten Darstellung im Zeichen die in Tierbildern hinzu: »Der Jungpaläolithiker schrieb nicht, er malte ein Bilderbuch.« Beim Lesen erschließt sich nicht, ob Marie König zuerst die Tiere als Symbole für Sonne und Mond ausmachte oder ob ihr Verständnis der Drei als lunarsymbolisch ihre Wahrnehmung der Tiergestalten lenkte. Beides stützt sich jedenfalls gegenseitig, und manchmal steht wie zum Beweis das abstrakte Zeichen neben dem Tier und erläutert.

In der Höhle Lascaux (Südfrankreich) tritt ein Stier auf drei Vierecke. Die Vierecke sind schachbrettartig in je neun Felder unterteilt. Neun Nächte umfaßt jede Mondphase. Drei Vierecke stehen also für drei Mondphasen.

Der Halbkreis des Mondes läßt sich im halbrunden Gehörn wiedererkennen. Das macht viele gehörnte Tiere zu »Lunarsymbolen«. Für Marie König ist das nicht nur der Stier, nicht nur der Bison, sondern auch das Mammut.

Symbol der Sonne konnte demnach nur ein Tier sein, das keine Hörner hat, findet Marie König. Das glänzende Pferdehaar entspreche der Aureole der Sonne. So sei das Pferd das »Solarsymbol«.

Fast durchgängig sind Stiere und Bisons von der Seite gezeichnet, die Hörner aber so, als ob man sie von vorne sähe. Dahinter steckt eine Absicht – Hinweis darauf, daß mit der Darstellung der Tiere weder die umgebende Natur noch ein Jagdereignis wiedergegeben wurde. Auch die Hufe sind nicht so wie in Wirklichkeit, sondern rund oder sichelförmig, für Marie König ein deutlicher Hinweis auf die lunarsymbolische Bedeutung der Stiere.

Überzeugend wird diese Lesart durch den Vergleich mit keltischen Münzbildern, den Marie König immer und immer wieder bemüht. Auch hier haben Stiere mondsichelförmige Hufe.

Die Kelten haben die römische Vorlage des »Apollonstaters«, einer Münze mit dem Kopf des Apoll, in ganz erstaunlicher Form umgestaltet. Sie verstanden anscheinend die römische Denkart nicht, hatten aber all die uralten Zeichen noch in ihrem Chiffren-Vorrat: Dreieck und Viereck, Diagonalkreuz, Gitternetz usw. Die Zeichen umgeben das Tier, das häufig in abstrakte Strukturen zerlegt ist. Gelenke werden dabei zu deutlichen Punkten, die ganz offensichtlich eine Zahlenbedeutung haben.

Hirsche, die ganz naturalistisch wiedergegeben sein können, meistens aber ein Gehörn aus parallelen Linien tragen, fischgrätartig manchmal, deutet Marie König als das Symbol des Sommers. Ihr neues Geweih sei im Sommer voll ausgebildet.

Die Hirschsymbolik gehört zum Inventar der kosmischen Ordnungsfaktoren, schließt Marie König aus den Abbildungen auf einem Urnendeckel aus Troja (3000 v.u.Z.). Mond, Sonne, Hirsch und Steinbock haben dort kalendarische Bedeutung. Der Edda entnimmt sie, daß der Hirsch ein Sternzeichen ist.

»Wenn aber das Sonnensternbild ein Hirsch war, mußte für das Wintersternbild gleichfalls ein Tier gefunden werden. Man wählte, wie spätere Funde erkennen lassen, dafür das Bild des Steinbocks, der Ziege«[29].

[29] König 1980, S.99

Die nächste Epoche, die Marie König hervorhebt, ist das Mesolithikum, die Mittlere Steinzeit. Das Azilien ist nach einem Fundort benannt, der Höhle Mas d'Azil im Departement Ariège. In ihr wurde eine große Zahl von rot bemalten Kieseln gefunden. Sie sind rund und tragen den Kreis[30] oder eckig und tragen das Linienkreuz. Auf die meisten sind rote Punkte oder Striche gemalt, die einen Zahlenwert haben müssen. Marie König schließt dies daraus, daß schon früh Geröllkugeln mit einem Punkt versehen waren, also den Zahlenwert eins besaßen, andere Geröllkugeln trugen die beiden Kardinalpunkte, also den Zahlenwert zwei. Es gibt längliche Kiesel mit drei oder vier Strichen, es gibt nahezu viereckige Kiesel mit vier mal drei Punkten.

[30] Ringförmige Symbole meinen den ewigen Zyklus des »Stirb und Werde«. Noch heute legen wir Kränze aufs Grab, ohne uns viel dabei zu denken.

Die Zahlenwerte haben je eine Bedeutung, sie ergibt sich aus der Zeit-Bedeutung der Drei und der Raum-Bedeutung der Vier. Die Sieben liest Marie König als drei plus vier, als Mond plus Sonne. Entsprechend ergibt sich die sechs als zweimal drei, die neun als dreimal drei, die zehn als zweimal fünf (Kardinalpunkte).

Jede Zahl gemahne an die Ordnung, an die man sich zu halten habe. Die Heiligkeit der Weltordnung ist es, die Wiederholung verlangt. Die Höhlen sind – gleich wo – mit Verletzungsspuren übersäht. Marie König sieht in ihnen die Male von Kultschlägen. Wenn wir heute abergläubisch noch dreimal auf Holz klopfen, kann es gut sein, daß es ein Akt der Verehrung war, auf die heiligen Zeichen an der Höhlenwand zu schlagen. Manchmal ist auch deutlich, daß die Einmeißelung von drei Punkten übereinander (von vielen Generationen?) oft wiederholt wurde.

Marie König will die »geistige Genese« aufzeigen, die sich als steigende Prägnanz, also als zunehmende Differenzierung vollzogen habe. Mit ihrer Betrachtung 1. der Zeichen aus der Neandertalerzeit, 2. der jungpaläolithischen Malereien und 3. der Zahlenkiesel aus dem Mesolithikum zeichnet sie eine Bewegung, die sich von abstrakter über bildliche zu abstrakter Darstellung vollzieht. Dieses 'Bewegungsgesetz' ergibt sich aber nur aus den Fundorten, die sie in den Blick genommen hat. Obwohl sie zur Erläuterung Funde späterer Zeiten aus allen Teilen der Welt heranzieht, haftet ihre Beleuchtung des Anfangs an den Höhlen der Île-de-France.

Die Entwicklung anthropomorpher[31] Figuren verläuft anders. Tatsächlich finden sich mitten unter den altsteinzeitlichen Ideogrammen schon aus Strichen zusammengefügte Figuren, mit viereckigem Körper und dreieckigem Kopf, drei Vertiefungen als Gesicht oder mit dreieckigem Körper und viereckigem Kopf, die Ecken vertieft als betonten sie Hut und Mund.

[31] menschlich gestalteter

Solche chiffrenartigen Darstellungen findet Marie König auf römischen Münzen (600-700-900 n.d.Z.) wieder. Sie wertet sie als Beleg für die Überlieferung geistiger Konzeptionen: »Als aber die numinose Potenz, die alle Ideogramme beinhalten, figürlich gedacht wurde, entstand das Bild vom Herrn der Welt, der zum Zeichen seiner Macht das Netz als Gottesmantel trug«[32]. Für den Anfang solcher Personifizierung hält sie die bronzezeitlichen Felsbilder aus Schweden. »Der bronzezeitliche Mensch bemühte sich, dem Glauben neuen Ausdruck zu verleihen. Er gab dem Sphäroid Beine. Nun konnte man sehen, daß im All eine handlungskräftige Macht war«[33].

[32] König 1973, S. 195

[33] König 1973, S. 225/6

Der Leib dieser anthropomorphen Figuren besteht aus einem rot ausgefüllten Kreis oder dem Ringkreuz. Sie nehmen die alten Ideogramme auf.

Zu den beeindruckenden Darstellungen des Jungpaläolithikums gehören auch Hände in zählbaren Gruppen auf den Höhlenwänden. Sie wurden als Umriß aufgeblasen, entweder, indem Farbsand in den Mund genommen wurde oder durch einen Röhrenknochen über die auf dem Fels aufliegende Hand gepustet wurde. Die Hände aller auffindbaren Strichmännchen haben auch fünf, oft aber drei oder vier Finger, die einen Zahlenwert meinen müssen. Auch diese Hände tauchen an den Figuren der bronzezeitlichen Felsbilder wieder auf.

Für Marie König sind solche Entdeckungen ein Hinweis, daß geistige Vorstellungen überliefert wurden, auch wenn nicht zu klären ist, auf welchem Wege sie weitergegeben wurden. Oftmals besteht zwischen den Völkern, die sie als Beispiel heranzieht, ja keine »biogenetische« Verbindung.

So stammen auch die ca. 40 000 Felsbilder in einem Alpental in der italienischen Provinz Brescia nicht von direkten Nachkommen der paläolithischen Malerinnen und Maler. Das Tal gilt als ein Kultplatz des Neolithikums, die Petroglyphen[34] sind also älter als die schwedischen Felsbilder. In »Valcamonica« gibt es Schälchen, die Spuren von Kultschlägen, Vierecke mit Kardinalpunkt, den Kreis mit Punkt, die Umlaufbahn der Gestirne zeigen, die Himmelsleiter, zusammengesetzt aus vielen Vierecken. Jede Kulturschicht enthalte aber neben dem ererbten »Geistesgut« auch darauf aufbauende neue Schöpfungen. In diesem Sinne deutet Marie König die anthropomorphen Figuren auf den steilen Felsen. Über einer Gestalt mit viereckigem Leib und rechtwinklig nach oben gebogenen Armen steht das Netzgitter, das Symbol der Weltordnung. Da der Halbkreis, der sich über ihrem Kopf wölbt, in quadratische Felder unterteilt ist, sieht sie sie als Gesetzgeber[35]. »Sie ist Ordner und Ordnung zugleich, Gesetzgeber und Gesetz, sie war das Maß aller Dinge«[36].

Der Halbkreis erscheint ihr wie eine »Aureole«, wie ein Heiligenschein, er kennzeichne die Gestalt als einen »Himmlischen«. Da die Figur besonders groß dargestellt ist, komme ihr auch besonders große Bedeutung zu.

Sie hat einen Penis, das »Erneuerungsorgan«, und in der Hand die Lanze, das Symbol für Sterben. Dargestellt sei also der Herrscher über Leben und Tod. Gegen die damals herrschende Auffassung, eine Figur sei nur dann als Gottesdarstellung gemeint wenn das Ebenbild des Menschen wiedergegeben werde[37], betont Marie König, die Vorstellung vom Gott in menschlicher Gestalt sei aus der Antike übernommen.

Sie will uns darauf hinweisen, daß auch schon vor dieser Zeit eine Vorstellung des überirdisch Allmächtigen existierte. »Unsere Vergangenheit ist älter!« – ihr Buchtitel ist wie ein Zuruf, mit dem sie uns aufmerksam machen will.

Unsere Kultur hat ein sehr, sehr tiefreichendes Fundament. Es ist nicht so, daß am Anfang ein brutaler, denkunfähiger Mensch lebte, und es ist auch nicht so, daß erst die eigene Epoche wirklich »zivilisiert« ist.

[34] Felszeichnungen, hier Ritzungen

[35] Die Bedeutung des Geschlechts der Figuren, die das Weltennetz auf dem Kopf tragen, thematisiert Marie König hier nicht.

[36] König 1973, S. 329

[37] Vgl.: König 1973, S. 332

Keine »geistige Mutter«, eine Lehrmeisterin

MARIE E. P. KÖNIG UND GABRIELE MEIXNER

Gabriele Meixner forscht aus eigenem Antrieb in einem Fach, das sie nicht studiert hat. Sie folgt darin dem Vorbild Marie E. P. Königs. Sie würde von ihr allerdings nicht als von ihrer »geistigen Mutter« reden, eher von einer Lehrmeisterin. Eine zweite Lehrerin ist Monique Wittig, die auch schon als ihre »große Schwester« bezeichnet wurde. Sie habe nach solchen Frauen nicht gesucht, sagt Gabriele Meixner– oder viellleicht doch?

Von der Ausbildung her Psychologin arbeitete sie zunächst als Verlegerin und Übersetzerin. Ihr Interesse für die Urgeschichte erwachte, als eine breite Strömung innerhalb der zweiten deutschen Frauenbewegung zu Beginn der 80er Jahre die These vom versunkenen Matriarchat aufgriff und Visionen frauenzentrierter Gesellschaften entwarf. Gleichzeitig begann die Suche nach Ausdrucksmöglichkeiten für die eigene Spiritualität. Gabriele Meixner feierte mit anderen die Jahreszeitenfeste. Gemeinsam mit anderen Frauen erfuhr sie die besondere Ausstrahlung, die im Inneren vieler Höhlen auszumachen ist. Sie lebte auf dem Land, zwischen der Fränkischen und der Schwäbischen Alb, in einer alten Kulturlandschaft, in der es viele Höhlen gibt. Sie betont an diese Erfahrungen vor allem das Erleben von Natur. Heute wohnt sie mit ihrer Freundin, einer Hündin und einer Katze im ehemaligen Schulhaus eines kleinen Dorfes im Nördlinger Ries.

Gabriele Meixner versteht sich als feministische Urgeschichtsforscherin, ihr Anliegen ist eine »Archäologie weib-weiblicher Bindungen«

Das heißt: ich untersuche, wie sich Bindungen zwischen Frauen in der Menschheitsgeschichte und in der Kulturgeschichte in archäologischen Dokumenten niedergeschlagen haben. Archäologische Dokumente sind in diesem Fall die Darstellungen von zwei Frauen zusammen oder von Frauen in Gruppen, die seit der Altsteinzeit belegt sind.

Was hat dich denn veranlaßt, gerade nach Frauen-Paaren und Frauen-Gruppen zu suchen?

In der klassischen Forschung, und auch von einigen Feministinnen wird die Evolutionsgeschichte so dargestellt, als ob Menschen über alle geschichtlichen Epochen hinweg, quasi naturhaft, Frau-Mann-Paare bilden. Dabei hat sich diese soziale Erscheinung, vor allem als Ehe-Paar, erst spät in der abendländischen Kultur entwickelt. Sie gilt heute als Norm. Auch ich bin so erzogen worden, daß ich mich als Mädchen auf einen Mann, einen Partner hin definieren sollte. Manchen mag das ja ganz recht sein – ich habe es stark als eine normative Vorgabe empfunden, weil mein Begehren sich auf Personen meines eigenen Geschlechts richtete. Ich hab das schon sehr früh empfunden, aber erst später eine Lebensform dafür verwirklichen können.

War es Zorn, der dich bewegt hat, nach Frauenpaaren in archaischen Kulturen zu suchen?

Ja, es war Zorn. Es stellte sich immer wieder die Frage, wie eine Liebesbeziehung zwischen Frauen, die meiner Sinnlichkeit und meiner Möglichkeit von Glückserfahrung entsprach, in der Menschheitsgeschichte einen Stellenwert erhalten könnte. In den Anfängen der Lesbenbewegung haben wir eine Akzeptanz dieser Lebensform provozieren wollen. Wir haben uns also überhaupt erst einmal sichtbar gemacht. Darüberhinaus, was die historische Tradition von Bezügen zwischen Frauen anging, gab es nur spärliche Spuren. Das meiste war ausgelöscht. Mein Ansatz wurde es, danach zu suchen.

Du hast dich also schon zu Anfang in der feministischen Lesbenbewegung engagiert?

Ich war Mitbegründerin der Beratungsstelle für homosexuelle Frauen im LAZ, im »Lesbischen Aktionszentrum Berlin« . Wir haben damals das Wort »homosexuell« gewählt, weil wir dachten, es hätte eine größere Akzeptanz in der Öffentlichkeit als »lesbische« Frauen. 1975 gründete ich zusammen mit drei anderen Frauen den »Amazonenverlag«. Es war der erste Verlag in Europa, der ausschließlich Lesbenliteratur verlegte. Für die Entscheidung, diesen Verlag zu gründen, war wichtig, daß ich Bücher von Monique Wittig[1] ins Deutsche übersetzen konnte. So war einer der ersten

[1] Monique Wittig: 1935 in Frankreich geboren, zählt zu den bedeutendsten Schriftstellerinnen der Gegenwart.

[2] Wittig 1977

Titel »Aus deinen zehntausend Augen, Sappho[2]« (1977), mit französischem Titel »Le corps lesbien« (1974), »Der lesbische Körper«.

Hast du dir mit dem Verlag die Möglichkeit geschaffen, Monique Wittig übersetzen zu dürfen oder hattest du über eine Begegnung mit ihr die Möglichkeit, an ihre Texte heranzukommen?

[3] Wittig 1964

[4] Wittig 1966

Es war so: Wittig war damals relativ berühmt in der Literaturszene, für ihr erstes Buch »L'Opoponax« (1964)[3] erhielt sie in Frankreich den Prix Médicis, eine der höchsten literarischen Auszeichnungen. Das Buch wurde auch im Rowohlt Verlag[4] übersetzt, ihre anderen Bücher erschienen jedoch nicht in deutschen Verlagen, wahrscheinlich, weil sie einen ganz stringent feministischen Ansatz vorbrachten. Deshalb haben wir uns im Amazonenverlag um die Übersetzungsrechte bemüht.

Ist »stringent feministisch« gleichbedeutend mit »lesbisch« in diesem Fall?

In diesem Fall auch eindeutig lesbisch, ja. Monique Wittig war eine der führenden Schriftstellerinnen, die die Erfahrungen der neuen Frauenbewegung, auch der Möglichkeit von Liebesbeziehungen zwischen Frauen verdichtet hat.

Ihr habt den Verlag gegründet, um ihr Werk der deutschen Öffentlichkeit zugänglich zu machen. Nahmt ihr an, daß es auch eine Bedeutung für die lesbische Bewegung hat?

[5] Johnston 1976

Ja, es war vor allen Dingen mein persönlicher Wunsch, eine Autorin wie Wittig zu veröffentlichen. Auch Jill Johnston's »Lesben Nation«[5] gehört zu den Büchern, die sicher zu dem Zeitpunkt von keinem anderen deutschen Verlag publiziert worden wären.

Was bedeutete dir Monique Wittig. Hast du sie als Person kennengelernt?

Ich hab sie einmal in Paris getroffen. Wir haben manchmal telefoniert, wenige Briefe geschrieben. Ich habe sie über ihre Bücher kennengelernt, über die Arbeit an den Übersetzungen. Für mich hat sie eine Vision von Frauengemeinschaften entworfen, die wie aus einer Urzeit erscheinen, als wenn urzeitliche Amazonen die heutige Erde bevölkerten. Sie hat Frauen liebende Frauen als etwas Zeitloses gesetzt. Auch grammatikalisch ist ihre Arbeit hochinteressant. Sie war eine der ersten, die durchgängig weibliche Pronomina verwendete. Sie schreibt immer nur »elles« oder Berufsbezeichnungen. »Die Lavendelpflückerinnen« zum Beispiel kommen vor oder eben »die Guérillères«. Sie hat das Wort »Frau« aus dem Sprachgebrauch verbannt und war somit eine der ersten Literatinnen, die den heutigen Diskurs um die Konstruktion von »sozialem Geschlecht[6]« vorweggenommen hat.

[6] = »gender« in Abgrenzung zu »sex« (biologisches Geschlecht), zuerst in den USA auftauchender Begriff. Hinter ihm steht die Annahme, daß Geschlecht nicht nur eine biologische Tatsache ist, sondern der gesellschaftlichen Formung bedarf.

Monique Wittig wird immer mitgenannt unter den Dekonstruktivistinnen[7]. Hat sie eine Wandlung oder eine Entwicklung in ihrem Werk vollzogen?

Ich glaube, daß sie vereinnahmt wird von der dekonstruktiven Literaturkritik. Ich denke, sie ist ein sprachliches Genie. Sie hat in der französischen Sprache die Möglichkeit gesehen, eine Welt zwischen Frauen aufzubauen. Sie ist eine Visionärin, die ihre Welt konstruiert. Dies ist eine Handlung oder Sichtweise, die die Autonomie derer, die diese Welt bevölkern, voraussetzt. Dekonstruktion dagegen ist zunächst ohne Utopie, sie bleibt mit der Welt verhaftet, deren Struktur sie »verschieben« will. Ich habe einen Artikel mit dem Titel »Die Dekonstruktion des phallozentrischen Diskurses[8]« gelesen. Das paßt überhaupt nicht auf Wittig, weil es ihr darum nicht geht. Die Männer sind abseits. Wittig hat eigenmächtig eine Welt geschaffen. Sicherlich ist der Hintergrund auch, daß sie – wie wir alle – in einer sprachlichen Welt aufgewachsen ist, die männlich bestimmt ist, aber ich habe den Eindruck, das kommt bei ihr nur am Rande zum Durchscheinen. In »Les Guérillères[9]« beschreibt sie, daß Frauen aus der Welt der Zeichen vertrieben worden sind und daß es wichtig ist, sich diese Zeichen wiederanzueignen. Sie erzählt von regelrechten Unterrichtsstunden, in denen Frauen sich aus den »Feminarien« vorlesen, also aus den Büchern, die diese eigenmächtige Welt symbolisch stützen.

[7] postmoderne Theorie, die sich sowohl gegen die Behauptung der Gleichheit der Geschlechter als auch gegen die Betonung der Differenz der Geschlechter durch Feministinnen wendet – ein Plädoyer gegen den Glauben an feste Wesensmäßigkeiten des Menschen: die Zweigeschlechtlichkeit sei konstruiert, die Entdeckung der Natur selbst kulturell strukturiert. Schon die Unterscheidung zwischen Mann und Frau sei Herrschaft. Die Wirklichkeit werde in alltäglichen Praktiken hervorgebracht, sagt der Dekonstruktivismus (Judith Butler), in Sprachen und ihren Mechanismen, sagt der Poststrukturalismus (Lacan, Luce Irigaray, vgl. auch Luisa Muraro). Zur Schwierigkeit der Definitionen vgl.: Butler: 1993, S. 33

[8] Namascar Shaktini: Le déplacement du sujet phallique: L'ecriture lesbienne de Monique Wittig. In: Vlasta Nr. 4, Paris 1985

[9] vgl.: Wittig 1980, S. 151

Ist Monique Wittig eine, die durch dieses Zeitlos-setzen der Frauenlebensgemeinschaft den Wunsch vieler heutiger Frauen durchkreuzt, das Alte, diese Vorstellung von friedliebenden, frauenbezogenen Gesellschaften nahtlos ins Hier und Heute zu retten?

Wittig's Frauengemeinschaften sind nicht friedlich. Sie schreibt von »Kriegerinnen (wörtlich: Krieginnen)«. Einerseits führen sie einen Befreiungskampf, obwohl sie es so genau nicht anspricht, einen Befreiungskampf von männlicher Vorherrschaft, andererseits sind sie von purer Lust am Kämpfen geleitet. Eine der Grundeigenschaften ihrer Amazonen ist ihre Wehrhaftigkeit.

Diese Welt, in der die Frauen leben, ist ja auch durchaus nicht heil. Sie sind auch nicht ohne Aggressionen untereinander.

Das zeigt sich vor allem in dem Buch »Aus deinen zehntausend Augen, Sappho«, also »Le corps lesbien«, darin beschreibt Wittig eine Auseinandersetzung zwischen zwei Liebenden, die auch zerstörerische Elemente hat. »Zerstörerisch« ist vielleicht das falsche Wort.

Das Lieben zwischen den beiden ist wie eine schamanische Skelettierung zu sehen, es hat ekstatische Elemente, es hat auch heilende Elemente.

Ich will meine Frage noch einmal wiederholen: hat Monique Wittig diese Bedeutung für dich, weil sie wunschgetragene Rückprojektionen von Frauen oder Übertragungen ins Hier unterläuft? Durchkreuzt Monique Wittig die Instrumentalisierung von Geschichte, ist sie deshalb für dich eine wichtige Person?

So würde ich es nicht beschreiben. Sie vermischt Elemente aus alten Kulturen mit den Erfahrungen, die sie hier als Feministin, als Lesbe gemacht hat. Sie vermischt sie mit einer Welt, in der Frauen wehrhaft sind und vor allen Dingen ein eigenes Volk bilden.

Sie ist ja nicht Historikerin, sie ist Dichterin. Das ist ein Unterschied zu bestimmten Formen der Matriarchatsforschung.

Würdest du Monique Wittig als eine Lehrerin bezeichnen?

Als ich ihre Bücher gelesen und mich entschieden hatte, sie ins Deutsche zu übersetzen, habe ich an den Begriff »Lehrerin« überhaupt nicht gedacht. Monique Wittig war eine Größe oder sie war eine Erscheinung, ein Geschenk, aber nicht für mich persönlich, sondern für unsere Lesbenwelt überhaupt. So habe ich vor 20 Jahren gedacht. Erst später, als ich mich mit ihren theoretischen Texten, die sie ab 1980 veröffentlichte[10], mehr auseinandersetzte, habe ich sie auch in der geistigen Tradition als Lehrerin gesehen. Ihre Bücher waren für mich wie eine Initiation in die Möglichkeit, lesbisches Begehren zu schreiben.

[10] vgl. Bibliographie in Vlasta, No 4, Paris 1985

Wir verfolgen eigentlich deine Lebensspur und sind an der Stelle, wo du dich genötigt sahest, einen Verlag zu gründen, weil du Wichtiges entdeckt hattest, was du transportieren wolltest.

Ja, zum Glück hatte ich das Wichtige entdeckt, hatte aber auch lange danach gesucht. Die Idee, einen Verlag gründen zu wollen, kam mir relativ früh. Ich war neunzehn Jahre alt. Mit meiner ersten Freundin besuchte ich schwule Ballettänzer in ihrer Wohnung. Dort stand ich vor einem Bücherregal und sah die Werke von Oscar Wilde, ich sah dort Freuds Lebensgeschichte von Leonardo da Vinci, ich sah dort eine Sammlung verschiedener homosexueller Autoren. Ich wußte ja, wie schwierig es war, an Übersetzungen von Sappho[11] zu kommen und kannte kaum Texte, in denen das Begehren zwischen Frauen zur Sprache kam. Ich glaube, in dem Moment, als ich vor diesem Bücherregal stand, habe ich entschieden, ich will, daß es solche Bücher über lesbisches Erleben gibt. Es war die Erfahrung, daß etwas fehlte, die mich dazu gebracht hat zu suchen und das Erbe von Frauen, die – wie Wittig – älter waren als ich, anzunehmen und in andere Bereiche zu überführen.

[11] griechische Dichterin, lebte um 600 v.u.Z auf Lesbos. In der Hauptstadt Mytilene sammelte sie im Kult der Aphrodite und der Musen Freundinnen und Schülerinnen um sich. »Diese von hohen religiösen Vorstellungen getragene, vom Eros bewegte Gemeinschaft wurde später verkannt und das Verhältnis unter den Mädchen verzerrt gesehen ('lesbische Liebe')« schreibt noch die Brockhaus Enzyklopädie, Bd. 16, Wiesbaden 1973. Jüngere Forschungsergebnisse belegen, daß die Gruppenerziehung unter Anleitung einer erwachsenen Frau vermutlich eine alte Form der Initiation fortsetzt, die auch die Einführung in Sexualität umfaßt (Vgl.: Specht1989).

Dann bist du also Verlegerin geworden. Wie lange hast du das gemacht?

Ich habe erst im Amazonenverlag gearbeitet, etwa drei Jahre lang. Weil wir ein kleines Projekt waren, mußte ich meinen Lebensunterhalt verdienen und die Verlagsarbeit gleichzeitig machen. Ich habe sehr viel übernommen, von der Beantragung der Lizenzen bis zur Koordination mit der Druckerei. 1978 habe ich mich entschieden, eine bezahlte Stelle im »Verlag Frauenoffensive« in München anzunehmen. Mir ist das zuerst schwer gefallen, denn dieser Verlag hat nicht allein nur lesbische Literatur herausgebracht, doch ich habe in der »Frauenoffensive« auch Lesbenliteratur vorschlagen und betreuen können. Das war u.a. Monique Wittig. Ich hab dann noch zwei weitere Bücher[12] von Monique Wittig als Lektorin und auch als Übersetzerin dort herausgebracht.

[12] Monique Wittig: Lesbische Völker – ein Wörterbuch. München 1981

Was war denn der erste Anstoß, daß Du Dich schließlich mit archäologischem Material beschäftigtest?

Ein Negativ-Erlebnis. Wir haben damals das Buch von Heide Göttner-Abendroth: »Die Göttin und ihr Heros[13]« herausgebracht. Für mich war interessant, die Mythengeschichte unter neuen Aspekten zu sehen, nicht einsichtig war mir allerdings, das Modell »Göttin-Heros« oder »Frau-Mann« als übergeschichtliche Form der Bindung zwischen Menschen anzusehen. Diese Deutung hat mich so geärgert, daß ich ein Gegenmodell entwickeln wollte.

[13] Göttner-Abendroth 1980

Der Mythos von Artemis und Aktaion zum Beispiel ist meiner Meinung nach nicht die Geschichte einer Göttin, die ihren Heros nach dem Liebesakt tötet. Artemis tötet diesen Aktaion, weil er ihr und ihren Gefährtinnen nachgestellt hat – ein rächender Akt.

Heide Göttner-Abendroth interpretiert ihn als klassisches Königsopfer im Artemis-Kult[14], Artemis töte Aktaion rituell nach der Heiligen Hochzeit – eine Interpretation, die vom mythologischen Material her nicht naheliegt. Auch andere Feministinnen haben das Ritual der Heiligen Hochzeit im kultischen Zentrum urgeschichtlicher Gesellschaften gesehen und von da aus auf eine heterosexuelle Orientierung der Menschen geschlossen. Heute würden wir diesen Ansatz unter der Kritik-Kategorie »heterozentrische Sichtweise« einordnen.

[14] vgl. ebd., S. 26

Und du hast dich auf die Suche gemacht, etwas anderes belegen zu können?

[15] Gould-Davis 1987

[16] Stone 1984

Die sogenannte Matriarchatsforschung war ja sehr im Schwunge. Es gab auch viele andere Autorinnen, die sich mit Ur- und Frühgeschichte beschäftigt haben. Elisabeth Gould-Davis[15] war eine ganz frühe Autorin, Merlin Stone: »Ancient Mirrors of Womanhood«[16] war für mich ein interessanteres Buch, weil sie schon nach den Verbindungen zwischen Frauen fragte. Merlin Stone war aber noch nicht ins Deutsche übersetzt. Ich hatte auch die Bücher von Marie König gelesen, sie aber nur auf einer bestimmten Ebene verstanden. Als ich sie zum ersten Mal las, ahnte ich nicht, daß das, was sie erforscht hatte, einmal maßgeblich für meine eigene Arbeit sein würde.

Was hat dich denn überhaupt dazugebracht, die Bücher von Marie König in die Hand zu nehmen?

Ja, nun, ich hab wirklich sehr viel gelesen. Es war ein Zufall. Mein Interesse für frühe Kulturen wurde innerhalb der Frauenbewegung entfacht, auch durch diese Unmengen von Frauenstatuetten aus der frühen Zeit der Menschheitsgeschichte. Sie zu entdecken, war schon eine große Überraschung. Ich muß aber sagen, daß ich – von meinem eigenen Gespür her – im Hinblick auf die Deutung der Figuren unsicher war. Auch ich habe so etwas Ähnliches gedacht wie, daß das Schwangere seien, daß sie mit einem Fruchtbarkeitskult zu tun haben könnten. »Aha, das ist es – ein Weltbild, in dem Frauen in Würde ihre Kultur entwickelten«, das war nicht mein erster Gedanke. Es war eher eine Überraschung, wieviele Symbole in der frühen Zeit weiblich waren, daß doch sehr, sehr wenige männliche Symbolisierungen aufgefunden worden waren.

Was hat dir an den Büchern von Marie König gefallen?

Gefallen hat mir, daß sie distanzierter schrieb als andere Autorinnen, daß sie diese Figuren in ihrer Gestaltung angesehen und versucht hat, sie aus ihrer Entwicklungsgeschichte heraus begreiflich zu machen. Mit Gestaltung meine ich den Formenkanon. Die Abfolge von verschiedenen Stilmerkmalen hat ja auch in der Altsteinzeit bestimmte Epochen durchlaufen.

Wie hast du das gemeint, »du hast sie nur auf einer bestimmten Ebene verstanden«?

Vielleicht muß ich erst einmal zu dem Ereignis übergehen, das meine eigene Leidenschaft für Urgeschichtsforschung geweckt hat, das war nämlich etwas anderes. Es war für mich die erste Ausstellung der Funde von Gönnersdorf 1980. Gönnersdorf, eine altsteinzeitliche Siedlung in der Nähe von Koblenz, etwa 12 500 Jahre alt, ist Mitte der 60er Jahre ausgegraben worden. Die Funde waren zum Teil schon vor der Ausstellung publiziert, ich hatte auch in den Büchern von Marie König davon gelesen, auch einige Bilder gesehen, aber die Grabungsberichte nicht gelesen. 1980 wurden erstmals in einer sehr großen Ausstellung die wichtigsten Stücke aus Gönnersdorf der Öffentlichkeit vorgestellt.

War das auch schon im Schloß Monrepos bei Neuwied, wo heute im Rahmen einer Ausstellung zum Paläolithikum Stücke aus Gönnersdorf gezeigt werden?

Nein, das war damals auf der Festung Ehrenbreitstein, einer alten Militäranlage! In Gönnersdorf wurden Schieferplatten ausgegraben mit Gravierungen der damals lebenden Tiere und mit stark stilisierten Gravierungen von Frauenkörpern, die in Profilansicht zu sehen waren: chiffremäßig, fast Schriftzeichen ähnlich. Es sind bislang drei Grundrisse von Behausungen freigelegt. Auf dem Boden der Behausungen hatten diese Schieferplatten gelegen. Entziffert wurden mehr als 400 Frauendarstellungen und keine eindeutige Männerdarstellung. Unter diesen 400 Frauen waren zehn Prozent paarweise abgebildet – zu meiner großen Verblüffung. Frauen, die einander zugewandt waren innerhalb einer Gruppe von tanzenden Frauen. Sie hatten zum Teil eine sehr erotische Ausstrahlung. In Gönnersdorf sind offensichtlich nur Frauen dargestellt worden. Diese Tatsache hat mich begeistert. Ich habe vorher, ehrlich gesagt, auch evolutionistisch gedacht: Frauen und Männer bilden Paare um der Vermehrung willen. In Gönnersdorf sah ich zum ersten Mal etwas anderes. Es gab einen handgreiflichen Beleg dafür, daß Kultur und Symbolisierung ganz, ganz wesentlich Aktivitäten zwischen Frauen sind und offensichtlich auch zwischen zwei Frauen, die sich zum Beispiel tänzerisch paarweise begegnen. Ich denke, daß diese Darstellungen so etwas wie Szenen aus dem damaligen Lebensalltag sind.

Du meinst, sie sind Abbildung des gesellschaftlichen Alltags? Denkst du auch, daß die symbolische Ebene eine Rückwirkung auf das Verhalten gehabt hat?

Beides trifft zu. Ich habe mir überlegt, wenn ich als Mädchen aufgewachsen wäre mit solchen Bildern, die tanzende Frauen zeigen, dann wäre auch die Möglichkeit, etwas vom Alltag durch Symbolisierungen zu transzendieren, eine andere gewesen. Die Bindung der Frauen an eine Welt der Symbole ist ja eine ganz wichtige Voraussetzung dafür, sich in einer geistigen Welt verankert zu fühlen. Die Gravierungen von Gönnersdorf zeigen, was gelebt wurde. Das ist auch die Meinung des Ausgräbers Gerhard Bosinski[17], der die Tanzszenen für Initiationsriten hält.

[17] Bosinski 1974ff

Du bist also als Besucherin einer Ausstellung auf diese begeisternden Funde gestoßen –

– und habe Kontakt mit Gisela Fischer aufgenommen, die die Gönnersdorfer Platten entziffert hatte. Damals übersetzte ich zusammen mit Verena Stefan ein Buch von Adrienne Rich: »Der Traum einer gemeinsamen Sprache«[18]. Wir fragten Gisela Fischer, ob wir eine Darstellung zweier Tänzerinnen als Titelbild für diesen Lyrikband verwenden dürften. Sie war einverstanden und hat uns angeboten, für Fachfragen zu Verfügung zu stehen, denn diese Figuren würden innerhalb der Frauenbewegung häufig mit großer Begeisterung, aber mit wenig Fachwissen aufgenommen. Dieses Angebot habe ich gerne angenommen. Gisela Fischer arbeitete damals am Institut für die Archäologie des Eiszeitalters in Köln und war mit der Entzifferung der weiteren Platten noch beschäftigt. Sie hat mir den Zugang zu den Magazinen ermöglicht, so daß ich die Platten in der Hand halten und im Original studieren konnte. Wir hatten sehr viele Diskussionen darüber, wie eventuelle Deutungen aussehen könnten.

[18] Rich 1982

Ich habe mir ein halbes Urgeschichtsstudium erspart – ich habe es geschenkt bekommen.

Hast du in dieser Zeit (1980/81) wieder zu Marie König gegriffen?

Ich habe ihre Bücher neu gelesen, um die Gönnersdorfer Platten besser einordnen zu können. Marie König hat die stark abstrahierten Frauenfiguren in Zusammenhang mit einer Mondsymbolik gesehen, aber auch darauf hingedeutet, daß sie so etwas wie Schriftzeichen sein könnten. Ich habe durch ihre Bücher den Prozeß der Stilentwicklung, der Jahrtausende davor zu diesen Abstrahierungen geführt hat, verfolgen können. Sie hat eine sehr große Längsschnittuntersuchung durchgeführt, angefangen von der Zeit des homo erectus, also vor dreihunderttausend Jahren. Das ist eben ein Ansatz, der in der Wissenschaft zum Teil verpönt, der meines Erachtens aber sehr wichtig ist, um bestimmte Zeugnisse überhaupt einordnen zu können.

Verpönt ist der Vergleich von Gesellschaften, von Kulturen, die zeitlich so weit auseinanderliegen?

Marie König hat ja nur das Zeichensystem verglichen, weniger die kulturellen Formen, die dahinter gestanden haben. Eine Person, die streng wissenschaftlich arbeitet, sollte sich auf einen eng umschriebenen historischen Komplex beziehen oder eine eng umschriebene Fragestellung. Daß dabei die Übersicht verloren geht, wird in Kauf genommen. Man versucht das mit dem Hinweis auf mögliche interdisziplinäre Arbeit auszubügeln, die aber meistens doch nicht geleistet wird. Darum ist Marie König in der Fachwelt wenig anerkannt, aber »unterm Tisch wird sie gelesen«, sagte sie in einem Gespräch.

Wie könnte man denn den wissenschaftlichen Ansatz und die Methode Marie Königs beschreiben?

Sie hat sich immer wieder auf Karl Jaspers berufen, einen der wenigen Philosophen, die in ihrer Geschichtsphilosophie explizit Vorgeschichte, diese sehr frühe Phase der Menschheitsentwicklung, miteinbeziehen in das, was wir Geschichtlichkeit nennen. – Er nennt sie noch »Vorgeschichte«. Heute geht man dazu über, die vorschriftlichen Zeiten als »Urgeschichte« zu bezeichnen.– In anderen Philosophien fallen die frühen Zeiten meist heraus. Seine Geschichtsphilosophie ist 1949 erschienen. In einem anderen Buch, »Psychologie der Weltanschauungen« (1919), hat Jaspers die Möglichkeiten der Welterkenntnis schematisch zusammengefaßt. Er sagte, möglich seien eine objektive und eine subjektive Sicht auf die Welt, beide gehen von der Erde als Kugel aus. Die Menschen der Urzeit sahen die Wölbung des Himmelszeltes und ergänzten sie mit der Unterwelt, der unsichtbaren Welt, zu einer Kugel. Von außen her gesehen, wird die Erde auch zu einer halben Kugel. Das hat König übernommen.

Wie kann man Marie Königs Ansatz benennen?

Marie König hat sich sehr darum bemüht – das war auch gar nicht einfach –, ihren Ansatz zu benennen. Sie ist keine Archäologin im klassischen Sinn, sie deutet urgeschichtliches Material. In einem ihrer späteren Bücher ordnet sie ihre Arbeit als »Paläopsychologie« ein. Ich habe sie darauf angesprochen. Sie antwortete, sie sei immer wieder gedrängt worden, ihre Arbeiten einem bestimmten wissenschaftlichen Bereich zuzuordnen. Sie hat in Zürich etliche Jungianerinnen und Jungianer kennengelernt, die meinten, ihre Arbeit sei doch treffend als paläopsychologisches Forschen zu bezeichnen. Ich glaube, es ist gar nicht so falsch, ihre Fragehaltung auch als eine psychologische zu sehen. Marie König hat festgestellt, daß es bestimmte Grundformen gibt wie die Kugel, die gerade Linie, das Linienkreuz und das Netzmuster. Sie tauchen flächendeckend in Europa seit der frühesten Zeit auf. Diese Strukturelemente innerhalb der Symbolbildung haben bis heute überdauert. Wir können uns die menschliche Wahrnehmung ohne diese Symbole nicht vorstellen. Auch heute nicht. Damit hat sie eine Gesetzmäßigkeit angesprochen, die Anfang dieses Jahrhunderts in der Gestaltpsychologie[19] erforscht worden ist. Eines der wichtigsten Gestaltgesetze ist das sogenannte Prägnanzprinzip oder »die Tendenz zur guten Gestalt«. Es wurde experimentell festgestellt, daß das menschliche Wahrnehmungs-

[19] Die Gestaltpsychologie ging zunächst von wahrnehmungspsychologischen Untersuchungen aus, in denen sich Gestalten (geistige oder seelische Erlebnisakte im Bereich der Sinneswahrnehmung und der Denk- und Willensakte) am einfachsten bestimmen lassen. Sie fand Gesetzmäßigkeiten, als wichtigstes das »Gesetz der guten Gestalt«: Wir bevorzugen die Form, in der sich aus einzelnen Elementen eine besonders einfache, geschlossene, in sich folgerichtige und stabile Gestalt ergibt. Das gestaltpsychologische Denken blieb nicht auf die Wahrnehmung beschränkt, sondern wurde auf die meisten Bereiche der Psychologie ausgedehnt.

system unter erschwerten Wahrnehmungsbedingungen, das heißt z.B. bei Dunkelheit, wenn etwas nur undeutlich zu erkennen ist, oder wenn etwas nur sehr kurzzeitig gezeigt wird, bestimmte Gestalten herausgreift: so wird zum Beispiel eine Ellipse als Kreis, ein Schrägkreuz als gerades Kreuz gesehen usw. Das sind prägnante Formen, d.h. es gibt bestimmte Wahrnehmungsmuster, die automatisch ergänzt werden. Daran hat König angeknüpft. Es ist meines Erachtens überhaupt noch nicht gewürdigt worden, daß sie die Ergebnisse der Gestaltpsychologie und der Wahrnehmungspsychologie zurückbezieht auf urgeschichtliche Gestalten und dort herausfindet, daß auch bestimmte Werkzeugformen zunächst nach einem Grundmuster entwickelt werden und sich dann herausdifferenzieren, daß aber diese Grundstruktur in den herausdifferenzierten Gestalten immer noch erhalten geblieben ist.

Wie kam es denn dazu, daß Marie König dir Informationen persönlich vermittelt hat. Du hattest die Bücher einmal gelesen, du hast sie nach dem Anblick der tanzenden Frauenpaare erneut gelesen, um Hilfestellung zu erhalten, wie man die denn deuten könne – und dann?

Ich besaß schon sehr lange ihre Adresse. Ich hatte ja immer noch Kontakte zu Verlagen und dachte, es wäre schön, auch mal in einem feministischen Verlag ein Buch von ihr zu publizieren. Ich habe ihr immer schreiben wollen, aber es hat Jahre gedauert, bis ich einen Anknüpfungspunkt fand. Erst 1987 lernte ich sie persönlich kennen, anderthalb Jahre vor ihrem Tod. Ich hatte in Würzburg mit einer Gruppe von feministischen Theologinnen zur Urgeschichte gearbeitet. Diese Frauen wollten Marie König unbedingt kennenlernen. Eine dieser Frauen ergriff die Initiative, Frau König anzuschreiben. Sie sagte sofort zu. Sie wollte die möglichen Fragen aber schriftlich vorliegen haben. Ich weiß, daß ich an dem Brief wochenlang gesessen habe. Es war einer der schwierigsten Briefe, die ich in meinem Leben jemals geschrieben habe. Er war schließlich zwei Seiten lang. Ich habe nur wenige Fragen gestellt, zum Beispiel, was sie unter Paläopsychologie verstehe, wie sie zu diesem Begriff gekommen sei.

Es gab einen Anknüpfungspunkt zu meiner eigenen Biographie. Ich habe in Frankfurt Psychologie studiert, bei einem der letzten Gestaltpsychologen, Edwin Rausch[20]. Mich hat damals an der Psychologie nicht das interessiert, was alle anderen

[20] Edwin Rausch (geb. 1906) war von 1947 bis 1971 Professor in Frankfurt, Vertreter der Gestaltpsychologie und der experimentellen Psychologie, untersuchte das Phänomen der geometrisch-optischen Täuschungen

[21] vgl. Anmerkung 19
[22] vgl.: König 1980, S. 17

reizte, nämlich Therapieformen, mich hat die Wahrnehmung interessiert. Ich habe selbst viele Experimente zu den Prägnanzprinzipien[21] durchgeführt. Später habe ich mich oft gefragt, wieso ich eigentlich dieses Fach studiert habe. Um als lesbische Feministin Verlegerin oder Urgeschichtsforscherin zu werden? Als ich Marie König traf, habe ich erstmals einen roten Faden in meiner eigenen Biographie gesehen. Die Gestaltpsychologie war wieder da und diese »guten Gestalten«. Man nennt sie »gute Gestalten«, weil sie im menschlichen Wahrnehmungssystem angelegt scheinen.

Wir sind als Gruppe von etwa zehn Frauen nach Saarbrücken gefahren. Frau König wohnte in der Nähe von Saarbrücken, in einem marienblau gestrichenen Haus im übrigen. Das Haus stand als mittleres von drei Häusern gleicher Bauart in einem parkähnlichen Grundstück. Neben ihr lebten ihre beiden Söhne, deren Häuser in dezenteren Farbtönen gehalten waren. Sie residierte also in der Mitte. Sie hatte das Grundstück ausgesucht, weil dort eine Quelle entsprang. Ihr Arbeitszimmer hatte sie mit Blick auf die Vogesen eingerichtet, sie lebte direkt an der französischen Grenze. Frankreich war für sie das Land der Verheißungen. Die paläolithischen Wandmalereien in den Höhlen von Lascaux waren dort 1940, also während des Zweiten Weltkrieges entdeckt worden. Sie sagte, sie habe dem Ende des Krieges entgegen gefiebert, um endlich diese Höhlen besuchen zu können[22].

Angela Lorent war dabei, als Gabriele Meixner zum ersten Mal mit Marie König zusammenkam: »Das war 1987 in Saarbrücken. In dieser Zeit habe ich mit feministischen Theologinnen in Würzburg zusammen gearbeitet und wir haben Veranstaltungen zur Frauen-Früh- und Urgeschichte organisiert. Wir hatten Marie König um einen Vortrag gebeten, doch sie mochte sich dem Reisestreß nicht aussetzen und hat uns dann zu sich nach Hause eingeladen. Es war unendlich bewegend zu erleben, wie sehr es sie rührte, nach der langen Zeit der akademischen Mißachtung ihrer Forschungen jetzt solch ein begeistertes Feedback zu erhalten, aus einer Richtung – aus der sie das nie vermutet hätte. Sie fühlte sich mit dem, was sie geleistet hatte, in Deutschland völlig isoliert, die meisten ihrer Bücher waren längst vergriffen. Erstaunlich auch, ihre sehr bürgerliche Familie zu erleben, die sich eingefunden hatte, uns zu bewirten, und wohl auch, um die große alte Dame vor uns wilden Feministinnen abzuschirmen. Marie König hatte sie alle in der Hand und schickte sie rum, die würdigen bebrillten Herren und die seidenbekleideten Damen. Ich glaube, sie hat das Wochenende mit uns genossen –. Gabriele war am Anfang wohl recht perplex, daß eine Forscherin, die so viel für die Erforschung der Frauengeschichte geleistet hat, keineswegs von einem frauenparteilichen Interesse geführt worden war, sondern eher von humanistischen Vorstellungen über

Ihr seid ihr also in ihrem Haus begegnet. Wie sah sie aus?

Marie König war damals schon 87 Jahre alt. Eine große Gestalt, immer noch. Eine sehr schöne Frau, die erlesen gekleidet war und erlesenen Schmuck trug: eine beeindruckende Erscheinung, sehr lebendig im Ausdruck. Sie hatte eine aristokratische Haltung, anders ist das gar nicht zu sagen. Vor allen Dingen hatte sie einen bestechenden Humor. Sie bewirtete uns Königinnen gleich, wir waren ja eine relativ große Frauengruppe.

Marie König lebte nach dem Tod ihres Mannes, der sie im übrigen in ihrer Arbeit sehr unterstützt hatte, mit ihrer Haushälterin Hedwig Diesinger, von allen nur Hedwig genannt, zusammen. Hedwig hat uns auf das Köstlichste bewirtet.

Die Clan-Mutter hat ihre Familie begeistern und mitziehen können?

Einer der Enkel, Ulrich König, hat uns später die Höhlen der Île-de-France gezeigt. Er erzählte uns nach ihrem Tod sehr viel über sie: »So eine Großmutter zu haben, das ist eine Herausforderung, manchmal auch eine Überforderung!«. Er wisse nicht, ob er ihren Ansprüchen immer gerecht werden könne. Sie war eine überragende Gestalt in seinem Leben, weil er von Anfang an, schon als kleines Kind, mit in diesen Höhlen war, dort die Böden freigelegt, die Zeichen gesichtet und vor allen Dingen auch Fotos gemacht hat, weil die Oma in diese Höhlen nicht mehr reinkriechen konnte – das ist ja körperlich auch sehr beschwerlich. Sie war die anerkannte, intellektuell leitende Figur in der Familie.

Ihr wart drei Tage bei ihr. Bist du weggefahren mit dem Wissen, du wirst sie wieder ansprechen?

Ja, Marie König entließ uns mit der Bitte, wir möchten sie doch auf ihrer nächsten Reise in die Höhlen begleiten. Das war ein Angebot, das wir nicht ausgeschlagen haben. Sie wollte nur eine kleine Gruppe mitnehmen. Die Reise fand 1987 im Sommer statt. Wir waren auf einem kleinen Zeltplatz in der Nähe von Milly-la-Forêt. Zwei ihrer Enkelsöhne und Sohn Rainer zeigten uns den Weg zu den Höhlen, die außerordentlich schwer zu finden sind. Oft wissen auch die Einheimischen nichts von ihrer Existenz. Der Wald von Fontainebleau ist zum Teil ganz unwegsam. Zu vielen dieser Höhlen führen keine Wege. Oder die Höhlen sind so klein, daß niemand sich hineinwagt.

Die Lage der Höhlen zu erkunden, gehörte auch mit zu dem, was sie sich erarbeiten mußte? Hat sie die Einheimischen befragt?

Ja. Marie König ist auf die Höhlen der Île-de-France dadurch aufmerksam geworden, daß sie eine Liebhaberin von keltischen Münzen war. Sie besaß eine große Münzsammlung. Ihr Mann, der auch gesammelt hat, brachte ihr aus Paris Münzen mit, auf die Muster geprägt waren, die auf altsteinzeitlichen Frauenstatuetten auch schon auftauchen: Netzmuster usw. Sie hat sich nach dem Fundort der Münzen erkundigt und erfuhr, daß sie aus den Höhlen südlich von Paris stammten. Die Münzen wurden ihr Wegweiser zu den Höhlen. Sie hat sich die Höhlen von Einheimischen zeigen lassen und dort mit großer Überraschung festgestellt, daß viele der Höhlen graviert waren mit Netzmustern, mit Linienkreuzen, mit Schälchen usw., Zeichen, die auch auf den keltischen Münzen überdauert hatten. Sie war die erste, die diese Gravierungen aufgrund eigener Beobachtungen und aufgrund von Fotos inventarisiert hat.

Ihr wart zusammen mit ihr auf dem Campingplatz. Bedeutete es dir etwas, den Alltag mit ihr zu teilen?

Marie König (2. von rechts) und Gabriele Meixner (1. von links in der Tischrunde) auf dem Zeltplatz von Milly-la-Forêt im Sommer 1987

Ja sicherlich. Wir waren eine Gruppe von fünf Frauen. Daß wir Lesben waren, hat Frau König überhaupt nicht schockiert. Vielmehr zeigte sie sich amüsiert, wenn sie gelegentlich unseren »Beziehungsstress« mitbekam. Unser Tagesablauf sah so aus: Morgens sind wir – nach ausgiebigem Studium der Landkarten – losgefahren. Das letzte Wegstück zu den Höhlen legten wir durch unwegsamen Wald zurück. Auch die Königs – Sohn Rainer und die Enkel Ulrich und Stefan – mußten den Zugang zu manchen Höhlen längere Zeit suchen, so versteckt lagen sie. Ohne ihre Hilfe hätten wir die meisten nicht gefunden. Wenn wir abends wiederkamen, wartete Marie König schon ganz ungeduldig auf unsere Rückkehr. Sie hat sich berichten lassen, was wir gesehen haben, welche Gravierungen zu erkennen waren. Als wir aus einer bestimmten Höhle zurückkamen, fragte sie aufgeregt: »Haben Sie die Vulva gefunden?« Mehrfach zeigte sie uns Einzelheiten auf den Abbildungen in ihren Büchern und wies daraufhin, wieviel besser manche Gravierungen vor 20 Jahren noch erhalten waren. Sie war damals schon sehr krank. Sie hatte auch starke Sehstörungen, aber sie hatte die Struktur der Höhlen vor ihrem inneren Auge präsent, so daß sie einordnen konnte, was wir ihr beschrieben.

Hat sie ihr Denken noch einmal entfaltet in den Gesprächen, die ihr am frühen Abend geführt habt? Hast Du gelernt in diesen Gesprächen?

Ja. Sie hat immer wieder berichtet, wie sie sich in der wissenschaftlichen Welt durchsetzen mußte und welche Schwierigkeiten es dabei gegeben hat. Als sie ihre ersten Aufsätze über bestimmte Höhlen veröffentlichte und eine erste Deutung gewagt hatte, hat einer der Pariser Professoren, der für die archäologische Betreuung der Höhlen zuständig war, eine der wichtigen Höhlen mit einem Gitter versehen lassen, so daß man dort nicht mehr hineinkonnte. Das war eine Strategie, um eine freie Forscherin abzuweisen, die die Zeichen erstmals in einem Kontext sah. Sie hat auch von großen Schwierigkeiten erzählt, daß sie selber an irgendeinem Punkt nicht mehr wußte, ob ihre Deutungen stimmten. Sie hat sich dann über eine längere Zeit mit Geologie befaßt: wie sind die Schichtungen, Versteinerungen und Auswaschungen der Île-de-France, wie sind die Höhlen entstanden? Das verschaffte ihr wieder Grund unter den Füßen. Es war ergreifend zu hören, daß es große Krisen gab, Krisen des Denkens. Sie war sehr allein mit ihrem Ansatz. Es gab ja keine anderen, die die Gravierungen in der Île-de-France in der Form untersucht hatten. Insofern war es ihr so wichtig, von Colbert de Beaulieu Bestätigung zu erfahren. Ins Französische ist zumindest eines ihrer Bücher übersetzt worden. Wir haben dieses Buch in der Rezeption des Campingplatzes gefunden. Wo sonst die Prospekte über die verschiedenen Freizeitvergnügungen ausgelegt sind, sahen wir: »Notre passée est encore plus ancien« – »Unsere Vergangenheit ist älter«. Ich weiß nicht, ob der Campingplatzbesitzer es ständig dort auslegte oder nur zu den Zeiten, wenn Familie König auf dem Campingplatz residierte.

Ist zwischen ihr und dir eine Nähe entstanden in dieser Zeit?

Das ist schwer zu sagen. Für mich ist sie eine Respektsperson gewesen. Ich war auch furchtbar aufgeregt, diese Höhlen zum ersten Mal zu sehen. Ich habe mit offenen Augen und offenen Sinnen die Landschaft und das Höhleninnere wahrgenommen, und ich muß sagen, ich konnte so schnell nichts strukturieren. Das dauert, bis sich die Wahrnehmung ordnet. Insofern war ich in einem Sinnenrausch über die Gravierungen, und dann erlebte ich diese Person, die das Ganze bündelte, wenn wir abends mit ihr sprachen! Marie König hatte für mich eine unglaublich ordnende geistige Kraft. Ich kam mir auch sehr jung vor, nicht rein körperlich, sondern von meinem Wissen her und von meinen geistigen Fähigkeiten. Umso mehr hat mich erstaunt, daß Marie König zu mir sagte: »Dies ist übrigens unsere letzte Reise gewesen. Machen Sie weiter!«, als wir uns nach einer guten Woche verabschiedeten.

Ich habe diese Worte sehr wohl in Erinnerung behalten, aber es ist mir erst später klar geworden, daß sie wie ein Vermächtnis klingen. Ich habe mich lange gefragt, ob ich ihr Werk überhaupt verantwortlich weiterführen, ob ich ihre Qualitätsebene erreichen kann. Ich denke heute, ich kann einen Strang weiterführen. Die Höhlen der Île-de-France sind ein kleiner Bereich, das Denken von Marie König ein großer Bereich. Daß Marie König überhaupt so etwas wie eine geistige Struktur, eine Ordnung entdeckt hat, mit der Grundprozesse im menschlichen Denken beschrieben werden können, dafür bin ich dankbar und diese Erkenntnis bildet die Grundlage meiner eigenen Forschungen.

Was hat dich denn unterschieden von den anderen Frauen? Sie hat diesen Satz zu dir gesagt und nicht zu den vier anderen.

Ich weiß es nicht, was sie zu den anderen Frauen gesagt hat. Eine war Goldschmiedin, eine Journalistin, eine andere war Fotografin, die vierte Theologin. Sie haben nicht speziell zur Urgeschichte geforscht. Ich hatte schon angefangen, eiszeitliche Frauendarstellungen zu sichten und bereits eine große Anzahl von Frauenpaardarstellungen gesammelt. Darauf bezog sich auch eine meiner Fragen an Marie König. Ich hatte nach ihrer Deutung des umstrittenen Reliefs von Laussel[24] gefragt. Es zeigt zwei schematisierte Frauenkörper, die wie auf einer Spielkarte einander gegenübergesetzt sind. Es könnte auch eine Liebesumarmung zwischen den beiden Figuren darstellen. Traditionell werden die beiden Gestalten als heterosexueller Paarungsakt gedeutet, obwohl es keine Anhaltspunkte dafür gibt, daß eine der Figuren einen Mann meint, allein vom Formenkanon her müssen es zwei Frauen sein. Marie König, darauf angesprochen, ob sie nicht auch zwei Frauen in dieser Gruppe sieht, stimmte mir zu. Doch sie habe es nicht gewagt, das auszusprechen. Marie König – diese geistig so unabhängige Forscherin – hat sehr wohl den Zwang heterozentrischen Denkens erkannt. Diese Informationen sind in einem persönlichen Gespräch übermit-

[24] Vgl. Abbildung 13. S. 116

telt worden. Ich denke, daß da die Nahtstelle ist. Marie König hat sich selbst nicht als Feministin bezeichnet. Als wir mit der größeren Gruppe von Frauen in Saarbrücken waren, haben wir sie darauf angesprochen, wie sie die Frauenbewegung wahrnimmt. Sie fand es wichtig, daß Frauen ihren eigenen Beruf haben. Sie interessierte sich schon im allgemeinen, aber sie war so in ihrer Forschung aufgegangen, daß die Frauenfrage für sie nicht im Mittelpunkt stand.

War Marie Königs Satz »Machen Sie weiter!« so etwas wie eine Bestätigung Deiner Arbeit?

Nein. Ich glaube, ihr war vor allen Dingen daran gelegen, daß ihre Arbeit Impulse setzt, daß sie weitergeht. Ich denke, ich war eine der Personen, von denen sie dachte, daß sie einen bestimmten Faden weiterspinnen würden. Ich selber habe das bei diesen ersten Begegnungen noch nicht so recht wahrhaben wollen, ich fühlte mich auch noch nicht kompetent genug. Ich mußte noch weiterarbeiten, um herauszufinden, in welcher Tradition ich ihre Linie weiterführen könnte.

Du hast Marie König ja nicht gesucht als eine Mentorin oder Lehrerin.

Vielleicht doch. Nach der Reise habe ich Marie König manchmal angerufen und sie um fachlichen Rat gebeten. Sie hat mir sehr bereitwillig Auskunft erteilt. Auch sie hat sich manchmal gemeldet. Wir hatten einen lockeren Kontakt. Vor der Reise telefonierte sie mehrfach und wollte wissen, ob wir wirklich mitkommen in die Höhlen. Ich glaube, ihr war das so wichtig, weil sie ahnte, daß sie nicht mehr lange leben würde, sie wußte auch im vorhinein, daß es ihre letzte Reise sein würde. Ihr Enkel rief mich unabhängig von ihr an und sagte: »Wir wissen nicht, ob die Oma reisen kann«. Am selben Tag fragte sie noch einmal: »Kommen Sie nun jetzt mit?« »Ja, wie geht es Ihnen denn? Ich hab gehört, daß es Ihnen gesundheitlich nicht so gut geht« – »Wir reisen.«

Diese Frau hat bis zum Schluß daraufhin gewirkt, daß ihre Arbeit weitergetragen wird. Das ist so wesentlich, das ist wichtig für eine Forscherin, die institutionalisiert nicht eingebunden ist. Außer mir arbeiten auch andere an ihren Forschungen weiter. Ihr Sohn Rainer zum Beispiel hat nach seiner Pensionierung angefangen, Urgeschichte zu studieren.

Hat sich mit dem Tod Marie Königs etwas verändert für dich?

Ja, ich war manchmal bekümmert darüber, daß ich Marie König nicht mehr einfach anrufen konnte, obwohl ich das nicht oft getan hatte. Ich hatte mich erst sehr spät bei ihr gemeldet und kannte sie im Grunde nur in den letzten anderthalb Jahren ihres Lebens. Ich habe sie gefragt, ob sie den Wiedergeburtsglauben, den sie für die Altsteinzeit annahm, auch für ihr heutiges Leben als verbindlich ansieht. Sie antwortete: »Ich selbst lebe in meinen Büchern weiter und in meinen Kindern und Enkelkindern«. Das fand ich interessant: sie war umgeben von ihrer Familie, sie gehörte wie selbstverständlich zu ihr. Das Wesentliche war aber, daß sie in ihren Büchern weiterlebt. Der Wunsch, daß manche an ihr Werk anknüpfen mögen, ist für mich ein sehr allgemeiner Wunsch, den ich nicht persönlich auf mich beziehe.

Dennoch sprichst du davon, daß du das Vermächtnis, das sie in deine Hände gelegt hat, irgendwann angenommen hast.

Ja, spät erst. Erst als ich ihre Werke immer wieder gelesen hatte, verstand ich genauer, welchen langen Weg sie genommen hat, um urgeschichtliche Funde mit heutigem Denken zu verbinden, ohne die Sozialverhältnisse des 20. Jahrhunderts zurückzuprojizieren. Das ist ein allgemeines Problem der Urgeschichtsforschung. Auch hochqualifizierte Wissenschaftler gehen meist unreflektiert vom heutigen Gesellschaftsbild aus.

Wann konntest du das Vermächtnis annehmen? Erst sehr viel später, als du sie noch einmal und noch einmal gelesen hattest –

– im Grunde erst dann, als ich selber angefangen hatte zu publizieren. Ich hatte vorher Marie Königs Ideen in Vorträgen vorgestellt. Ich habe selber viele Exkursionen mit Gruppen von Frauen in die Höhlen der Île-de-France unternommen. Ich wußte, daß ich es ganz anders mache als Marie König, daß ich das Erlebnis, überhaupt in den Höhlen zu sein, in den Mittelpunkt stelle. Diese sinnliche Ausstrahlung, die die Gravierungen vermitteln, und das Erlebnis, mit reinen Frauengruppen an diese alten Orte zu gehen, war wichtig. Erst als ich meine ersten Artikel verfaßt habe, wurde mir klar, daß ich Marie König noch mal genauer lesen mußte, um zu begreifen, wie sie sich selbst in der europäischen Geistesgeschichte verortet hat. Ich möchte noch weiter daran arbeiten, ihre Bedeutung und ihren Ansatz präziser zu analysieren.

Ein anderes Anliegen ist mir auch, daß Marie König innerhalb der feministischen Diskussionen stärker in ihrem gesamten geistigen Umfeld gewürdigt wird. Ich habe sehr viele Bücher von Feministinnen gelesen, in denen Marie König zitiert wird, und andere, in denen ihre Gedanken so dargestellt werden, als hätte die Autorin sie selbst herausgefunden.

Das ist leider in vielen Fällen so. In vielen Publikationen wird immer nur ein und derselbe Satz von ihr zitiert. Sie wird oft auch von Forscherinnen vereinnahmt, die ein frühes Matriarchat nachweisen wollen – ganz zu unrecht, weil Marie König selbst sich immer davon abgegrenzt hat, daß sie mit ihren Arbeiten eine frauendominierte Gesellschaft beschrieben hätte.

Ich möchte innerhalb der feministischen Theoriedebatte die Arbeit einer Forscherin transparenter machen, die für eine Frauensicht auf archäologisches Material ganz immense Arbeit geleistet hat, und diese Arbeit in einen Zusammenhang mit der europäischen Wissenschaftsgeschichte, mit der Geistesgeschichte zu Anfang dieses Jahrhunderts stellt, also zum Beispiel mit der Gestaltpsychologie, mit der Geschichtsphilosophie.

War Eure Beziehung auch durch Vertrauen gekennzeichnet?

Eher nicht. Vertrauen in Präzision und geistige Integrität, das ja. Ich habe Marie König zu wenig gekannt, als daß wir so ein persönliches Verhältnis hätten aufbauen können.

Wie ist es mit Treue? Legt Marie König Wert darauf, daß ihr so Gedachtes in ihrer Form weitergegeben wird? Hat sie das angesprochen?

Ja, in einem Artikel, den sie bezeichnenderweise in der Emma publiziert hat[25], verwahrt sie sich gegen Vereinnahmungen, die sie zu einer Matriarchatsforscherin hochstilisieren. Sie hat diesen Begriff nie verwendet und hat auch diese Absicht nie verfolgt. Das ist natürlich sehr wichtig. Ich sehe es als meine Aufgabe, herauszufinden, was eine Frau bewogen hat, in den ersten Jahrzehnten dieses Jahrhunderts diese sehr neuen Funde – die altsteinzeitlichen Figurinen waren noch nicht lange bekannt – in einen Deutungskontext mit der geistesgeschichtlichen Entwicklung zu bringen.

[25] König 1982

Es war nicht so, daß sie dich verpflichtet hätte? War sie nicht besorgt, daß du etwas verfälschen könntest, indem du ganz anders interpretierst?

Ich denke, es hat ihr viel daran gelegen, daß ihre Arbeit weiterlebt. Ich weiß nicht, wie eine Frau, die 87 Jahre alt ist, so etwas wie »Machen Sie weiter« wirklich meint. Ich habe es für mich selber interpretieren müssen. Irgendwann war mir klar, diese Worte sind in meinem Gedächtnis geblieben. Ich habe eine besondere Sichtweise auf ihr Material, und die möchte ich weitergeben. Ich akzentuiere Marie Königs Arbeiten in einem bestimmten Aspekt.

Und wie ist dein eigenener Forschungsweg weiter verlaufen? Gab es andere Frauen, die dich wesentlich beeinflußt haben?

In meinen Deutungen von urgeschichtlichem Material greife ich zurück auf Ansätze der sogenannten Differenztheoretikerinnen wie Luce Irigaray[26] oder Luisa Muraro[27] oder Adriana Cavarero[28] oder die Frauen vom Mailänder Frauenbuchladen[29]. Diese Ansätze waren für mich hilfreich, das archäologische Material, das ich in mehreren Jahren des Sichtens und Sammelns zusammengestellt habe, zu benennen. Frauenpaardarstellungen und weibliche Figuren, die verdoppelt gezeigt wurden, werden in der Fachliteratur äußerst abstrakt beschrieben. Es gab nur ein einziges Buch, in dem

[26] Irigaray 1991; 1979

[27] Muraro 1993

[28] Cavarero 1992

[29] Libreria delle donne di Milano 1988

[30] Gimbutas 1982

relativ viele solcher Darstellungen zusammengetragen waren, und zwar *Marija Gimbutas'* »Goddesses and Gods of Old Europe«[30]. Auch in ihren späteren Werken bezieht sich Gimbutas auf weibliche Verdoppelungen. Bei allen Publikationen ist mir aufgefallen, daß diese zweifachen Figuren oder Frauenpaar-Gestalten so beschrieben wurden, als hätten sie nichts mit der Lebensrealität zu tun. Das einzige, was sich die Deuter vorstellen konnten, war das Paar Mutter-Tochter, wobei allerdings kaum reflektiert wurde, warum diese Mutter-Tochter-Gestalten immer als Identische erschienen. Es gab wenig Möglichkeiten, im heute verfügbaren Sprachschatz Beschreibungen zu finden für diese beiden Frauenfiguren. Dieses Problem besteht ja auch in unserer heutigen sozialen Wirklichkeit. Wenn wir »Frauenpaar« sagen, verbinden die meisten damit ein Lesben-Paar. Vor allem seitdem das Thema »lesbische oder schwule Ehe« in die öffentliche Debatte hineingetragen wurde, können sich auch breitere Schichten der Bevölkerung darunter etwas vorstellen, aber ein mythisches Frauenpaar oder ein Paar von zwei Königinnen oder von zwei Urschwestern, die sind einfach aus unserer Vorstellungswelt vollkommen herausgefallen.

Diese Lücke in den sprachlichen Beschreibungskategorien zu füllen, die uns heute zur Verfügung stehen, in diese Lücke hineinzudenken, haben Philosophinnen wie Irigaray versucht. Und sie haben versucht, für Beziehungen zwischen Frauen Worte zu schaffen. Dabei sind viele auch vom Verhältnis Mutter-Tochter ausgegangen, aber sie haben verschiedene Möglichkeiten beschrieben: verschiedene Formen, die dieses Verhältnis annehmen kann und verschiedene Bedingungen, die dafür nötig sind, damit das Verhältnis zwischen der Mutter und der Tochter oder zwischen zwei Schwestern überhaupt eine Bedeutung gewinnt in der Öffentlichkeit, im öffentlichen Bewußtsein, und damit es in der sozialen Realität wieder sichtbar wird.

Die Überlegungen solcher Theoretikerinnen haben mir verschiedene Vorbedingungen gegeben: zum Beispiel, daß es eine Kraft der Erfindung fordert, die alten Gestalten mit Leben zu füllen, weil die alte Lebensrealität kaum noch irgendwo beobachtbar ist. Hier kann ich den Bogen zurückschlagen zu den Arbeiten von Monique Wittig. Sie beschreibt mythische Figuren aus einer schöpferischen Erfindung heraus.

Kannst du bitte ein Beispiel geben für die neue Begrifflichkeit, dafür, wie dieses Hindenken auf ein besonderes Beziehungsverhältnis konkret Gestalt annimmt in deiner Beschreibung von Urgeschichtspaaren?

Sehr plastisch beschreibt Adriana Cavarero in ihrem Buch »Platon zum Trotz«, in einem Essay, in dem sie die mythische Gestalt der Demeter behandelt, das Verhältnis zwischen dieser Göttin-Mutter und der Göttin-Tochter Kore: »Die Mutter sieht und erkennt in der Tochter ihr eigenes Geschlecht wieder. Die weibliche Geschlechtsidentität ist hier einem Horizont der Ähnlichkeit anvertraut, der sich im Blick der Mutter auf die Tochter und umgekehrt entfaltet, um sich in den von Frauen untereinander getauschten Blicken zu verweben, in den Blicken jeder Frau, die von einer Mutter abstammt und die daher der Mutter die Möglichkeit des Fortbestands ihres Geschlechts versichert«[31].

[31] Cavarero, 1992, S. 101

Dieser Horizont der Ähnlichkeit, der in den Figuren der Urgeschichte vorgegeben ist, ist für mich zum Beispiel eine Möglichkeit, diese Darstellungen vom heutigen Bewußtsein aus zu beschreiben. Vielleicht ist es ein Schlüssel zu diesen ganz frühen Gestalten, daß Frauen sich in ihren Müttern wiedererkannten oder in einer anderen Person des weiblichen Geschlechts.

Das ist die eine Sache. Sie haben sich aber nicht nur in der anderen wiedererkannt, sondern diese Ähnlichkeit wurde auch Thema der Symbolisierungen, das ist so wesentlich. Die Frauenpaare oder Göttinnenpaare waren im gesellschaftlichen Prozeß verbindlich, wahrscheinlich nicht nur für Frauen, sondern ebenso für die Männer, die damals lebten. Solche Verbindlichkeit gibt diesem Paar ähnlicher Frauen eine ungeheure Symbolmacht.

Wie geschichtsmächtig sie waren, das ist die zweite Frage. Ich gehe davon aus, daß die Symbole, die auf uns überkommen sind, ganz sicher als ein Spiegel der Lebenswirklichkeit zu werten sind. Die Symbolwelt hat früher weite Bereiche abgedeckt, die heute durch andere Ausdrucksformen ersetzt oder verdrängt werden: durch die Schriftsprache zum Beispiel oder jetzt durch die anderen Medien. Es ist aus einer heutigen Sicht kaum noch vorstellbar, wie umfassend archaische Symbolisierungen das Bewußtsein früher Gesellschaften prägten.

Ist das, was die Mailänderinnen oder Luce Irigaray erarbeitet haben, auch ein Schlüssel für dein Verhältnis zu Monique Wittig oder zu Marie König?

Die Mailänderinnen haben sich auch mit dem beschäftigt, was sie vertikales Verhältnis zwischen Frauen nennen: das Lehrerin-Schülerin-Verhältnis oder das erste Verhältnis, das Mutter-Tochter-Verhältnis, in dem die jüngere Frau bestimmte Hierarchien des Wissens anerkennt, damit überhaupt eine Weitergabe, eine Tradierung des Wissens möglich ist. Für mich sind Persönlichkeiten wie Monique Wittig oder Marie König ganz wesentliche Lehrmeisterinnen gewesen, die ich mir ausgesucht habe, aussuchen durfte, und zwar weil sie ihr Wissen allgemein verfügbar gemacht haben. Das heißt, daß sie wahrscheinlich auch für viele andere Frauen, vielleicht auch für Männer genau diese Bedeutung haben. Es ist wichtig, daß durch ihre Arbeit eine Vernetzung geschaffen wird zwischen denen, die von diesem Werk berührt sind und die die Tradition weiterführen möchten. Die Mailänderinnen haben das in ihrer Praxis versucht. Sie sind eine relativ große Gruppe von feministischen Aktivistinnen, es sind viele Philosophinnen, Theoretikerinnen, auch Juristinnen, Lehrerinnen und Buchhändlerinnen unter ihnen, die durch einen ständigen Diskussionszusammenhang ihre theoretischen Begriffe immer wieder reflektieren. Ich kenne zu wenig aus der konkreten Praxis. Ich kenne nur die Veröffentlichungen[32], die mir aber als eine Möglichkeit erscheinen, die eigenen Vernetzungen, die ich in meinem Leben mit anderen Wissenschaftlerinnen, mit anderen Feministinnen habe, immer wieder zu überprüfen.

[32] z.B.: Luisa Muraro: Weibliche Genealogie und Geschlechterdifferenz (Vorträge), hgg. v. Frankfurter Frauenschule, SFBF, Frankfurt/M. 1989; Unterschiede: Zeitschrift für Lehrerinnen und Gelehrte, Mütter und Töchter, Gleich- und Weichenstellerinnen, Freundinnen, Tanten und Gourvernanten aller Art, »Weibliche Autorität, Geschlechterdifferenz«, Nr. 12, 1994, Kleine-Verlag, Postfach 10 16 68, Bielefeld; Diotima: Der Mensch ist zwei. Das Denken der Geschlechterdifferenz. Wien: Wiener Frauenverlag 1989; Ute Gerhard (Hg.): Differenz und Gleichheit. Frankfurt: Ulrike Helmer Verlag 1990

Wie sieht die Überprüfung aus?

Es ist tatsächlich ein befreiendes Verhältnis, wenn ich eine andere wirklich als Lehrerin sehen kann. In einem solchen Verhältnis gibt es keine Konkurrenz. Es spornt jedoch an, einen bestimmten Aspekt der Ideen, die die Person so glasklar präsentiert hat, ähnlich präzise zu bearbeiten. Wenn wir nur das horizontale Verhältnis zwischen Frauen betrachten, das innerhalb der feministischen Bewegungen lange als Grundmodell galt – es wird ja heute in Frage gestellt: mit Harmonie, Eintracht und Alle-sind-gleich-begabt kommen wir einfach nicht weiter –, dann werden Wissensdifferenzen zugedeckt, Begabungsdifferenzen zugedeckt. Lehrerinnen zu finden, war für mich eine Möglichkeit, mich weiterzuentwickeln. Ich habe mich in ein vertikales Verhältnis gestellt, nachdem die Belastbarkeit der Beziehungen unter Gleichen brüchig geworden war.

So wie die Italienerinnen das vertikale Verhältnis der Jüngeren zur Lehrerin, der Frau mit dem »Mehr« an Wissen, ausmalen, scheint zu verschwinden, was im Mutter-Tochter-Verhältnis auch enthalten ist: Rivalität und Konkurrenz.

Ja, vielleicht. Die Erfahrung habe ich mit meiner Mutter nicht. Rivalität oder Konkurrenz würde ich im Verhältnis zu meiner Mutter nicht sehen, eher etwas anderes, das ich aber auf keinen Fall meiner Mutter anlasten kann. Mein Wunsch für zukünftige Mutter-Tochter-Verhältnisse wäre, daß in der Auseinandersetzung zwischen Mutter und Tochter die Weitergabe an Kulturgut stärker sein könnte. Meine Mutter war einfach überlastet mit dem Aufziehen von drei Kindern, der Vater war krank usw. Ich habe immer sehr bedauert, daß ich mit meiner Mutter nicht über die Bilder, die sie früher gemalt hatte, reden konnte oder über meine eigenen Arbeiten. Ein Verhältnis von Konkurrenz ist nicht angelegt gewesen.

Die gängige psychoanalytische Sichtweise enthält – bei uns jetzt schon im Alltagsverständnis –, daß Mutter und Tochter um den Mann rivalisieren, um den Vater. Ich glaube, daß das Verhältnis zwischen Mutter und Tochter jedenfalls auch von Haßgefühlen geprägt ist, von Neid, auch wechselseitig.

Ich denke, das muß genauer analysiert werden. Das würde ich auf keinen Fall so stehen lassen. Ich weiß, daß Irigaray solche Begrifflichkeiten verwendet, wo sie der psychoanalytischen Schule stark verpflichtet ist. – Als Problem sehe ich eher die starken symbiotischen Bindungen zwischen Mutter und Tochter, die eine Lähmung verursachen können. Irigaray hat in einem Prosa-Essay mit dem Titel »Eine bewegt sich nicht ohne die andere[33]« diesen Lähmungseffekt beschrieben. Die Tochter will in die Welt hinaus, und die Mutter läßt sie nicht gehen. Aber ich glaube, daß wir auf

[33] Freibeuter, Heft 2, Berlin: Wagenbach 1979

dieser Ebene der Beschreibung des Mutter-Tochter-Verhältnisses nicht weiterkommen.

Ich habe bei meinen urgeschichtlichen Darstellungen vor einem ganz anderen Problem gestanden, nämlich, daß fast alle dieser beiden Frauenfiguren identisch gezeigt werden. Das würde ja nun einem Ideal entsprechen, das auch ich lange Zeit verfolgt habe, in meinen Liebesbeziehungen zu anderen Frauen sich als Gleichwertige anzusehen, was natürlich nicht immer gelungen ist. Ich habe die Ähnlichkeit gesucht und nicht das, was lesbischen Paaren oft angedichtet wird, daß sie heterosexuelle Paare in weiblichen und männlichen Rollen imitieren. Mich hat immer mehr interessiert, Ähnlichkeiten zu verstärken, auch, so etwas wie einen Spiegel zu finden. Darum haben mich diese vielen gleich mächtigen Frauengestalten fasziniert. Dann wiederum hat es mich verwirrt, weil in der sozialen Praxis, in der gesellschaftlichen, politischen Praxis solche Frauenpaare ja so gut wie ausgeschlossen sind: zwei Machthaberinnen, die gemeinsam auf einem Thron sitzen oder gemeinsam präsentieren. Mit meinen Arbeiten zur »Archäologie weib-weiblicher Bindungen« wollte ich aufzeigen, daß dieses Modell verdoppelter weiblicher Macht in der Vorstellungswelt archaischer Kulturen als verbindlich galt.

Mit frauenliebendem Blick

GABRIELE MEIXNER (GEB. 1948)

Gabriele Meixner, freie Urgeschichtsforscherin, hat 1994 ein erstes Ergebnis ihrer zehnjährigen Forschungsarbeit vorgelegt: eine Ausstellung mit Begleitbuch unter dem Titel: »Frauenpaare in kulturgeschichtlichen Zeugnissen«, eine epochen- und kulturenübergreifende Dokumentation des Motivs.

Ihr Fazit: »Das Frauenpaar ist das erste in der Kunstgeschichte der Menschheit dargestellte Paar«[1].

»Das Frauenpaar ist als ästhetisches Modell in archäologischen Zeugnissen überliefert. Und wahrscheinlich war es auch ein soziales Modell«[2].

[1] Meixner 1995, S. 7

[2] Meixner 1995, S. 11

Gabriele Meixner

Dies ist das Fazit einer Frau, die von einer politischen Motivation geleitet wurde, nämlich der, »in Frauen Erkenntnis zu suchen, Begehren zu stillen, Spiegel und Reibungsfläche im eigenen Geschlecht zu finden. Und für ein Leben einzustehen, Seite an Seite mit einer Frau und/oder vielen anderen Frauen.«[3]

Ohne diesen Antrieb hätte Gabriele Meixner die vielen Zeugnisse nicht gefunden, von denen sie in Ausstellung und Buch nur einen Teil zugänglich machen konnte. Sie waren versteckt in Archiven, nicht publiziert, aus der Wahrnehmung anderer Forscherinnen und Forscher schlicht ausgeblendet.

Vorbild »war und ist« Marie König, und zwar, weil sie eine »unabhängige« Forscherin war. Sie war nicht abhängig vom Denkmuster eines Lehrmeisters. Sie war nicht abhängig von staatlichen Geldern. Sie war nicht eingezwängt in eine wissenschaftliche Hierarchie.

Gabriele Meixner fand an Universitäten weder Betreuer noch Betreuerin für ihr Vorhaben, archäologische Quellen aus einem lesbisch-feministischen Blickwinkel heraus zu befragen und damit eine Kritik männlich-patriarchaler Deutungsansätze ebenso zu verbinden wie eine Kritik der »Matriarchatsforschung«[4]. Sie geriet damit auch in die Einsamkeit der sogenannten Laienwissenschaftlerin. Marie König hat ihr dazu verholfen, die doppelte Freiheit – bar aller Ressourcen, aber auch frei von Zwängen – als Denkfreiheit, eben als Chance zu sehen.

[3] Meixner 1995, S. 11

[4] vgl. Gabriele Meixners Definition, ebd., S. 29ff

Nicht universitär eingebunden zu sein, bot Gabriele Meixner die Möglichkeit, versuchsweise den Wahrnehmungswinkel unterschiedlichster Disziplinen einzunehmen. Was sie umtrieb, war die Frage: haben etwa die Frauen schon in der Altsteinzeit lesbisch gelebt? Gab es Bindungen unter Frauen, Austausch, Liebe - Sexualität schon von Anfang an? Sie suchte die Antwort überall: in Museen, in Monographien, in Sammelbänden, in Postkartenständern.

Oft, wenn ihr das Motiv des Frauenpaares begegnete, war das Fundstück Teil einer Raubgrabung, ein Stück also, dessen Geschichte unbekannt und nicht dokumentiert ist. Ausgehend von einem Motiv suchte Gabriele Meixner nach Literatur. Wenn der Weg über Bibliothek und Fernleihe nicht weiterführte, telefonierte sie mit Wissenschaftlerinnen und auch Wissenschaftlern. So erhielt sie Hinweise, manchmal auch nur den Namen der nächsten Expertin. Manchmal erhielt sie auch Postkarten von Frauen, die wußten, daß sie nach Frauenpaaren Ausschau hält, die auf ihren Reisen gerade eine weitere Darstellung gefunden hatten.

Um sie einzuordnen, suchte Gabriele Meixner zunächst in der Archäologie. Sie schaute – mit Marie König – weit zurück in eine Zeit, in der die Menschen noch nicht so aussahen wie heute, sie schritt große Zeitepochen ab wie die Altsteinzeit, die Jungsteinzeit, die Bronzezeit bis zur Antike. Das bedeutete, den höchst unterschiedlichen Zugang nachzuahmen, den Archäologinnen und Archäologen finden, die sich – aus osteuropäischer Tradition kommend – mit Osteuropa oder – aus westlicher Tradition – mit Anatolien, Vorderasien, dem Iran usw. befassen.

Sie befragte die Ergebnisse der Völkerkunde: Helfen die Befunde über den Alltag und die Wirtschaftsweise »traditioneller Ethnien« beim Versuch, Frauenpaar-Darstellungen zu verstehen? Sie befragte die Primatologie[5]. In jüngster Zeit haben Forscherinnen, die das Verhalten von Affen aufzeichnen, aus weiblicher Sicht neue Schlußfolgerungen für die Evolutionsgeschichte des Menschen gezogen.

[5] Primaten: »Herrentiere«, höchst entwickelte, menschenähnliche Säugetiere

Gabriele Meixner befaßte sich mit künstlerischen Darstellungen seit dem Mittelalter bis heute. Sie befragte Legenden, Märchen, früheste Schriftzeugnisse: Zeigen die Bilder Göttinnen, Priesterinnen oder Frauen der Zeit, sind sie symbolische (Schrift)Zeichen oder Abbild sozialer Wirklichkeit, geht es um Kult oder Alltag? Und was erst bedeutet die Verdopplung? Gabriele Meixner fand in den Schöpfungsmythen der australischen Aborigines und der nordamerikanischen Hopi-Indianer eine Vorstellung, die die Darstellung von »ZweiFrauenGemeinsam« am eindrücklichsten erklärt: zwei Ur-Schwestern gleichen Namens oder zwei Schwesternmütter gebären die ersten Menschen. Sie folgert: »Die Pole der Welt waren von einem weiblichen Paar umspannt. Als Gebieterinnen über Ober- und Unterwelt waren sie Herrinnen über Leben und Tod«[6]. Sie hebt hervor, was nicht geläufig ist: Zwei Frauen und nicht etwa zwei Männer verbinden sich in einem Bild für (Schöpfungs-)Macht, (Welten)Einfluß, Herrschaft. Die »weib-weibliche Bindung« habe sich in den Glaubensvorstellungen als ein Verhältnis des Zusammenwirkens niedergeschlagen.

[6] Meixner 1995, S. 70

»Das Frauen- oder Göttinnenpaar war ein Sinnbild für frühe Weltanschauungen,«[7] ist Gabriele Meixners erste große Feststellung.

[7] Meixner 1995, S. 7

In der frühen Zeit wird die Ähnlichkeit der miteinander abgebildeten Frauen betont. Das ist ihre zweite große Aussage: »oft sind sie ununterscheidbar, sie strahlen Ebenbürtigkeit aus«[8].

[8] Meixner 1995, S. 12

Dieses Merkmal verhindert, das Frauenpaar analog zum Mann/Frau-Paar zu sehen. »Offensichtlich hatte die weibliche Zweiheit eine andere Funktion als die, die heute dem Modell des geschlechtsverschiedenen Paares zukommt«[9]. Gabriele Meixner zieht daher eine Linie von den zwei Urschöpferinnen über Doppelgottheiten hin zu den zwei Mächtigen, zwei Priesterinnen etwa auf einem Goldsiegelring aus Mykene oder den zwei Wagenlenkerinnen aus dem Fresko von Tyrins (Kreta).

[9] ebd.

Sie sieht das Mutter-Tochter-Paar, Zwillingsschwestern, Gefährtinnen und Liebende. Manche der Darstellungen haben eine verwirrend erotische Ausstrahlung, so die eiszeitlichen »Tänzerinnen« aus Gönnersdorf/Rhein oder die mittelalterlichen Bilder von Elisabeth und Maria, die sich von ihrer jeweils wundersamen Empfängnis berichten. Gabriele Meixner spinnt den Faden weiter bis zu den »Frauenpaaren« zeitgenössischer Künstlerinnen und kommt zu der Frage, »welche Bündniskraft ein Modell der Angleichung auch für zukünftige Zeiten birgt«[10].

[10] Meixner 1995, S. 16

Bündnisse unter Frauen, auch das »Lebensbündnis« zweier Lesben, sind für Gabriele Meixner ein wesentlicher Motor politischer Veränderung. So bleibt sie nicht dabei, gefundene Darstellungen als Symbole, als sinntragende Zeichen zu lesen. Die

Ritzungen, die auf Schieferplatten in Gönnersdorf gefunden worden sind, nimmt sie als Abbilder der sozialen Wirklichkeit gegen Ende der Eiszeit.

Die Einordung von Zeugnissen aus einer historisch so weit entfernten Zeit verlangt eine schwierige Balance.

Gabriele Meixner kritisiert daher an den vorliegenden Forschungsergebnissen zweierlei: Die meist männlichen Forscher projizieren mit blühender Phantasie aus ihrer zeitlich und milieubedingten Perspektive auf die Darstellungen und entnehmen ihnen so unbelegte Hinweise auf soziales Leben. Oft mangelt es ihnen aber so sehr an Einfühlung, daß gerade die 'Frau-Frau-Bilder' nicht mit der Lebenswirklichkeit in Zusammenhang gebracht werden, »aus der sie schließlich entstanden«[11].

Gabriele Meixner machen die Bilder von Frauenpaaren und -gruppen »neugierig auf eine durch Austausch zwischen Frauen belebte Welt[12]«. Ihre Vermutung, wie diese Welt wohl ausgesehen haben könnte, unterscheidet sich deutlich von den Matriarchatsphantasien älterer Autoren (Johann Jakob Bachofen, Erich Neumann) und der Autorinnen, die in den 80er Jahren von der deutschen Frauenbewegung aufgenommen wurden (Merlin Stone, Elizabeth Gould-Davis). Sie unterscheidet sich aber auch von den jüngeren Arbeiten etwa einer Gerda Lerner[13], Carola Meier-Seethaler[14] oder *Marija Gimbutas*.

Gabriele Meixner beharrt auf der »Denkvoraussetzung, daß in der Menschheitsgeschichte Frauen sexuelle Beziehungen miteinander hatten, selbst, wenn sie nicht in Bildwerken überliefert sind«[15]. Mit dieser Prämisse im Kopf gelangt sie zu einer qualifizierten Kritik der Matriarchatsforschung[16]. Sie macht deutlich, daß die Frauenstatuetten nicht Ausdruck einer Fruchtbarkeitsideologie waren. Es wurde auch nicht »Mütterlichkeit« propagiert. – Es gibt vergleichsweise wenig Darstellungen »Mutter mit Kind«. – Die Fähigkeit, Leben zu schöpfen, ist verbunden mit der Fähigkeit, Leben zu nehmen. Das betont besonders *Marija Gimbutas* und findet dafür den Begriff »regeneration«. Sie legt das Schwergewicht auf den Zyklus des Lebens und trifft sich darin mit Marie Königs Vermutung eines Wiedergeburtglaubens. Gabriele Meixner erkennt sie als in dieser Argumentation verwandt mit Hannah Arendt, die von »Natalität[17]« spricht. Entgegen den Traditionen der abendländischen Philosophie, die in lebensfeindlicher Weise den Tod zum Zentrum des Denkens macht, will sie die Geburt in den

[11] vgl. Meixner 1995, S. 9

[12] Meixner 1995, S. 27

[13] Lerner 1991

[14] Meier-Seethaler 1988

[15] Meixner 1995, S. 35

[16] Sie unterstützt die »Feministische Archäologie« des »Netzwerks archäologisch arbeitender Frauen« (Vgl. die Definition von Eva-Maria Mertens in: Netzwerk archäologisch arbeitender Frauen. Rundbrief 9/ Januar 1994, S. 16). Gabriele Meixners Terminus »Feministische Urgeschichtsforschung« (S. 32) kann zur Verwechslung mit der »Feministischen Ur- und Frühgeschichtsforschung« führen, einem weiteren Ansatz (vgl. Martina Schäfer - Die drei von nebenan: Einige Bemerkungen zur sogenannten »Matriarchatsforschung« in: Rundbrief des Netzwerks achäologisch arbeitender Frauen. Nr. 8. Oktober 1993

[17] vgl. Meixner 1995, S. 38. Sie folgt an dieser Stelle der Lesart von Cavarero1992, S. 16: »Gewiß hat Hannah Arendt selbst mit der Kategorie der Geburt nicht die Tatsache in den Vordergrund rücken wollen, daß die Menschen aus einer Mutter zur Welt kommen. (Stattdessen zog sie es vor, die griechische Auffassung des Geborenwerdens als ein Herkommen aus dem Nichts neu zu fassen.)«

Mittelpunkt rücken. Diese Hervorhebung der »Gebürtlichkeit« des Menschen nimmt den Vorstellungen vom Symbolwert der weiblichen Schöpfungskraft ihren Heiligenschein. Die Betonung liegt auf »Geboren-werden« oder – mit Adriana Cavarero – »Aus-der-Mutter-Geboren-werden«, nicht auf der Gebärfähigkeit der Frau. Sie ist eher als die Freiheit der Entscheidung zu lesen, Leben werden zu lassen oder nicht, eine Entscheidung, die Männern nicht offensteht. Gabriele Meixner erleichtert es uns heutigen Frauen damit, die uralt-alten Bilder als Ausdruck unseres eigenen Denkens zu empfinden.

Unähnlich ähnlich

DREI FORSCHERINNEN IM VERGLEICH

Archäologie und Anthropologie – und damit Marija Gimbutas und Felicitas Goodman – verwenden ein unterschiedliches Schema für zeitliche Einordnungen. Unterschiedlich ist auch ihre Deutung bestimmter Funde, die sich wiederum von der Marie Königs unterscheidet. Jede Argumentation nimmt für sich Wissenschaftlichkeit in Anspruch.

Der Blick in die Geschichte ist immer geformt vom jeweilig persönlichen und zeitbedingten Interesse. Frauen bietet er die Möglichkeit, ihre heutige Stellung in der Gesellschaft zu überprüfen und zu verändern. Dieses Interesse leitet die in diesem Buch angestrebte Erkenntnis. Genauigkeit ist dabei ein hoch zu schätzender Maßstab, der als einziger die Phantasien einzudämmen vermag, die sich unausweichlich mit dem Blick zurück vermischen.

Vom eigenen Erleben, selbst vom Wunsch gelenkte Vorstellungen sind eine wichtige Triebkraft für das Erkennen. Dennoch sind Überprüfung und Gegenabsicherung der Aussagen wichtig für Forschungsergebnisse, die einem politischen Handeln die Richtung weisen wollen. Die Gegenüberstellung unterschiedlicher Interpretationen der drei porträtierten Lehrerinnen kann eigenes Urteil begründen.

Vor rund zehn bis zwölftausend Jahren – und manchenorts auch früher – begannen die Menschen mit der Bearbeitung des Bodens und der Züchtung von Pflanzen, berichtet *Felicitas Goodman*. »Die Menschen entfremden sich ihrer Umwelt, und der Gedanke, in Form der Bestattungsriten müßte der Umwelt angesichts des Verlusts von Menschenleben Trost gespendet werden, geht verloren. Vor allem aber beginnen die Menschen nun aggressiv nach der Herrschaft über die Umwelt zu streben. Mit dem Anbau zwingen sie Mutter Erde, etwas hervorzubringen, was sie nicht frei zur Verfügung stellt. Das bedeutet eine grundsätzliche Abwendung von der Haltung der Sammlerinnen und Jäger. ... die Vergewaltigung der Mutter (Erde) löste überwältigende Schuldgefühle aus, und so taucht mit den Gartenbauern zum erstenmal in der Menschheitsgeschichte die Idee eines Weltuntergangs auf, durch den die Schändung der Erde geahndet wird«[1].

[1] Goodman 1994, S. 31

Warum die Menschen angefangen haben, den Boden zu bearbeiten, wird von der Wissenschaft immer wieder diskutiert. *Felicitas Goodman* schließt sich der These an, daß die Menschen schon so viele geworden waren, daß sie nicht mehr genügend Raum vorfanden, in den sie hätten abwandern können. Also hätten sie eine Nahrungsbeschaffung erfunden, die »pro Land- und Zeiteinheit mehr Kalorien« lieferte.

Es scheint hingegen sehr viel plausibler, daß die Menschen von dem gelebt haben, was sie vorgefunden haben: viele, viele Rinder im Taurus(»Stier«)-Gebirge der Südtürkei oder eben die Fülle von wildem Emmer und Einkorn, die in der Gegend des »Fruchtbaren Halbmonds« wuchs. Sie wird so genannt, weil die Landschaftsstriche, die sich längs der orientalischen Küste des Mittelmeeres und im Iran, Irak hinziehen, zusammen die Form eines Halbmondes ergeben.

Die Frauen, die als Sammlerinnen viel über Pflanzen wußten und gewohnt waren, genau hinzuschauen, beobachteten, wie der Samen aus dem Getreidegras in die Erde fiel und neu keimte. Sie legten Vorräte an, da die Körner ja in einer solchen Fülle vorhanden waren. Sie taten das, was Mütter schon vor Millionen Jahren um ihrer Kinder willen begonnen hatten. Weil viel Nahrung vorhanden war und sie nicht so weit wandern mußten, konnten sie allerdings mehr Kinder aufziehen. So entstand der Bevölkerungsdruck. Für die größer gewordene Zahl von Menschen mußte systematischer für ausreichend Nahrung gesorgt werden.

Die Entstehung des Ackerbaus im Nahen Osten anzunehmen und die Ausbreitung der Idee zusammen mit einer Wanderungsbewegung von dort in Richtung Europa zu orten, ist eine archäologische Sichtweise. Die Archäologie spricht bezogen auf diese Gegend nicht von Gartenbau, sie verfolgt die Verbreitung des Korns. Und das ist ihrer Wortwahl nach im Feldbau gewachsen, während Gartenbau (ganz in der Nähe des Hauses) die Pflege von Knollenfrüchten und Gemüse (mit dem Grabstock) meint. In den Mythen, die *Felicitas Goodman* auswertet, geht es um Mais. Ihr Material ist in ganz anderen Kontinenten entstanden.

Dennoch will mir nicht einleuchten, warum sich die Menschen der »Gartenbau-Zeit« schuldig fühlen mußten. Selbst wenn sie viele geworden waren, mußten sie sich dann für ihre Existenz entschuldigen? Ich nehme vielmehr an, daß schon die Riten der Jäger eher eine Form des Dankes als des Bekenntnisses von Schuld sind.

Jäger, so erzählt *Felicitas Goodman*, behandelten die Augen eines erlegten Tieres in besonderer Weise und trugen damit Sorge für seine Seele. Die Jäger und Sammlerinnen wußten, daß sie aus der Natur entnahmen. Warum sollte sich diese Haltung von Achtung und Dankbarkeit gegenüber ihrer Mitwelt bei den Gartenbauerinnen und Gartenbauern nicht erhalten haben?[2]

Die friedfertigen Semai Malaysias, berichtet *Felicitas Goodman*, bringen dem Donner und seinen Verbündeten ein Blutopfer dar, »offenbar um die Verletzung der Umwelt wiedergutzumachen ... Wenn sie dieses Ritual nicht ausführten, sagten sie, 'würde dieser ganze Ort eingeebnet und von Schlamm bedeckt werden, und wir lägen darunter begraben'«[3]. Die Menschen der Steinzeit, die nicht in so festen Häusern lebten wie wir, waren den Naturgewalten viel weiter ausgeliefert. Warum sollte das Blutopfer ein Schuldbekenntnis sein und nicht genau das, was in dem zitierten Satz von den Semai beschrieben wird: eine Bitte darum, daß die Naturkatastrophe nicht eintreten möge.

Ein Opfer ist eine besonders ausgearbeitete rituelle Geste, eben eine Form der Kommunikation mit der Anderswelt oder dem Numinosen, dem »Göttlichen«, als einer zugleich Vertrauen und Schauer erregenden Macht.

Zum Opfer gehört als ein wesentliches Motiv, das die ganze Geschichte hindurch immer wieder auftaucht, die Verwandlung, die Metamorphose. In der katholischen Messe heißt der Moment »Wandlung«: im christlichen Abendmahl wird Wasser und Brot verwandelt in den Leib Christi. Als »kulturelle Idee« sei die Metamorphose »schon bei Jägern und Sammlern angelegt: in der Initiation, deren Ritual den Jugendlichen in einen Erwachsenen »verwandelt«[4], meint auch *Felicitas Goodman*. Aber erst bei den Gartenbauerinnen und Gartenbauern entfalte sich diese Weltsicht zur vollen Blüte. »Aus dem Samen wächst die Pflanze und bringt wiederum Samen hervor. Die Pflanze ist nur ein anderer Aspekt des Samens. Damit der Samen diesen stellvertretenden Aspekt offenbaren kann, muß er dem Ritual des Pflanzens unterworfen werden«[5].

Das Motiv der Metamorphose der Gartenbau-Gesellschaft zuzuordnen, hat wenig Plausibilität für sich. Eher scheint mir die Metamorphose des Menschen in ein Tier und auch umgekehrt des Tiers in einen Menschen die ursprüngliche Verwand-

[2] Die Entstehung von Weltuntergangsmythen in so früher Zeit erklärt sich vor solch einem Hintergrund natürlich nicht. Sie müßte in anderen Ursachen gesucht werden.

[3] Goodman 1994, S. 31f

[4] Goodman 1994 S. 32

[5] Goodman 1994, S. 33

lungsform zu sein. Wilhelm E. Mühlmann[6] erklärt sie aus der ersten Form des Jagens. Die Jäger der Altsteinzeit hätten so große Tiere wie ein Mammut oder eine Raubkatze nicht erlegen können, wenn sie sich ihnen nicht ganz vorsichtig angenähert hätten. Sie haben die Bewegungen des Tiers nachgeahmt, sie haben sich ihm ähnlich gemacht, sich anverwandelt[7].

Der Erfolg des altsteinzeitlichen Jagens war an die (An)Verwandlung gebunden. Eine solche Herkunft des Motivs würde sofort erklären, warum *Felicitas Goodman* als bildlichen Beleg eine Mensch/Tier-Verwandlung und eben nicht ein Bild von Samen, Keimling und Pflanze anführt: den »tätowierten Jaguar«[8]. Es sind zwei Kunstwerke von unterschiedlichen Fundorten (!), die in zwei verschiedenen Museen aufbewahrt werden, die *Felicitas Goodman* nebeneinander stellt und aufgrund des künstlerischen Stils als zueinander gehörig auffaßt. Die eine Figur stellt einen Menschen mit einer Jaguarmaske dar, die andere einen Jaguar in derselben – menschlichen – Körperhaltung. An anderer Stelle berichtet sie vom »schillernden Spiel der Verwandlung[9]« bei heute noch bestehenden Jägerstämmen. Die Verwandlung vollzieht sich dort im Zustand religiöser Trance in Tänzen und ist anscheinend nicht das Privileg von Spezialisten im Kontakt mit der Anderswelt.

Die Tradition der Tiertänze habe sich in den Gartenbaugesellschaften fortgesetzt, meint *Felicitas Goodman.* »Während jedoch bei den Jägerstämmen der Tanz dazu dient, die Verwandtschaft zwischen Mensch und Tier zu betonen, haben sich diese Tänze bei den Gartenbauern in einer ganz anderen Richtung entwickelt. Bei diesen Stämmen waren es die Frauen, die den Samen der Erde anvertrauten und erlebten, wie aus dem Samen die Pflanze wuchs, die wiederum Samen spendet«[10]. Leider erklärt *Felicitas Goodman* nicht, in welche Richtung sich die Entwicklung fortsetzt. Daher wird auch nicht »verständlich, daß der zentrale Gedanke bei den Gartenbaustämmen der des Wandels sei, der Metamorphose«[11].

Die Zeit des Gartenbaus ist in Mitteleuropa sehr kurz gewesen. *Felicitas Goodman* zieht als Beispiel eine Siedlung auf der Uferterasse der Donau heran: Lepenski Vir. Sie habe »dennoch« eine »Kunst von berückender Schönheit« geschaffen,

[6] Mühlmann 1981

[7] Der Soziologe und Ethnologe Mühlmann setzt mit dem Schamanismus den Anfang der Religion. Esther Jacobson (1993) betont, daß archäologisch nicht nachgewiesen werden könne, wann Schamanismus zuerst aufgetaucht ist. Es könne keine datierbaren Funde geben, weil die Identitäts-Kennzeichen der Schamaninnen und Schamanen, ihre Trommel und ihre Bekleidung, nach ihrem Tod weit entfernt von der Siedlung im Wald aufgehängt werden und verrotten. Mit Bezug auf die ersten Nomaden Eurasiens vermutet Esther Jacobson, daß die religiösen Spezialisten, die sich ihre Heilkraft in der Trance von einer weiblichen Gestalt holen (müssen), frühestens in der Eisenzeit aufgetaucht seien, Zeugnisse religiösen Verhaltens sind aber auch für Eurasien schon lange vorher belegt. Wahrscheinlich gab es mehrere Formen der Bestattung, die sich auch über die Jahrhunderte geändert haben können.

[8] Goodman 1994, S. 32

[9] Goodman1989, S. 155

[10] Goodman 1989 S. 157

[11] ebd.

Abbildung 21:
Bearbeiteter Stein aus dem Ufergeröll der Donau, Lepenski Vir, Eisernes Tor, 6000 - 5800 v.u.Z., Höhe: 51 cm

[12] Goodman 1994, S. 34

in der die »Metamorphose vom Menschen zum Fisch« dargestellt sei[12]. (Abb. S. 00).

Diese Skulpturen bestehen aus dicken Flußgeröllsteinen, deren Oberfläche unbehandelt belassen wurde. Auf der Sandbank am rechten Donauufer lebten vor

8000 Jahren Menschen, die sich hauptsächlich von Fisch (Stör), aber auch von Wild ernährten. Als »Wildbeuter« sammelten sie Wildgetreide und Waldfrüchte[13]. *Felicitas Goodman* ordnet die Entstehung der monumentalen Skulpturen wiederum dem Gartenbau zu, der kurzen Zeit der Domestizierung von Gräsern und Amaranth, der Phase also, die von der Jagd- und Sammelkultur zur Ackerbaukultur überleitete. Ein Stör, der Fisch, den diese Gesellschaft in ihren Anfangszeiten jagte, wog etwa 200 kg. Sein Kopf könnte gut das Vorbild für die Statuen abgegeben haben. Mir erscheint es daher plausibler, daß sie in der Zeit der Jagd- und Sammelkultur entstanden sind.

Auch *Marija Gimbutas* geht auf diese Skulpturen ein. Sie berichtet, sie seien doppelt so groß wie ein menschlicher Kopf. Sie zeigen halb-menschliche Gesichtszüge und darin ein Fischmaul[14]. Viele tragen geometrische Muster, während manche blank blieben. In ihrer frühen Veröffentlichung sieht *Marija Gimbutas* den Mund und die großen Augen eines Fisches und die Nase und die Augenbrauen eines Mannes, die »der männliche Künstler« herausgearbeitet habe, während *Felicitas Goodman* das ekstatische Antlitz einer Frau erkennt[15].

An zumindest einer der Skulpturen sind überdeutlich Brüste und Vulva herausgearbeitet. *Marija Gimbutas* spricht von einem »eiförmigen Sandstein, der die Vulva kurz vor der Geburt zeigt«[16]. Für die Interpretation greift auch sie auf ethnologische Parallelen zurück. Die Mythen jagender und fischender Ethnien belegten den »paläolithischen Ursprung der kosmogonischen Vorstellung, die sich um Wasser, Wasservögel, Ei, Hirschkuh und Frau zentrieren«[17]. Die Schöpfungsgeschichten waren sehr komplex. Das Bild vom Weltenei hat sich bis heute erhalten.

Die eiförmigen Skulpturen aus Lepenski Vir ordnet *Marija Gimbutas* auch in diesen Zusammenhang ein. Sie scheinen ihr eine Ursprungsschöpferin oder eine mythologische Ahnin zu verkörpern. Da sie in der Nähe des Herdes standen, war die weibliche Gottheit vielleicht auch eine Wächterin des Hauses[18], formulierte *Marija Gimbutas* in ihrem frühen Werk, um später noch weiter zu gehen: »Die 45 roten Sandsteinfiguren standen auf rotem Kalkmörtel am Kopfende eines vulva/uterus-förmigen Altars«[19]. Diese Verwendung roter Farbe müsse eine ähnliche Bedeutung gehabt haben wie das Bestreuen der Toten mit rotem Ocker. Zu den Hauptaktivitäten der

[13] Staatliche Museen Preußischer Kulturbesitz Berlin, Museum für Vor-und Frühgeschichte, Merkblatt 1116 - 15

[14] Vgl. Gimbutas 1974, S. 107 f.

[15] Goodman 1989, S. 129

[16] Gimbutas 1991, S. 285

[17] Gimbutas 1974, S. 101

[18] Unter dem Herd waren männliche Schädel begraben! Vgl.: Fußnote 11

[19] Gimbutas 1989, S. 260

Menschen von Lepenski Vir habe das rituelle Opfer gehört. Fisch, Rotwild, Hunde und Bären seien geopfert worden, wie die Paläozoologen herausgefunden hätten. Auch die labyrinthischen Muster, die auf dem Stein mit roter Farbe hervorgehoben worden seien, wiesen darauf hin, daß die Fischgöttin als Herrin über Leben und Tod verstanden worden sein muß, als generativer Schoß[20].

[20] Die Bezeichnungen des Ausgräbers D. Srejović »Flußgott«, »Adam« oder »Wassermann« mißachteten die rote Farbe, die Brüste, die uterinen Formen und die Bedeutung des Mäanders als Symbole des Weiblichen.

Die Interpretationen der Archäologin, die auf einem eingehenden Studium von Funddetails beruhen, treffen letztendlich doch mit der »Offenbarung« zusammen, die *Felicitas Goodman* entgegengenommen hat, nämlich, daß diese Skulpturen sich auf das frühe Verständnis von Tod und Leben beziehen.

Für *Marie König* hingegen belegen die »fußballgroßen Rollsteine[21]« aus der »frühneolithischen« Siedlung Lepenski Vir den »Symbolgehalt des Schädels«. Sozusagen von außen her gesehen, erscheint der Kosmos rund wie eine Kugel. Diese »objektive Sicht« auf das All repräsentieren kugelige Formen. Die unbearbeiteten Rollsteine nimmt *Marie König* als Beleg, »daß die runde Form die Aussage brachte, auch ohne zusätzliche Symbolik«.

[21] König, 1973, S. 39

Unterschiedlich bleibt bei *Felicitas Goodman* und *Marija Gimbutas* immer die Epochenzuordnung, so auch für eine Figur aus der Sesklo-Kultur, Thessalien, Griechenland. (Vgl. Abbildung 4, S. 73). *Felicitas Goodman* hat Teilnehmerinnen ihrer Seminare gebeten, die Körperhaltung dieser Figur einzunehmen. Die Erlebnisse, die ihre Haltung mit den Händen auf den Knien vermittelte, sind für *Felicitas Goodman* mit der klassischen griechischen Antike verknüpft, die der neolithischen Kultur Thessaliens nachfolgte. Letztere zählt sie zu den Gartenbaugesellschaften[22]. *Für Marija Gimbutas* gehört die Sesklo-Kultur zu den Ackerbauern.

[22] Goodman 1989, S. 249

Sie nennt Thessalien den »Brotkorb Griechenlands[23]«. Sie hat selbst in dieser Gegend gegraben und kommt zu dem Schluß: diese Kultur basierte auf der Kultivierung von Weizen und Gerste. Tiere wurden auch domestiziert, die Jagd trug nur minimal zur Ernährung bei. *Felicitas Goodman* hatte gesehen, daß diese Figur eine Maske, vermutlich eine Vogelmaske, trug. »Das war aufregend, denn Masken werden bei den Gartenbauern, wie wir aus modernen Beispielen dieser Stämme wissen, nur

[23] Gimbutas 1991, S. 13

[24] Goodman 1989, S. 238

bei religiösen Gelegenheiten getragen, und zwar stets in Verbindung mit einer Trance«[24].

Marija Gimbutas reiht diese Statuette unter den Typus der Vogelgöttin ein, die in Tempeln oder auf Hausaltären verehrt wurde, nicht im Zusammenhang mit dem Dreschen von Getreide oder dem Backen von Brot. Die Vogelgöttin ist ein sehr komplexes Motiv, das für *Marija Gimbutas* immer etwas mit der Schöpfung neuen Lebens oder Wiedergeburt zu tun hat.

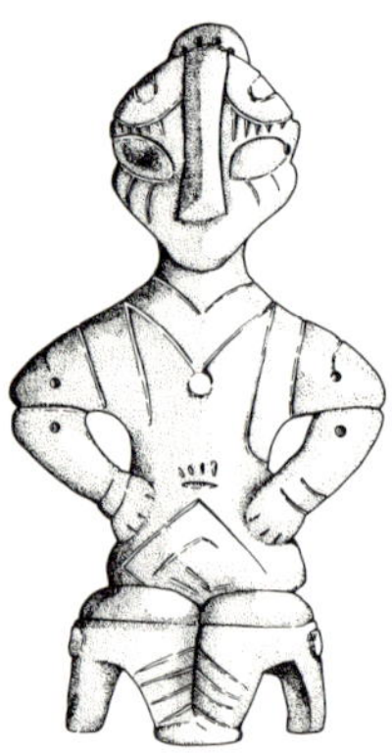

Vinča-Kultur

[25] Gimbutas 1991, S. 69
[26] Gimbutas 1989, S. 26f
[27] Vgl. Goodman 1989, S. 201

Unter die Vogelgöttinnen ordnet *Marija Gimbutas* auch die Figuren der Vinča-Kultur[25] ein, die eine Entenmaske tragen[26]. Sie sind bemalt und ziseliert mit Symbolen des Wassers als Quell des Lebens. Unter dem Hals ist ein V eingeritzt, manchmal wirkt es wie ein Halsband mit einem Medaillion daran. Das V, so erläutert *Marija Gimbutas*, ist das Zeichen der Vogelgöttin, eine königliche Insignie. Auch das Medaillion spreche von ihrer Bedeutung. Der Wasservogel steht für die göttliche Kraft, die in Zeiten der Dürre um Regen angefleht wurde. Die Göttin mit der Entenmaske garantiert das Leben.

Felicitas Goodman hat diese Figur in ihre Sammlung aufgenommen, weil das Zeichen auf ihrer Brust das Erlebnis wiederzugeben scheint, das ihre Körperhaltung vermittelt: den Absturz in einen Felsspalt und das Wiederauferstehen. Diese Trance-Wahrnehmung sei ein klarer Hinweis darauf, daß das Leben mit dem Ablegen des Körpers am Rand des Totenreichs nicht zu Ende sei[27].

Das Schwergewicht liegt also bei Felicitas Goodman auf der Tod/Leben-Problematik, während Marija Gimbutas in den Vinča-Figuren mehr die Erhalterinnen des Lebens sieht.

[28] Goodman 1989, S. 190

Die Menschen, die im 3. Jahrtausend v.u.Z. die Kykladen, bewohnt haben, rechnet *Felicitas Goodman* auch zu den Gartenbauerinnen und Gartenbauern. »Sie haben etwas Gerste angebaut, sie hatten verstreut auch Olivenbäume, Ziegen und Schafe: aber vor allem waren sie Fischer«[28]. Sie gaben ihren Toten, Männern wie Frauen, Figuren mit verschränkten Armen mit ins Grab.

Felicitas Goodman grenzt sich von den Prähistorikern ab, die »spekulieren, es könne sich um einen Glücksbringer handeln oder um eine örtliche Göttin ... Ich meine, es handelt sich statt dessen wohl um die Darstellung eines Seelenführers und um einen Kraftgegenstand«[29]. Mit dieser Formulierung wendet sich *Felicitas Goodman* auch gegen *Marija Gimbutas*.

[29] Goodman 1989, S. 191

Marija Gimbutas nennt den kykladischen Typus »Steife Nackte« oder »Steife weiße Frau«[30]. In europäischen Märchen und Sagen gibt es den Tod in Gestalt einer hochgewachsenen Frau, deren knochige Glieder von einem weißen Gewand umhüllt werden. *Marija Gimbutas* fiel nämlich auf, daß die Figuren, die ihre Arme eng an den Körper pressen, immer aus weißem Material gefertigt sind, aus Knochen, Marmor oder Alabaster. Weiß ist die Farbe des Todes, denn in der Jungsteinzeit wurden Skelette oft erst vom Fleisch gereinigt, bevor sie bestattet wurden. Sie wurden (Geier)vögeln zum Entbeinen dargeboten, bleichten dabei durch die Sonne aus.

[30] Gimbutas 1989, S. 198

Figuren mit eng an den Körper angelegten Armen, steifen aneinander gepreßten Beinen und einem betonten Schoßdreieck tauchen schon im Jungpaläolithikum auf. Die Kykladen-Figurinen stellen für *Marija Gimbutas*[31] eine Fortsetzung dar. Datiert in die Zeit zwischen 3500 und 2500 v.u.Z., sind sie durch einen zylindrischen Hals, eine Maske ohne Augen und zum Teil durch eine Kopfbedeckung (Polos) gekennzeichnet. Sie wurden in runden und eckigen Gräbern gefunden und in solchen, die die Form eines Ofens hatten. Im Ofen wird Brot gebacken, die Leben sichernde Nahrung - ein Hinweis auf den Tod als Beginn neuen Lebens. Tod und Auferstehung sind unauflöslich miteinander verknüpft in der religiösen Vorstellung des Neolithikums, wie *Marija Gimbutas* immer wieder deutlich macht.

[31] Gimbutas 1989, S. 203

Von den Kykladen

Die Aufgaben, die *Felicitas Goodman* den Figurinen zuspricht, betreffen diesen inhaltlichen Kern der Religion und sind insofern von der Deutung *Marija Gimbutas'* gar nicht so weit entfernt. »Die Seelenführer sind Schamanen«, erklärt *Felicitas Goodman*, »die die Aufgabe haben, die Seelen der Verstorbenen ins Totenreich zu begleiten.«

Marija Gimbutas würde niemals in den Figurinen »Darstellungen der am Ort ansässigen Schamaninnen«[32] erkennen, für sie sind sie Symbole der Göttin. Damit sie,

[32] Goodman 1989, S. 191

die das Leben genommen hatte, das Tor zum Leben wiederöffnen möge, wurde ihr Abbild beschwörend mit ins Grab gegeben. Geschieht eine ähnliche Handlung im Rahmen des Christentums, nennt man die in bittender Absicht hingegebenen Abbilder »Ex Votos«. Im Zusammenhang animistischer Religionen noch lebender Ethnien wird von »Kraftgegenständen« gesprochen, wie es auch die Anthropologin *Goodman* tut. Deshalb mußte auch *Marija Gimbutas* mit *Felicitas Goodman* annehmen, »daß es diese zusätzliche Kraft ist, mit der die kleinen Marmorstatuen in den Kykladengräbern die Toten versorgen sollten«[33].

[33] Goodman 1989, S. 192

Unter den männlichen Skulpturen des Neolithikums findet sich der Typus des »traurigen Gottes«. *Marija Gimbutas* schließt aus seiner weiten Verbreitung, daß er eine »zentrale Stellung im Pantheon 'Alt-Euopas'[34]« gehabt haben müsse. Die Figur (Vgl. Abbildung 5, S. 75), die das bekümmerte Gesicht in die Hände stützt, stelle entweder ein Bild für die Vegetation dar, einen Jahresgott, der sterben muß, um im nächsten Frühjahr neu geboren zu werden oder einen Gott des Todes, den Tröster der Großen Göttin in ihrem Todesaspekt. An anderer Stelle betont *Marija Gimbutas*[35], daß ganz offensichtlich ein alter, kein junger Mann und eine alte Frau dargestellt seien. Sie deutet das Paar als Bruder und Schwester, beide als Repräsentation des Sommers, der sich im Herbst in die Unterwelt verabschiedet.

[34] Gimbutas 1974 , S. 230

[35] Gimbutas 1974

Diese Vorstellung sei nichts weiter als die Ausarbeitung des altsteinzeitlichen Glaubenssystems, die der Wechsel vom Nahrungsammeln zur Nahrungsproduktion mit sich gebracht habe. Kleine schmale Menschen seien von Anatolien nach Griechenland und weiter nach Mazedonien und in die Karpathen eingewandert. Sie hätten anatolische Einflüsse mitgebracht und sich der ansässigen Kultur angepaßt. Das »Paar von Cernavoda« sei ein Beleg dieses Akkulturationsprozesses.

Felicitas Goodman wählte das »Paar von Cernavoda« als Vorbilder für eine Körperhaltung aus. Die besonders aufgesetzte Hand der weiblichen Figur erscheint ihr als Pfote.

Der Vergleich mit den vielen ähnlich aufgeblasenen, »fetten« Figuren unterschiedlichster Herkunft zeigt jedoch das typisch nachrangige Körperglied, das im

Gegensatz zu Brüsten oder Gesäß eben nicht betont, sondern disproportional klein dargestellt wird.

Die männliche Figur trägt nach *Gimbutas* definitiv eine Maske, die am oberen Rand durchlöchert wurde, damit ein ritueller Schmuck eingepaßt werden konnte. Frauen erlebten sich in den Versuchen *Felicitas Goodman's* als Schamaninnen, die bei Krankheiten halfen oder Sterbende in die Anderswelt geleiteten. Als Frauen die Haltung der weiblichen Figur einnahmen und Männer die des »Denkers«, wirkten letztere wie eine »Batterie«, die den Frauen Energie für ihre Aufgaben in der Trance zur Verfügung stellen. Männer erfüllten eine Hilfsfunktion, was offenbar sehr anstrengend für sie war. Man könnte von dieser Rollenverteilung beim religiösen Erlebnis auf die Stellung von Mann und Frau in der neolithischen Gesellschaft schließen. *Felicitas Goodmans* »psychologische Archäologie« würde dann das Bild einer Kultur enthüllen, in der Frauen offenbar dominierten und als Priesterinnen und Heilerinnen eine wichtige Funktion einnahmen – eine Sichtweise, die *Felicitas Goodman* selbst nie eingenommen hat.

Felicitas Goodman's Umgang mit altsteinzeitlichen Relikten erfährt eine kritische Spiegelung durch die Arbeit *Marie Königs* vor allem am Beispiel des »Strichmanns von Lascaux«. Sein bedeutendstes Merkmal ist für *Felicitas Goodman*, daß er in einem Winkel von 37 Grad zur Erde daliegt[36]. *Marie König* hat die Höhle selbst besucht, in der er an die Wand gemalt ist. Sie »konnte sich an Ort und Stelle überzeugen, daß die Figur weder liegt noch umfällt«[37]. Ihrer Meinung nach hat sich der Zeichner[38] im Schacht von Lascaux sehr recken müssen. Der enge Platz bestimmte die Richtung der Gestalt, die er malte. *Felicitas Goodman* ist der Überzeugung, daß der »nackte Mann[39]« eine Vogelmaske trägt. Für *Marie König* stellt die männliche Figur keinen Menschen dar, da sie einen Vogelkopf hat. Wie bei vielen altsteinzeitlichen Darstellungen hat die Gestalt »Vogelkrallen« *(Gimbutas)*, ihre Finger sind besonders betont.

Marie König fiel auf, daß eine Hand vier Finger zählt, während der anderen zu dreien noch ein vierter korrigierend dazugemalt wurde. Die Zahlensymbolik kreist um die Vier. Gemeint ist nach *Marie König* die vierte Mondphase, der Mondtod.

[36] Vgl. oben, S. 71

[37] König 1980, S. 110

[38] Marie König sieht einen männlichen Künstler am Werk.

[39] Vgl. Goodman 1989, S. 33

Der Mond ist ihrer Meinung nach als Bison dargestellt, denn an ihm ist die Dreizahl betont: »Der gesenkte Kopf zeigt beide Hörner, drei Darmschleifen hängen aus dem Leib, der Schwanz endet in drei Spitzen, und die Hufe sind gedreht, deuten also auf die Lunarsymbolik. Es ist das nächtliche Gestirn, das hier unten verendet«[40]. »Was verhilft ihm zu neuem Leben? Die Rolle ist einer anthropomorphen Figur zugedacht ... Die kräftigen Beine verankern die Gestalt im Diesseits, während der Vogelkopf und der hinzugesetzte Vogel den Begriff mit dem Himmel und der Erweckung verbinden«[41].

[40] König 1980, S. 106f

[41] König 1973, S. 236

Das Bild thematisiert also den Zusammenhang von Tod und Auferstehung. Die Erneuerung des Lebens ist eine Fähigkeit der weiblichen Göttin, eindeutig an den Körper der Frau gebunden. Diese Vorstellung der Jungsteinzeit leitet sich nach *Marija Gimbutas* einlinig aus der Glaubenswelt des Paläolithikums ab. Dazu kontrastiert die Formulierung *Marie Königs*, die das aufgerichtete Geschlechtsteil des männlichen »Lebewesens« für ein Symbol hält: »Das große Zeugungsorgan weist auf seine Potenz, neues Leben zu erschaffen«[42].

[42] König 1973, S. 236

Marija Gimbutas sieht das gesamte Fundmaterial stets im Licht der Göttin. So wie ihre Zusammenfassung verschiedener Gesellschaften zur einen Kultur »Alt-Europas« eine Vereinfachung darstellt, könnten auch Einzeldeutungen durch das Raster des groben Siebes fallen. Oft erscheint es, als ob ihre Aussagen zum Paläolithikum als Rückinterpretation aus dem Neolithikum heraus entstanden seien.

Auffallend ist jedenfalls, daß sich *Marie König* und *Marija Gimbutas* auch in der Deutung einer immer wiederkehrenden Figuration unterscheiden. Seitlich erhobene Arme, die sich im rechten Winkel vom Körper abstrecken und spiegelbildlich plazierte Beine stellen nach *Gimbutas* die Gebärhaltung dar. Abstrahiert ähnelt dieses Bild Fröschen und Kröten – beides Tiere, die in der Mythologie mit der Gebärmutter und mit Geburt verbunden sind.

Für *Marie König* ist an diesen Darstellungen der rechte Winkel bedeutsam, »der im Ansatz der Arme und der Beine und durch die Beugung der Unterarme vielfach zum Ausdruck kam. Der rechte Winkel war ältestes Kulturerbe, ihn hatte der Mensch erfunden, der das erste Linienkreuz zog«[43]. Nach *Marie König* geht es hier also um das Ordnungsprinzip, ausgehend von der Orientierung im Raum.

[43] König 1973, S. 321

[44] König 1973, S. 180

[45] ebd.

[46] ebd.

[47] Gimbutas 1989, S. 237

[48] König 1989, S. 119

[49] Vgl. die Abbildungen in Gimbutas 1989, S. 9

»Venus« v. Lespugue

»Venus« v. Willendorf

Das Viereck war Ausdruck der Weltordnung. Die Armhaltung im rechten Winkel spricht dann auch von einer »Allmacht..., die durch ihre symbolische Aussage Maß und Gesetz verkündet«[44]. Gemeint ist damit auch die Macht über Werden und Vergehen. Auf diese Weise ordnet auch *Marie König* die »prähellenischen Idole vom Ende des 3. Jahrtausends v. Chr., die auf den Kykladen gefunden wurden«[45], der Tod/Leben-Problematik zu. »Die Lunarsymbolik wird hier durch das Dreieck der aufgesetzten Nase und das Schoßdreieck ergänzt«[46].

An der älteren Darstellung des Elfenbeinfigürchens aus Lespugue oder der Kalksteinstatuette aus Willendorf erkennt *Marie König* dieselbe Geste der Armhaltung.

Marie König und *Marija Gimbutas* unterscheiden sich häufig nur durch die Schwerpunktsetzung. Das Dreieck symbolisiert für *Marija Gimbutas* das Schoßdreieck oder die Vulva und damit die göttliche Kraft der Erneuerung des Lebens. Ein im Neolithikum häufiges Motiv, die Sanduhr, besteht aus zwei aneinandergesetzten Dreiecken. Diese geometrische Form wird zur anthropomorphen Gestalt, wenn Beine, Arme und Hände hinzukommen. Niemals aber sind es Menschenhände, sondern es sind Vogelkrallen dargestellt – Hinweis auf die Göttin, die als Eule den Tod bringt, als Geier die Knochen abnagt. Solche Darstellungen tauchen im Zusammenhang von Gräbern oder Höhlen auf. Die Sanduhr ist für *Marija Gimbutas* also ein Bild der Göttin von Tod und Wiedergeburt[47].

Marie König faßt ihre Beobachtungen aus paläolithischen Höhlen abstrakter. Die Dreizahl weist auf die drei Phasen des Mondes, Dreieck und Sanduhr sind daher für sie »lunarsymbolisch« – eine Ausdrucksform für das »ewige 'Stirb und Werde', ein Gesetz, das der Mond gewissermaßen vorlebt, das man aber auch in der ganzen Natur wie im menschlichen Dasein bestätigt fand.«[48] Auch *Marie König* meint, daß man in den Höhlen das Geheimnis der Wiedergeburt suchte. Die unterschiedlichen Ausgangspunkte von *Marie König* und *Marija Gimbutas* zeigen sich auch in ihren Deutungen der Scheibenidole aus Malta, die von männlichen Archäologen manchmal als »Bratpfannen« bezeichnet werden[49]. Sie wurden in den Gräbern gefunden, die zum Tarxien-

Tempel (Mitte des 3. Jahrtausends v.u.Z.) gehören, sie sind Teil eines Kults der Feuerbestattung. *Marija Gimbutas* erkennt in ihnen Vögel mit anthropomorphen Füßen, deren scheibenförmiger Körper mit den Zeichen der Göttin »dekoriert« sei. Für *Marie König* wurde mit ihnen die »Weltordnung unkörperlich aufgezeichnet, ja, aufgeschrieben«[50]. In den Linienornamenten sei das Ordnungsschema des Linienkreuzes ausgedrückt, das den Mittelpunkt der Welt bestimmt.

[50] König 1989, S. 143

Beide Forscherinnen ziehen für ihre Deutungen der frühen Zeit Beispiele aus späteren Kulturen heran, *Marie König* oft die sumerische Kultur aus dem Zweistromland[51]. Außer deren Bildzeugnissen wurden Texte gefunden, die sie indirekt erläutern. Bei späteren Funden gilt also als sicherer, wie eine Darstellung zu lesen ist. Das gibt Hinweise, wie auch das Frühe zu deuten sein könnte. Solche Analogiebildungen können erhellen, sie bedeuten aber immer eine Übertragung, die sich über zeitliche und geographische Grenzen hinwegsetzt.

[51] zum Beispiel König 1989, S. 146 zur Mondverehrung

Insgesamt ist das Vorgehen *Marie Königs* intuitiver, während *Marija Gimbutas* in ihrem Forschungsleben eben eine Fülle von Daten zusammengetragen hat, die ihren Deutungen jeweils als Belege dienen können.

Einfühlung, Nachempfinden, Sich-Eindenken in eine fremde, versunkene Welt kennzeichnet die Methode aller drei vorgestellten Forscherinnen, auch die *Felicitas Goodman's*. Alle drei schöpfen dabei aus weiblicher Erfahrung. So untersucht *Felicitas Goodman* die unterschiedlichen Kulturen auf gemeinsame Merkmale in der jeweiligen Ausübung der Religion. Sozusagen als ersten Hauptsatz hält sie fest, daß die Religionen sich je nach Epoche unterscheiden. Allen Religionen zu allen Zeiten unterliegt das Verlaufsschema der Geburt, ist ihr zweites Axiom. Sie, eine Frau, erkenne dieses als erste. Die jeweiligen Religionen differieren ihrer Meinung nach nur darin, wieweit und worin sie vom geburtlichen Grundschema abweichen.

Die Zuordnung zum Grundschema erfolgt auf der Basis ethnologischer Berichte. Die Plausibilität ist für eine Laïn nicht zu überprüfen[52]. Die Kürze der Darstellungen[53] erschwert das Verstehen. Da, wo Felicitas Goodman die Städterinnen und Städter und ihre säkulare Religion beschreibt, bietet sich zumindest die Möglichkeit

[52] Die Berichte könnten von allen Anzeichen des Ethno-, Andro- und Heterozentrismus strotzen, die ethnologisch nicht vorgebildete Leserin würde diese Scheuklappen nicht bemerken.

[53] in Goodman 1994

einer Beurteilung. Die Darstellung erscheint zwar grob wie ein Holzschnitt, die herausgearbeiteten Wesenszüge sind aber überraschend treffend, auch heute noch, sieben Jahre nach der Erstveröffentlichung in einer schnellebigen Zeit.

Ihre Beschreibung liest sich wie ein Plädoyer, ekstatische Erlebnisse zuzulassen, sie aber nicht nur als Ventil für die Überbelastungen (Stress durch Lärm, Gestank, zu viele Mitmenschen) der Städterinnen und Städter anzusehen, sondern den religiösen Gehalt der Trance ernst zu nehmen. Was sich dabei lernen ließe, ist ein anteilnehmendes Verhalten gegenüber anderen Menschen und der Natur.

Felicitas Goodman ficht für ein besseres Hier und Jetzt. Deshalb unterscheidet sie Epochen, in denen die Menschen im Einklang mit der Natur gelebt zu haben scheinen, von Epochen, in denen sie anscheinend erst mit der Ausbeutung der Erde begannen und später mit Kriegen gegeneinander.

Ihr ökosoziales Anliegen trifft sich mit dem von *Marija Gimbutas*. Neolithische Skulpturen und Gefäße haben die Aura einer friedlichen, kreativen Zeit um sich. Sie erzählen ihr von einem anderen Umgang mit der Natur, von einem ausbalancierten Verhältnis der Geschlechter.

Der Blick zurück in die Geschichte gibt uns für heutiges Verhalten ein Vorbild, das meint auch *Marie König*: »Wir sehen bis zu den Anfängen zurück, in denen die schöpferischen Impulse zum Aufbau der Kultur begründet sind. Aus dieser weiten historischen Sicht gewinnen wir neue Maßstäbe für alle kulturellen Gegebenheiten und auch für unser Bewußtsein als Mensch«[54].

[54] König 1973, S. 351

Die vorgestellten Schülerinnen haben den Faden der Geschichte aufgenommen. Ihre Form, ihn tänzerisch oder gestalterisch zu verweben, hat heute schon wieder jüngere Frauen inspiriert. So verküpft eine Schülerin Gabriele Fischers die tänzerische religiöse Trance mit der tiefen Erfahrung von Höhlenerlebnissen. Die jeweils eigenen Fortführungen garantieren weibliche Kontinuität. Das Wissen um die Symbole im Bild der Frau wird tradiert. Geschichte wird weitergereicht – von Frau zu Frau zu Frau.

Zeittafel
Marie E.P. Königs

Paläolithikum = Altsteinzeit

Altpaläolithikum = ältere Altsteinzeit

PRÉCHELLÉEN, CHELLÉEN, ACHEULÉEN
BIS 180 000 v.u.Z.

Mittelpaläolithikum = mittlere Altsteinzeit

LEVALLOISIEN, MICOQUIEN, MOUSTÉRIEN.
180 000 BIS 30 000 v.u.Z. (»NEANDERTALERZEIT«)

Jungpaläolithikum = jüngere Altsteinzeit

AURIGNACIEN, PÉRIGORDIEN, MAGDALÉNIEN
30 000 BIS 10 000 v.u.Z.

Mesolithikum = Mittelsteinzeit

AZILIEN, TARDENOISIEN
10 000 BIS 4000 ODER 3000 v.u.Z.

Neolithikum = Jungsteinzeit

3000– 1000 v.u.Z.

Metallzeit = Kupfer-Bronze-Eisenzeit

1000 v.u.Z. BIS ZUR ZEITENWENDE
(»KELTISCHE EPOCHE«)

Vgl. König 1973, S. 352

Zeittafel Marija Gimbutas[1]

30 000 – 28 000 v.u.Z.
AURIGNACIEN

28 000 – 20 000 v.u.Z.
PÉRIGORDIEN, GRAVETTIEN

20 000 – 15 000 v.u.Z.
SOLUTRIEN

15 000 – 13 000 v.u.Z.
FRÜHES MAGDALÉNIEN

13 000 – 11 000 v.u.Z.
MITTLERES MAGDALÉNIEN

11 000 – 9 500 v.u.Z.
SPÄTES MAGDALÉNIEN

9 500 – 6 000 v.u.Z.
AZILIEN

6 500 – 6 000 v.u.Z.
FRÜHE JUNGSTEINZEIT[1]

6 000 – 5 000 v.u.Z.
STEINKUPFERZEIT (CHALCOLITHIKUM)

5 000 – 3 500 v.u.Z.
FRÜHE BRONZEZEIT

[1] Diese und die folgenden Daten gelten nur für Zentralost- und Südosteuropa. Marija Gimbutas ordnet die einzelnen Gesellschaften sehr differenziert in das hier grob wiedergegebene Schema nach geeichten Radiocarbon-Datierungen ein.
Vgl. Gimbutas 1989, S. 332

Chronologische Übersicht über die Haupterereignisse[2]

7000 – 6500 v.u.Z.

Beginn der Nahrungsmittelproduktion und Seßhaftigkeit. Küstenschiffahrt und Schiffahrt auf hoher See. Handel mit Obsidian, Flint, Marmor und Kauri-Muscheln beginnt und dauert über Jahrtausende an.

6500 – 5500 v.u.Z.

Die neolithische Kulturstufe ist voll entwickelt: Keramik in der Ägäis, an Mittelmeerküsten, auf dem Balkan und in adriatischen Regionen. Kultivierung von Weizen, Gerste, Wicken, Erbsen. Alle zu domestizierenden Tiere, außer dem Pferd.

5500 – 5000 v.u.Z.

Die nahrungsproduzierende Ökonomie verbreitet sich von Ost- nach Zentral-Europa (auch Süd-Polen, Deutschland und Holland – Linearbandkeramik). Beginn der Kupfermetallurgie in (ehem.) Jugoslawien, Rumänien, Bulgarien. Heilige Schriftzeichen für den kultischen Gebrauch tauchen auf.

5000 – 4500 v.u.Z.

Höhepunkt der neolithischen Kultur in Südost- und Zentral-Ost-Europa.

4500 – 4000 v.u.Z.

Weitere Blüte der neolithischen Kultur in Südost-, Süd- und Zentral-Europa. Das domestizierte Pferd taucht auf, eingeführt von den Nomaden aus der südrussischen Steppe. In Griechenland, Süd-Italien, auf Malta, Sardinien und Korsika mittel-neolithische Kultur. An den Küsten Westeuropas megalithische (Hünen)Grabkultur

[2] nach Gimbutas 1989, S. 334
(Übersetzung: Birgitta M. Schulte)

4000 – 3500 v.u.Z.

Beginnende Überfremdung durch Kurgan-Völker (Indo-Europäer): Siedlungsmuster und Sozialstruktur verändern sich. Die mediterranen und die Kulturen West-Europas bleiben alteuropäisch geprägt. Im Baltikum beginnt die Nahrungsmittelproduktion.

3500 – 3000 v.u.Z.

Starker Einfluß aus den Gebieten nördlich des Schwarzen Meeres auf Zentral-Ost-Europa. Beginn der Bronzezeit. Verschmelzung des »alteuropäischen« Substrats mit der Kultur der Indo-Europäer. In Nord-Zentral-Europa entsteht aus der Trichterbecherkultur die Glockenbecherkultur. Auf der iberischen Halbinsel, in Brittanien, der Normandie, auf den Britischen Inseln und Süd-Skandinavien dauert die Megalithische Kultur an. Auf Malta und Sardinien Großtempel und Hypogäen (unterirdische Grabtempel).

Literatur

Assman, Jan:

Das kulturelle Gedächtnis. Schrift, Erinnerung und politische Identität in frühen Hochkulturen.
München: C.H. Beck'sche Verlagsbuchhandlung 1992

Benhabib, Seyla; Butler, Judith; Cornell, Drucilla; Traser, Nancy:

Der Streit um Differenz. Feminismus und Postmoderne in der Gegenwart.
ZeitSchriften, Frankfurt: Fischer 1993

Biedermann, Hans:

Bildsymbole der Vorzeit. Graz: Verlag für Sammler 1977

Bosinski, Gerhard (Hrsg.):

Der Magdalénien-Fundplatz Gönnersdorf, Wiesbaden 1974ff

Boyesen, Gerda:

Über den Körper die Seele heilen. Biodynamische Psychologie und Psychotherapie. Eine Einführung. München: Kösel 1994 (7. Auflage)

Boyesen, Gerda; Leudesdorff, Claudia; Santner, Christoph:

Von der Lust am Heilen. Quintessenz meines Lebens.
München: Kösel 1995

Butler, Judith:

Kontingente Grundlagen: Der Feminismus und die Frage der »Postmoderne«. In: Seyla Benhabib u.a.: Der Streit um Differenz. Feminismus und Postmoderne in der Gegenwart. Frankfurt/Main: Fischer 1993, S. 31-58

Campbell, Joseph:

»The Masks of God: Primitive Mythology«, New York: Viking Press 1959.
Deutsch: Die Masken Gottes. Bde 1 - 4, Basel: Sphinx 1992

Campbell, Joseph:

Die Mythen der Menschheit. München: Kösel 1993

Cavarero, Adriana:

Platon zum Trotz. Weibliche Gestalten der antiken Philosophie.
Berlin: Rotbuch Verlag 1992

Delporte, Henri:
L'Image de la femme dans L'art préhistorique. Paris: Edition Picard 1979, 2. erweiterte Auflage 1993

Diotima: Der Mensch ist zwei. Das Denken der Geschlechterdifferenz. Wien: Wiener Frauenverlag 1989

»Du«, Die Zeitschrift der Kultur, Heft Nr. 11, November 1993 »Denkerinnen. Endlich diese Wirklichkeit«

Eisler, Riane:
The Chalice and the Blade: Our Historiy Our Future. San Francisco: Harper and Row 1987 (deutsch: Kelch und Schwert. Von der Herrschaft zur Partnerschaft. München 1993)

Eliade, Mircea:
Geschichte der religiösen Ideen, Bde. I – IV, zuerst Paris 1976/78, Bd. 1: Von der Steinzeit bis zu den Mysterien von Eleusis, dt: Freiburg: Herder 1978 – 1991

Eliade, Mircea:
Mythos und Wirklichkeit. Frankfurt/Main: Insel 1988

Estés, Clarissa P.:
Die Wolfsfrau. Die Kraft der weiblichen Urinstinkte. München: Heyne 1993

Frauenmuseum Wiesbaden:
Katalog zur Ausstellung: Symbolik im neolithischen Alt-Europa, »Sprache der Göttin«, Annäherung an das Werk von Marija Gimbutas. Wiesbaden 1994. Vertrieb: Frauenwerkstatt Wiesbaden, Wörthstr. 5, 65185 Wiesbaden, 0611/3081763

Freibeuter, Heft 2,
Berlin: Wagenbach 1979

Gabriele-Fischer-Institut:
AUS DEM BAUCH TANZEN
Heft 1/1992: Aus dem Bauch tanzen
Heft 2/1992: Geburten
Heft 1/1993: Heilende Kräfte im Tanz

Heft 2/1993: Heilungswege im Tanz
Heft 1 + 2/1994: Heilungstanzrituale
Heft 1/1995: Die tanzende Heilerin

Gerhard, Ute (Hrsg.):
Differenz und Gleichheit.
Frankfurt: Ulrike Helmer Verlag 1990

Gimbutas[1], Marija:
Die Bestattung in Litauen in der vorgeschichtlichen Zeit.
Tübingen: J.C.B. Mohr Verlag 1946

Gimbutas, Marija:
The Balts. Ancient Peoples and Places. Vol 33. London:
Thames and Hudson; New York: Praeger 1963

Gimbutas, Marija:
The Gods and Goddesses of Old Europe, 7000 – 3500 BC. Myths, Legends, Cult Images. London: Thames and Hudson 1974

Gimbutas, Marija:
The Goddesses and Gods of Old Europe, 6500 – 3500 B.C.
(revised edition). London: Thames and Hudson;
Berkeley-Los Angeles: University of California Press, 1982

Gimbutas, Marija:
The Language of the Goddess. San Francisco:
Harper and Row 1989

Gimbutas, Marija:
The Civilization of the Goddess. The World of Old-Europe. San Francisco:
Harper San Francisco 1991

Göttner-Abendroth, Heide:
Die Göttin und ihr Heros. München: Verlag Frauenoffensive 1980

Goodmann, Felicitas D.:
Anneliese Michel und ihre Dämonen:
Der Fall Klingenberg in wissenschaftlicher Sicht. Stein am Rhein:
Christiana 1980

[1] Die angegebenen Werke sind immer eine Auswahl. Marija Gimbutas veröffentlichte 20 Bücher und über 300 Artikel in Fachzeitschriften.

Goodmann, Felicitas D.:
Ecstasy, Ritual, and Alternate Reality: Religion in a Pluralistic World. Bloomington: Indiana University Press 1988;
deutsch: Die andere Wirklichkeit: über das Religiöse in den Kulturen der Welt. München: Trickster 1994 (zuerst 1992)

Goodman, Felicitas D.:
How about Demons? Possession and Exorcism in the Modern World. Bloomington: Indiana University Press, 1988

Goodman, Felicitas D.:
Wo die Geister auf den Winden reiten: Trancereisen und ekstatische Erlebnisse. Freiburg/Breisgau: Bauer 1989

Goodman, Felicitas D.:
Ekstase, Besessenheit, Dämonen: die geheimnisvolle Seite der Religion. Gütersloh: Gütersloher Verlagshaus Mohn 1991

Goodman, Felcitas D.:
Trance – der uralte Weg zum religiösen Erleben: rituelle Körperhaltungen und ekstatische Erlebnisse.
Gütersloh: Gütersloher Verlagshaus Mohn 1992

Goodman, Felicitas D.:
Alte Wege neu gegangen. In: ab 40. Zeitschrift von, für, über Frauen. Wie sie leben, was sie denken, wer sie sind. München. Heft 1, 1992, S. 97 – 103

Gould-Davis, Elizabeth:
Am Anfang war die Frau. Die neue Zivilisationsgeschichte aus weiblicher Sicht. (»The first sex«) Frankfurt/Berlin: Ullstein 1987
(deutsche Übersetzung Verlag Frauenoffensive, München 1977)

Hoffmann, Kaye:
Tanz, Trance, Transformation. München: Droemer und Knaur o.J.

Hoffmann, Kaye:
Von Göttern besessen. Trance-Tanz als energetische Erfahrungen.
3. Auflage. München: Trickster Verlag 1995

Hoffmann, Kaye:
Von Göttern besessen. In: ab 40, Zeitschrift von, für, über Frauen. Wie sie leben, was sie denken, wer sie sind. München: ab 40 Verlagsgesellschaft, Heft 3, 1995, S. 65-70

Ilieva, Anna; Starbanova, Anna:
Bulgarian Men's and Women's Ritual Dances with Implements and Attributes. In: Studia Musicologica Academiae Scientiarum Hungaricae 33. Budapest: Akadémiai Kiadó 1991

Irigaray, Luce:
Speculum. Spiegel des anderen Geschlechts. Frankfurt/M. 1978

Irigaray, Luce:
Die Zeit der Differenz. Für eine friedliche Revolution. Frankfurt/New York: Campus 1991

Irigaray, Luce:
Sexes et parentés, Minuit Paris 1987, deutsch: Weibliche Genealogie. Freiburg: Kore Verlag 1989

Jacobson, Esther:
The Deer Goddess of Ancient Siberia. A Study in the Ecology of Belief. Leiden; New York; Köln: E.J. Brill 1993

Johnston, Jill:
Lesben Nation, Berlin: Amazonenverlag 1976

Kästner, Sibylle; Maier, Viola; Schülke, Almut:
50 Years in a German Department of Prehistoric Archaeology (1921 – 1971). A Look at Some of its Female Members. In: Mertens, Eva-Maria; Fries, Jana; Brandt, Helga (Hrsg): Frauen – Forschung – Archäologie. Münster: agenda-Verlag, 1995

König, Marie E.P.:
Das Weltbild des eiszeitlichen Menschen. Marburg 1954

König, Marie E.P.:

Am Anfang der Kultur, Berlin: Mann 1973; Frankfurt/Main, Berlin: Ullstein 1981; neuaufgelegt: Zweitausendeins. Nur erhältlich über Zweitausendeins Versand, Postfach, 60381 Frankfurt am Main

König, Marie E.P.:

Die Frau im Kult der Eiszeit. In: Fester, Richard u.a. (Hrsg.): Weib und Macht. Fünf Millionen Jahre Urgeschichte der Frau. Frankfurt am Main: Fischer Taschenbuch Verlag 1980, Lizenzausgabe, Copyright S. Fischer Verlag, Frankfurt am Main 1979.
Zitiert wird die Taschenbuchausgabe des Fischer Verlages vom Mai 1989 als König 1979

König, Marie E.P.:

Unsere Vergangenheit ist älter. Höhlenkult Alt-Europas, Frankfurt: S. Fischer-Verlag 1980 (Nachdruck Wolfgang Krüger Verlag)

König, Marie: E.P.:

Frau Neandertaler hatte Kultur. In: Emma 8, 1982

Kutter-Linßner, Erni:

Suchen, was verlorenging – wiedergewinnen, was uns genommen wurde. In: Schlangenbrut Nr. 33, 9.Jg. Mai 1991

Kutter, Erni:

Die drei Jungfrauen. München: Kösel-Verlag. Im Erscheinen (Herbst 1996)

Lerner, Gerda:

Die Entstehung des Patriarchats. Frankfurt/New York: Campus 1991

Lévi-Strauss, Claude:

Das Ende des Totemismus. Frankfurt/Main: Suhrkamp 1965

Lévi-Strauss, Claude:

Traurige Tropen. Köln, Berlin: Kiepenheuer und Witsch 1970

Lévi-Strauss, Claude:

Strukturale Anthropologie. Frankfurt/Main: Suhrkamp 1977

Lévi-Strauss, Claude:

»Saudades do Brasil«. Paris: Plon 1994

Libreria delle donne di Milano (Hrsg.):
Wie weibliche Freiheit entsteht. Eine neue politische Praxis.
Berlin: Orlanda Frauenverlag 1988

Lippard, Lucy R.:
From the Center. Feminist Essays on Women's art.
New York: Dutton 1976

Lorent, Angela:
FindeGöttinnen. Frauenverwandelte Mythen und Märchen.
edition nebenan. o.O. 1993

Mallory, J. P.
In Search of the Indo-Europeans. Language, Archaeology and Myth.
London: Thames and Hudson 1991 (zuerst 1989)

Marler, Joan:
Facing the Enemy Within. Interview mit Sam Keen. New Age Journal, November/December 1987. Hrsg. von Chaos & Creativity by SPR Charter (Joseph Simon, 1984)

Marler, Joan:
A Tribute to Mythologist Joseph Campbell. Cover article KPFA Folio, Januar 1988

Marler, Joan; Campbell, Joseph:
The Mythic Journey. Interview with Joseph Campbell.
Yoga Journal, November/Dezember 1987

Marler, Joan:
Archaeomythology. Article and interview with Marija Gimbutas.
Woman of Power, Herbst/Winter 1990

Marler, Joan:
The Power of Partnership. Interview with Riane Eisler. Yoga Journal, Januar/Februar 1990

Marler, Joan (Hrsg.):
The Civilization of the Goddess by Marija Gimbutas, San Francisco: Harper San Francisco, 1991

Marler, Joan:

Lifework of Marija Gimbutas: A Vision for the World. ReVision, vol. 17, No 3, Winter 1995

Meier-Seethaler, Carola:

Ursprünge und Befreiungen. Eine dissidente Kulturtheorie. Zürich 1988

Meixner, Gabriele:

Weltbild und Frauenbild in der Altsteinzeit. In: Frauenbewegung und Schule. Akademiebericht Nr. 164, Dillingen: Akademie für Lehrerfortbildung (Hrsg.) 1992.

Meixner, Gabriele:

Frauen im Zentrum von Kult und Gesellschaft. Von den Anfängen der Frauengeschichte bis 9000 v.u.Z. In: Annette Kuhn (Hrsg.): Die Chronik der Frauen. Dortmund: Chronik Verlag 1993

Meixner, Gabriele:

Weib-weibliche Bindungen in urgeschichtlichen Zeugnissen. In: L'Homme. Zeitschrift für feministische Geschichtswissenschaft, 4. Jg. Heft 1, Wien 1993

Meixner, Gabriele:

Frauenpaare in kulturgeschichtlichen Zeugnissen. Das Buch zur Ausstellung. München: Verlag Frauenoffensive 1995

Mühlmann, Wilhelm E.:

Die Metamorphose der Frau. Weiblicher Schamanismus und Dichtung. Berlin: Reimer 1981

Müller-Beck, H.; Albrecht, G. (Hrsg.):

Die Anfänge der Kunst vor 30 000 Jahren. Stuttgart: Theis-Verlag 1987

Muraro, Luisa:

Die symbolische Ordnung der Mutter. Frankfurt: Campus 1993

Muraro, Luisa:
Weibliche Genealogie und Geschlechterdifferenz (Vorträge), hrsg. v. Frankfurter Frauenschule, SFBF, Frankfurt/M. 1989

Netzwerk achäologisch arbeitender Frauen:
Rundbrief Nr. 8/ Oktober 1993

Netzwerk archäologisch arbeitender Frauen:
Rundbrief 9/ Januar 1994

Pfrunder, Peter:
Mary Douglas. Kosmologie von unten. In: »Du«, Die Zeitschrift der Kultur, Heft Nr. 11, November 1993 »Denkerinnen. Endlich diese Wirklichkeit«, S. 22 – 27

phoenix und messmer, bärbel:
venus ist noch fern. come out lesbenverlag, München 1979

Polomé, Edgar C. :
Marija Gimbutas. A Biographical Sketch. In: Susan Nocev Skorna/Edgar C. Polomé (Hrsg.): Proto-Indo-European. The Archaelogy of a Linguistic Problem. Studies in the Honor of Marija Gimbutas.
Washington D.C. 1987

Reich, Wilhelm:
»Die Funktion des Orgasmus« (1927), »Die Massenpsychologie des Faschismus« (1933), »Die sexuelle Revolution« (1936-45)

Rich, Adrienne:
The Dream of a common Language, dt. (Gabriele Meixner mit Verena Stefan) Der Traum einer gemeinsamen Sprache.
München: Verlag Frauenoffensive 1981

Saint Phalle, Niki de:
Ausstellungskatalog. Centre George Pompidou. Musée national l'art moderne. Paris 2.7.-1.9.1980

Schreier, Josefine:
Göttinnen. Ihr Einfluß von der Urzeit bis zur Gegenwart.
Zuerst: Wien: Roher Verlag 1968, München: Verlag Frauenoffensive 1977

Schulte, Birgitta M.:
»Es traf mich wie ein Donnerschlag«. Interview mit Joan Marler, vhs Rüsselsheim 1992 (a)

Schulte, Birgitta M.:
... und machten uns auf den Weg. Text zur Ausstellung. In : die insel, Volkshochschule Marl (Hrsg.): Katalog zur Ausstellung »Auf den Spuren der Göttin«. Marl 1992 (b)

Schulte, Birgitta M.:
Entdeckung der Einen in der Vielgestalt. In: Renate Strauch u.a.: Auf den Spuren der Göttin. Textsammlung, Heft II, Rüsselsheim: Göttert-Verlag 1993

Schulte, Birgitta M.:
Frühgeschichtliche Kunstwerke – Spiegel der Frauen, Spiegel für uns. In: Angestelltenkammer Bremen, Arbeitskreis Frauenpolitik: Weibliche Identität. Dokumentation der Veranstaltungsreihe 1991/93

Schulte, Birgitta M:
Sie trug die Zeichen der Göttin zusammen. Marija Gimbutas ist tot. In: Schlangenbrut. Streitschrift für feministisch und religiös interessierte Frauen. 12. Jahrgang, Nr. 45, Mai 1994

Schulte, Birgitta M.:
Den Göttinnen auf der Spur. Eine Frauenreise in die Türkei. Deutschlandfunk, 17.8.1990, 30 Minuten

Schulte, Birgitta M.:
Jungenweihe. Rituale für's vorgebliche starke Geschlecht? Norddeutscher Rundfunk, 14.4.1992, 25 Minuten

Schulte, Birgitta M.:
Die Ahnung einer Vollkommenheit. Frauen entdecken die Göttin. Süddeutscher Rundfunk, 20.5.1993, 30 Minuten

Schulte, Birgitta M.:
Weibsbilder. Über die Macht der Frauen. Hessischer Rundfunk, 4.3.1993, 30 Minuten

Schulte, Birgitta M.:
Zyklus. Wenn der Kalender nach dem Mond geht.
Hessischer Rundfunk, 1.4.1993, 30 Minuten

Schulte, Birgitta M.:
Im Tempel der Unsterblichkeit. Ein Opferdiskurs.
Westdeutscher Rundfunk, 31.3.1994, 60 Minuten

(Alle Hörfunksendungen sind als Cassette erhältlich bei: Volkshochschule»die insel«, Postf. 1580, 45 745 Marl)

Shaktini, Namascar:
Le déplacement du sujet phallique:
L'ecriture lesbienne de Monique Wittig.
In: Vlasta Nr. 4, Paris 1985

Specht, Edith:
Schön zu sein und gut zu sein. Mädchenbildung und Frauensozialisation im antiken Griechenland. Wien 1989

Stone, Merlin:
Ancient Mirrors of Womanhood. Boston 1984

Unterschiede:
Zeitschrift für Lehrerinnen und Gelehrte, Mütter und Töchter, Gleich- und Weichenstellerinnen, Freundinnen, Tanten und Gouvernanten aller Art, »Weibliche Autorität, Geschlechterdiffenrenz«, Nr. 12, 1994, Kleine-Verlag, Postfach 10 16 68, Bielefeld

Vialou, Denis:
La Préhistoire. L'Universe Des Formes.
Editions Gallimard 1991

Walker, Barbara:
Das geheime Wissen der Frauen. Ein Lexikon.
Frankfurt: Zweitausendeins 1993

Wacker, M.T.:
»Die Göttin kehrt zurück. Kritische Sichtung neuerer Entwürfe«. In: dies. (Hrsg.): »Der Gott der Männer und der Frauen«, Düsseldorf, 1987, S. 11–37

Wex, Marianne:

»Weibliche und männliche Körpersprache als Folge patriarchalischer Machtverhältnisse, Eigenverlag 1980

Wittig, Monique:

L'Opoponax, Paris 1964

Wittig, Monique:

Opoponax, Reinbek: Rowohlt 1966

Wittig, Monique:

»Aus deinen zehntausend Augen, Sappho« , Berlin: Amazonenverlag 1977

Wittig, Monique:

Les Guérillères, dt. (Gabriele Meixner mit Waltraud Hennig) Die Verschwörung der Balkis. München: Verlag Frauenoffensive 1980

Wittig, Monique und Zeig, Sande:

Lesbian Peoples, dt. (Gabriele Meixner mit Verena Stefan) Lesbische Völker. Ein Wörterbuch. München: Verlag Frauenoffensive 1983

Bildnachweis

Mit Erlaubnis von Harper Collins, San Francisco,
aus: »The Language of the Goddess« von Marija Gimbutas:
Abb. 1, (S. 16), Abb. 2a, 2b (S. 30/31)

ColorPhoto Hans Hinz (auf Suche)
Abb. 3 (S. 64)

Mit Erlaubnis von Harper Collins, San Francisco, und dem Archeological Museum, Volos
aus: »The Civilization of the Goddess« von Marija Gimbutas:
Abb. 4 (S. 73)

Mit Erlaubnis von Harper Collins, San Francisco, und dem Muzeul National de Istorie, Bucharest
aus: »The Language of the Goddess« von Marija Gimbutas:
Abb. 5 (S. 75)

Aus Goodman 1989
Abb. 6 (S. 76)

Mit Erlaubnis des Musée de l'Homme, Paris,
Abb. 7 (S. 110)

Mit Erlaubnis von Editions Gallimard, Paris,
aus: »La Préhistoire« von Denis Vialou:
Abb. 8, 9 und 10 (S. 112), Abb. 12 (S. 114). Abb 18 (S. 128).

Mit Erlaubnis des Moravské zemské muszeum, Brno:
Abb. 11 (S. 114), Abb. 13 (S. 116)

Mit Erlaubnis der Réunion des Musées Nationaux, Paris:

Abb. 14 (S. 116)

Mit Erlaubnis der AKG, Berlin, Erich Lessing

Abb. 15 (S. 122)

Mit Erlaubnis von G. Dagli Orti, Paris

Abb. 16 und 17 (S. 126)

Mit Erlaubnis von Alain Roussot, Bordeaux

Abb. 19 (S. 132)

Mit Erlaubnis des Museums Monrepos, Neuwied

Abb. 20 (S. 138)

Mit Erlaubnis von Harper Collins, San Francisco und dem University Museum, Belgrad

Abb. 21 (S. 183)

Fotos

S. 18, S. 36, S. 56, S. 80, S. 130 und S. 134: privat
S. 62: Barbara Brosch
S. 66: Roswitha Pross, München
S. 97: Judy Morse
S. 104 und 109: Bärbel Högner, Offenbach
S. 162: Ulrich König
S. 74: Claudia Meyer, Mechernich

Zur Autorin BIRGITTA M. SCHULTE (GEB. 1951)

ist Hörfunkjournalistin mit dem Schwerpunkt in Bildung, Frauenfragen und Kulturgeschichte. Zahlreiche Publikationen in Tageszeitungen und Fachzeitschriften, Vorträge und Moderationen.

Sie lebt in Frankfurt/Main und arbeitet an ihrem nächsten Buch. Seitdem sie gemeinsam mit 22 Frauen in der Türkei die Ausstrahlung kleiner weiblicher Figuren aus der Steinzeit im Zusammenhang mit dem Flair ihrer Fundorte, der beeindruckenden Schönheit der türkischen Landschaft und dem herzlichen Entgegenkommen türkischer Frauen erlebt hat, forscht sie nach der Bedeutung der frühen Geschichte für die Frauen von heute.

frauen-begehren. Hrsg. von Iris Bergmiller

frauen-begehren gibt Einblick in die Entwicklung von Frauenbildungsarbeit an einer Volkshochschule.

Geschildert wird der Weg der Frauen,

- die, bezogen auf Bildungsorganisation und Bildungsinhalte, der traditionellen Angleichung an das »Männliche« eigene Prioritäten, Wertvorstellungen und Verhaltensweisen entgegensetzen,
- die in der Auseinandersetzung mit anderen Frauen Achtung und Selbstachtung erfahren, eine eigene Sicht auf die Gesellschaft entwickeln und damit weiblichem Wissen und Denken Autorität und Wert verleihen.

frauen-begehren ist ein Buch aus der Praxis mit und für Frauen: Daher werden nicht nur die theoretischen Grundlagen von Frauenbildung, sondern auch exemplarisch Konzepte für Seminare und Bildungsurlaube vorgestellt, Unterrichtseinheiten und die Erfahrungen daraus beschrieben.

frauen-begehren will sowohl Frauen als auch Männern die Möglichkeit bieten, sich damit auseinanderzusetzen, wie und was Frauen lernen wollen.

ISBN 3-922499-22-8, 188 S., DM 29,80 / ÖS 238 / SFr 29,80

frauen-lehren. Von Gisela Jürgens und Angelika Dickmann

Weibliche Genealogien – was lehren sie uns?

Gibt es sie noch? Gibt es sie wieder?

frauen-lehren führt durch einen dreijährigen Prozeß des Austauschs zwischen Frauen, die sich gemeinsam dieser Frage nähern wollen, schildert ihre Auseinandersetzug und Erfahrungen mit »Differenz«, »affidamento«, »symbolischer Mutter« und verschweigt auch nicht die Schwierigkeiten und Probleme, die sich dabei ergeben.

Wegen seiner besonderen Bedeutung für den Arbeitskreis wurde das »Grüne Sotto Sopra« einer der Grundlagentexte der »Mailänderinnen«, in **frauen-lehren** vollständig und in neu überarbeiteter deutscher Übersetzung aufgenommen.

ISBN 3-922499-25-2, ca. 150 S. (Nov. 95)

frauen-art. 18 Künstlerinnen im Frauenzentrum Rüsselsheim

Frauenkunst ist in der Öffentlichkeit immer noch kaum vertreten. Das Frauenzentrum Rüsselsheim gibt deshalb seit Bestehen Künstlerinnen Raum, um ihre Werke zu zeigen und zur Diskussion zu stellen. Der Blick wird dabei auf weibliches Kunstschaffen als Ausdruck weiblichen Daseins gelenkt.

Der vorliegende Ausstellungskatalog (mit durchgängig farbigen Abbildungen) will einen ersten Eindruck von der Arbeitsweise der einzelnen Künstlerinnen vermitteln, die Vielfalt des bildnerischen Schaffens von Frauen aufzeigen und neugierig machen – auf frauen-art.

ISBN 3-922499-20-1, 48 S., 17 Abb. DM 20,– / ÖS 160,– / SFr 20,–

Auf den Spuren der Göttin. Textsammlung I – V im Schuber

Die insel Marl ist Herausgeberin dieser Aufzeichnungen zur Suche nach dem Matriarchat, nach den kultursoziologischen Auswirkungen und der Bedeutung für die Identität von Frauen heute.

Christa Mulack führt in die Göttin-Kultur ein und Teilnehmerinnen einer Studienreise berichten über ihre Spurensuche in der Türkei. Ohne auf alle entstehenden Fragen eine Antwort geben zu wollen, versuchen die Autorinnen, das Gefundene aus Frauensicht einzuordnen und zu deuten – auch unter Einbeziehung von eigenen, höchst subjektiven Erfahrungen im Land der Göttin.

ISBN 3-922499-21-X, insg. 274 S., DM 25,– / ÖS 200,– / SFr 25,–